Jürgen Gottschlich
Türkei – Ein Land jenseits der Klischees

W0064281

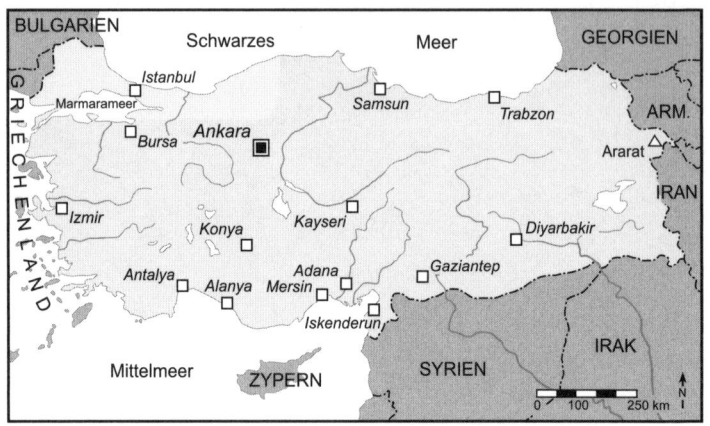

Jürgen Gottschlich

Türkei

Ein Land jenseits der Klischees

Mit Fotos von Murat Türemis

Ch. Links Verlag, Berlin

Neben den aktuellen Fotos von Murat Türemis sind im Buch auch
ein Foto von Tekne Mayis (S. 199) sowie historische Aufnahmen
aus dem Bundesarchiv (S. 61 o., Signatur 183-H29994) und dem Archiv
des Verlages (S. 61 u.) verwendet worden.

Die **Deutsche Nationalbibliothek** verzeichnet diese
Publikation in der Deutschen Nationalbibliografie;
detaillierte bibliografische Daten sind im Internet über
http://dnb.d-nb.de abrufbar.

1. Auflage, September 2008
© Christoph Links Verlag – LinksDruck GmbH
Schönhauser Allee 36, 10435 Berlin, Tel.: (030) 44 02 32-0
Internet: www.linksverlag.de; mail@linksverlag.de
Umschlaggestaltung: KahaneDesign, Berlin unter Verwendung eines
Istanbul-Fotos von Karlheinz Schindler (picture-alliance/ZB)
Satz: typegerecht, Berlin
Druck und Bindung: Druckerei F. Pustet, Regensburg

ISBN 978-3-86153-489-1

Inhalt

Konturen

Deutsche Missverständnisse über die Türkei

»Sieht ja hier ganz anders aus als in Kreuzberg.« oder: »Ich dachte, hier läuft jede Frau mit Kopftuch herum.« – Fast jedem Besucher aus Deutschland, der das erste Mal nach Istanbul kommt, geht es ähnlich: So habe ich mir das nicht vorgestellt. So groß, so laut, so vielfältig und so modern. Fast alle Bekannten, die mich im Laufe der letzten Jahre besuchten, hatten ein ganz anderes Bild von der Türkei im Kopf, als es sich ihnen in der türkischen Millionenmetropole dann in der Wirklichkeit präsentierte.

Kaum jemandem ist klar, dass Istanbul mittlerweile die größte Stadt Europas ist und von Istanbul aus über fast 2000 Jahre lang zwei Großreiche dirigiert wurden, die die Geschichte des Kontinents entscheidend mitgeprägt haben.

Die Vorstellung von dem Land am südöstlichen Rand des Kontinents ist häufig so weit von der Realität entfernt, als läge die Türkei in einem Erdteil, zu dem die Deutschen keinen Zugang haben. Doch das Paradoxe im deutsch-türkischen Verhältnis ist: Nicht die Distanz, sondern gerade die scheinbare Nähe schafft das schiefe Bild. Die Vorstellungen der Deutschen über die Türkei sind hauptsächlich geprägt durch das Bild, welches die Einwanderer aus der Türkei vermitteln beziehungsweise das Bild, das von den Medien über sie vermittelt wird. Dazu kommt ein konstanter Strom beunruhigender Nachrichten, die selektiv von einer zerrissenen Gesellschaft erzählen, in der die Konflikte oft noch gewaltsam und sehr autoritativ ausgetragen werden. Seit dem 11. September 2001 kommt ein weiteres Moment hinzu: Die Türkei ist in der westeuropäischen Wahrnehmung zu einem »muslimischen Land« geworden, einem Land also, dem potenziell etwas Bedrohliches anhaftet. Dass mehrere Millionen Deutsche im Jahr in der Türkei Urlaub machen, ändert daran wenig.

Einwanderer aus der Türkei gelten in Deutschland oft generell als rückständig und weit entfernt von den Werten einer modernen Zivilisation. Interessanterweise wird dieses Bild, seit die Türkei über die Aufnahme in die EU verhandelt, in immer grelleren

Farben gemalt. Türkische Migranten wurden in Deutschland schon immer eher als ein Problem denn als eine Bereicherung empfunden. Gab es in der Vergangenheit jedoch auch ab und zu mal Good News aus dem Multikulti-Land, werden in den letzten Jahren türkische Einwanderer in der öffentlichen Debatte fast nur noch im Zusammenhang mit archaischen Riten wie den sogenannten Ehrenmorden beschrieben, durch die eine angeblich streng patriarchalische Community ihre Herrschaft über das weibliche Geschlecht aufrechterhält. Dazu gehören in abgemilderter Form die Zwangsheirat, nach deren Vollzug dann den Frauen lebenslang verboten wird, das Haus ohne männliche Aufsicht zu verlassen.

Wer mit diesem Bild im Kopf nach Istanbul kommt und dann plötzlich Massen von freizügig gekleideten jungen Frauen durch die Amüsiermeilen der Stadt flanieren sieht, die ihren Aperitif trinken, bevor sie in die Disco gehen, ist natürlich zunächst irritiert. Ist Istanbul etwa die berühmte Ausnahme von der Regel? Leben hier all die Türken, die ihre weiblichen Familienmitglieder nicht einsperren? Tatsächlich kann man in den letzten Jahren feststellen, dass sich vor allem die Metropole Istanbul von der sonst vorherrschenden Wahrnehmung gegenüber der Türkei deutlich unterscheidet, fast so, als läge die Stadt in einem ganz anderen Land. Die häufigsten Beschreibungen sind »hipp«, »aufregend«, »gelebte Ost-West-Synthese«. Immer häufiger wird Istanbul in Reisemagazinen als letzte bislang noch weitgehend unentdeckte Perle Europas beschrieben, ein lohnendes Ziel für alle, denen London zu teuer und Prag nicht mehr hipp genug ist.

Ähnliches gilt, wenn auch etwas weniger euphorisch, für die großen Ferienresorts an der Mittelmeerküste. Doch wenn man bei den All-inclusive-Feriendörfern mit Recht von einer künstlichen Welt reden kann, die mit der Wirklichkeit der Türkei ansonsten wenig zu tun hat, so trifft dies auf Istanbul keineswegs zu. Zwar hat die Stadt innerhalb der Türkei eine Ausnahmestellung ähnlich wie New York in den USA, doch gleichzeitig ist Istanbul auch ein verlässlicher Spiegel für das gesamte Land. Nicht nur, dass nach drei Jahrzehnten Binnenmigration in Istanbul praktisch alle Regionen und ethnischen Gruppen der Türkei präsent sind, die Stadt ist natürlich auch der Trendsetter für das gesamte Land. Das gilt nicht nur für Mode, Musik und Medien, sondern auch für den Umgang der ganz unterschiedlichen Gruppen der türkischen Gesellschaft miteinander. Denn Unterschiede, Diversity, ist das eigentliche Charakteristikum der türkischen Gesellschaft. Und wie mit dieser Unterschiedlichkeit umgegangen wird, ist der Schlüssel für die Zukunft des Landes.

Alles das, was ein durchschnittlich interessierter Zeitungsleser in Deutschland über die Türken von nebenan und damit über die Türkei weiß, gibt es ja tatsächlich, aber es gibt eben doch viel mehr. Das Land ist das krasse Gegenteil einer formierten, übersichtlichen und durchstrukturierten Gesellschaft. Das beginnt bei dem, für jede Gesellschaft entscheidenden, Schlüssel der Verteilung von Einkommen und Vermögen. Wenn in Deutschland über die sich immer stärker öffnende Schere zwischen Besitzenden und Besitzlosen geklagt wird, ist das nichts im Vergleich zu der Türkei. Istanbul hat mehr Dollar-Milliardäre als München oder Hamburg und gleichzeitig mehrere Millionen Einwohner, die von Hartz-IV-Bezügen nur träumen können. In der Stadt gibt es moderne Viertel, die es von der wirtschaftlichen Dynamik und ihrem kulturellen Angebot her mit jeder deutschen Stadt aufnehmen können, und gleichzeitig große Bezirke, deren Ursprung als »Gecekondu«, den über Nacht erbauten Slums, noch deutlich erkennbar ist. Es gibt Zonen der Freizügigkeit und Viertel der religiösen Dominanz, zwischen denen Welten liegen und die dennoch nur wenige Kilometer voneinander entfernt sind.

Diese Ungleichzeitigkeit der Entwicklung wird erst recht deutlich, wenn man die Türkei von West nach Ost durchquert. Eine Fahrt in einem der üblichen Überlandbusse von Istanbul nach Van, der letzten größeren Stadt vor der iranischen Grenze, dauert nicht nur gut 30 Stunden, sondern gleicht auch einer Zeitreise. Wenn man an der Ostgrenze ankommt, hat man das Gefühl, nicht ein, sondern drei Länder durchquert zu haben, so groß sind die Unterschiede. Der Westen bis Ankara, aber auch die gesamte Ägäisküste, rangieren in puncto Modernität und Wohlstand weit über dem Niveau des Balkans, aber auch vieler anderer Regionen Osteuropas. Deshalb versteht hier auch kein Mensch, wie Bulgarien und Rumänien EU-Mitglieder werden konnten und die Türkei angeblich noch mindestens 20 Jahre brauche, bis sie so weit sei. Wer einmal mit dem Auto auf dem Weg in die Türkei durch Rumänien und Teile von Bulgarien gefahren ist, hat geradezu das Gefühl, mit Erreichen der türkischen Grenze endlich wieder in der Zivilisation gelandet zu sein.

Wenn man allerdings von Ankara aus weiter nach Osten fährt, dann ähnelt das Bild doch wieder eher Rumänien. Die moderne, von Istanbul kommende Autobahn endet hier. Ab jetzt gibt es zwar immer wieder Schnellstraßenversatzstücke, aber die Qualität der Infrastruktur nimmt doch schon kurz hinter Ankara deutlich ab. Das gilt auch für die industrielle Erschließung des Landes. Östlich der Hauptstadt kommt nicht mehr viel, abgesehen von den großen Städten an der Mittelmeerküste wie Adana, Mersin und Iskenderun. Ausnahmen sind Kayseri und Gaziantep, zwei Boomtowns der sogenannten islamischen Tiger, also Zentren einer neuen, islamisch geprägten Bourgeoisie, auf die der türkische Staat bei der weiteren ökonomischen Entwicklung des Landes große Hoffnungen setzt. In Kayseri, der Stadt der islamischen Calvinisten, wie sie seit dem Erscheinen einer aufsehenerregenden Studie vor einigen Jahren jetzt häufig genannt wird, sorgen große Textilfabriken für Wohlstand und Auskommen. Modernste Maschinen und eine geradezu unglaubliche Arbeitsmoral, so einer der Autoren der Studie, sind das Fundament des Aufschwungs in Kayseri. Gaziantep, nicht allzu weit von der syrischen Grenze entfernt, ist das Zentrum der verarbeitenden Agrarindustrie für eine große Region und hat in den letzten Jahren von der politischen Normalisierung zwischen der Türkei und Syrien profitiert. Die Stadt ist zum Zentrum des Handels mit den arabischen Nachbarn geworden. Abgesehen von diesen Städten aber ist die anatolische Hochebene östlich von Ankara bereits ein anderes Land als die westliche Türkei. Hier trifft man auf ein klassisches Agrarland, arm, rückständig, traditionell und ziemlich dünn besiedelt. Hierher verirrt sich so gut wie nie ein ausländischer Tourist, und auch im Land selbst genießt die anatolische Hochebene die mit Abstand geringste Aufmerksamkeit. Wenn aus dieser Hochebene dann wieder die ersten größeren Berge herausragen, beginnt der eigentliche wilde Osten des Landes.

Das erste große Missverständnis in der deutschen Wahrnehmung der Türkei ist, dass oft der Osten für das Ganze genommen wird. Das liegt daran, dass bei der Berichterstattung über die Türkei zumeist die Probleme des Ostens im Mittelpunkt stehen und auch die bekannten Mythen und Legenden des Landes von dort stammen. Im Osten spielt »Yol«, der berühmte Film von Yilmaz Güney, in dem schon Anfang der 80er Jahre von »Ehrenmord« und Freiheitskampf, von den großen Clans, den reichen

Kontraste zwischen West und Ost: das Bankenviertel von Istanbul und ein kurdisches Dorf bei Bitlis

Feudalherren und der Armut der Leute erzählt wird. Auch Yasar Kemals weltbekannte Erzählung »Mehmet mein Falke« ist eine Geschichte über den Freiheitskampf im Osten und nicht zuletzt »Schnee«, der letzte große Roman des Nobelpreisträgers Orhan Pamuk, welcher hauptsächlich in Kars spielt, einer Kleinstadt ganz im Nordosten, nahe der armenischen und georgischen Grenze. Dieser wilde Osten, der im Süden an Irak und Syrien grenzt, im Osten an Iran und Armenien und im Nordosten an Georgien, der fast so groß ist wie die frühere Bundesrepublik, ist der Schauplatz der Dramen, die auch heute noch das Bild der Türkei bestimmen. Hier fanden die Deportationen und Massaker an den Armeniern im zerfallenden Osmanischen Reich während des Ersten Weltkrieges statt, hier hat die türkische Republik schon in den 30er Jahren große kurdische Aufstände blutig niedergeschlagen und hier kämpft die kurdische Arbeiterpartei PKK seit 1984 für einen eigenen Staat.

Während der Südosten überwiegend kurdisch mit einigen arabischen Einsprengseln ist, findet sich im Nordosten ein Gemisch aus Türken, Lasen und Kurden mit einigen wenigen Erinnerungen an die Armenier, die von hier während des Ersten Weltkrieges vertrieben wurden. Der Osten ist nicht nur arm, sondern bis heute auch die politische und gesellschaftliche Konfliktzone des Landes. Hier gibt es nicht nur die ethnische Auseinandersetzung zwischen Kurden und Türken, hier ist auch die Hochburg der Patriarchen. Es dominieren nach wie vor große Clans, die nicht nur aus deutscher Perspektive, sondern auch aus der Sicht der Westtürkei völlig archaisch vor sich hin leben. Patriarchalisches Denken und religiöser Fanatismus gehen gerade in dieser unterentwickelten Region oft eine unheilvolle Symbiose ein. Die extreme Unterdrückung der Frau bis hin zum Mord in der Familie, wenn ein weibliches Mitglied angeblich die Ehre des Hauses verletzt hat, ist ein Phänomen hauptsächlich dieser Region. Paradoxerweise hat der gewaltsame Kampf der kurdischen Arbeiterpartei PKK, die als ursprünglich linke Organisation nicht nur für ein unabhängiges Kurdistan kämpft, sondern auch die Befreiung der Frau auf ihre Fahnen geschrieben hatte, bis jetzt erheblich dazu beigetragen, dass die Unterentwicklung festgeschrieben wurde.

20 Jahre Krieg und Ausnahmezustand in den kurdisch besiedelten Gebieten haben dazu geführt, dass ganze Landstriche entvölkert sind, die traditionelle Viehwirtschaft praktisch nicht mehr

existiert und die Menschen stattdessen in den Slums der wenigen größeren Städte der Region leben, die meisten ohne Job und unter elenden Bedingungen. Staatliche Entwicklungsprojekte kamen unter den Bedingungen des Krieges nicht voran, und private Investoren machen bis heute einen großen Bogen um die Region. Auch wohlhabende Kurden legen ihr Geld fast nie in ihrer Heimatregion, sondern immer im Westen oder Süden des Landes an.

Wenn man die gängigen Klischees über die Türkei auf ihren Wahrheitsgehalt abklopft, wird man deshalb in aller Regel feststellen, dass sie am ehesten für den unterentwickelten Osten des Landes zutreffen, über die moderne Türkei dagegen kaum eine Vorstellung existiert. Das wird dadurch verstärkt, dass die Einwanderer, die nach Deutschland und Westeuropa kamen, hauptsächlich aus diesen unterentwickelten Gebieten der Türkei stammen und ihre Sitten und Gebräuche mitgebracht haben. Die Einwanderung nach Deutschland ist ähnlich selektiv wie die Nachrichten aus dem Land. Gebildete Türken aus wohlhabenden Familien, die beispielsweise zum Studium ins Ausland gehen, zieht es statt nach Deutschland viel eher nach Amerika, weshalb die türkische Community in den USA auch ganz anders aussieht als in Deutschland. Probleme mit der Integration von Türken sind in den USA gänzlich unbekannt.

Das zweite Missverständnis in der deutschen Wahrnehmung ist es, die Türkei als ein muslimisches Land anzusehen. Genauso wie Istanbul als moderne Metropole mit einer 3000 Jahre alten multikulturellen Vergangenheit erstaunt viele Besucher, dass das angeblich muslimische Land nicht am Freitag, sondern wie gewohnt, am Sonntag seinen freien Tag hat und neben dem Tee das Nationalgetränk der Türken der Raki ist – ein Anis-Schnaps, der in den Kneipen und Restaurants reichlich genossen wird, obwohl doch weit über 90 Prozent bei Umfragen angeben, gute Muslime zu sein, was eigentlich Abstinenz bedeuten müsste. In der Türkei sind zwar fast alle Einwohner Muslime, doch neben den wirklich praktizierenden Gläubigen gibt es fast genauso viele Papier- oder Kulturmuslime, die den Imam einen lieben Mann sein lassen und ungefähr so häufig die Moschee besuchen wie die Weihnachtschristen in Deutschland die Kirche.

Im Unterschied zu den arabischen Ländern ist die Türkei kein islamischer Staat. Kurz nach der Gründung der Republik 1923 wurde das Kalifat abgeschafft und die Scharia als Quelle des

Rechts durch eine moderne Gesetzgebung ersetzt. Statt des Islam wurde der Laizismus, die Trennung von Staat und Religion, zu einer der tragenden Säulen des neuen Staates. Die dominierende republikanische Volkspartei unter der Führung des ersten Präsidenten des Landes, Mustafa Kemal, dem späteren Übervater Atatürk, setzte in den 20er und 30er Jahren des letzten Jahrhunderts eine beispiellose Kulturrevolution durch. Nicht nur die Republik erhielt eine weltliche Basis, die Kemalisten schafften auch die arabische Schrift ab und führten stattdessen das lateinische Alphabet ein, eine Sprachkommission modernisierte die türkische Sprache und ersetzte viele der persischen und arabischen Lehnwörter, die unter den Osmanen in Gebrauch waren, durch neue türkische Wortschöpfungen.

Der Bruch mit dem Osmanischen Reich ging bis in den privatesten Alltag. Die traditionellen Kopfbedeckungen, der Fes (oder Fez) der Männer und der Schleier der Frauen, wurden 1926 verboten, die moderne Frau sollte ihr Haar zeigen, der moderne Mann einen europäischen Hut tragen. Die Rolle der Frau wurde revolutioniert. Türkische Frauen erhielten das allgemeine Wahlrecht – eher als etliche ihrer westeuropäischen Schwestern –, die moderne Frau sollte raus aus dem Haus und rein ins Erwerbsleben. Mustafa Kemals Adoptivtochter wurde die erste Pilotin des Landes, nach ihr heißt heute der zweite Istanbuler Flughafen Sabiha Gökcen. Doch die kemalistische Revolution hatte einen entscheidenden Geburtsfehler: Sie war eine Revolution von oben.

Im Unabhängigkeitskrieg von 1919 bis 1923 hatte Mustafa Kemal, bei Beginn des Krieges offiziell noch General des Osmanischen Heeres und einer der wenigen Kriegshelden auf türkischer Seite, die Massen Anatoliens zum Widerstand gegen die ungläubigen Besatzer aufgerufen. Danach, mit Ausrufung der Republik, wollten die Kemalisten die Religion abstreifen wie einen alten Schuh. Das ging natürlich nicht ohne heftige Gegenreaktionen. Die Aufstände im Osten waren zunächst weniger ethnisch als vielmehr religiös motiviert. Ihre Anführer waren Scheichs, die für das Kalifat und nicht für einen kurdischen Staat kämpften. Um die Religion in den Griff zu bekommen, wurden alle religiösen Orden, die im Osmanischen Reich eine wichtige Rolle gespielt hatten, verboten und die Ausübung des Glaubens über eine staatliche Religionsbehörde reglementiert. So wurde die moderne Republik gegen breite Volksschichten oft unter Anwendung staatlicher Zwangsmaßnahmen durchgesetzt. Unter diesem Erbe leidet die Türkei noch heute.

Der Kulturkampf zwischen Frommen und Säkularen, zwischen islamischen und laizistischen Parteien, zwischen der seit 2002 amtierenden islamisch grundierten Regierung und dem dem Laizismus verpflichteten Militär ist Ausdruck dieses in den 20er Jahres des letzten Jahrhunderts begonnenen Kampfes. Der Streit um das Kopftuchverbot in Schulen, Universitäten und allen anderen öffentlichen Institutionen wird in der Türkei auch deshalb so verbissen geführt, weil das Kopftuch genau diesen jahrzehntelangen Kampf am stärksten symbolisiert. Für den Betrachter von außen ergibt sich damit ein doppelt verwirrendes Bild. Die vermeintlich islamische Türkei ist gar nicht islamisch, sondern laizistisch. Doch hier rebelliert nicht der freiheitliche, moderne Teil der Gesellschaft gegen die Anmaßungen der Religion, sondern den Part der Freiheitskämpfer beanspruchen die vermeintlich unterdrückten Frommen, weil der zunehmend erstarrte und dogmatische Kemalismus ihnen verbietet, an der Universität Kopftücher zu tragen, und auch auf andere religiöse Bedürfnisse angeblich zu wenig Rücksicht nimmt. Seit 2002 erstmals in der Geschichte der Republik eine islamische Partei allein die Regierung stellte und es dieser Partei bei den Wahlen 2007 dann gelang, mit einem noch besseren Ergebnis ihre Macht zu festigen, beginnt sich aber auch dieses Bild wieder zu verändern. Zwar ist ein großer Teil der Bürokratie und des Militärs nach wie vor kemalistisch dominiert, doch die islamisch anti-kemalistische Regierung ist längst dabei, ihre Leute auf allen Ebenen des Staatsapparates zu platzieren. Aus Sicht vieler Kemalisten ist deshalb in der Türkei zur Zeit eine stille Gegenrevolution im Gang, die die Errungenschaften der 30er Jahre des letzten Jahrhunderts wieder rückgängig machen will. Gegen eine solche Entwicklung steht aus ihrer Sicht als letzte Barriere die Armee.

Das führt zum dritten, häufig gepflegten Missverständnis: die Türkei als vermeintlichen Militär- und Polizeistaat. Zweifellos hat das Militär in der Türkei eine ganz andere Rolle als in Deutschland, wo nach der Katastrophe des Zweiten Weltkrieges ein radikal verändertes Verhältnis zu jeder Form von Militarismus entwickelt wurde. Auch in den angelsächsischen Ländern, die nach wie vor ein starkes Sentiment gegenüber ihren Armeen pflegen, hat das Militär nicht eine so entscheidende Rolle wie in der Türkei, weil aus historischen Gründen das Primat der Politik gegenüber der Armee von niemandem in Frage gestellt wird. Das war in der Türkei anders und ist bis heute der neuralgische Punkt. Die Gründer der Republik waren Militärs und Ex-Militärs, erst in den 1950er Jahren wurde eine echte parlamentarische Demokratie zugelassen, die das Militär jedoch alle zehn Jahre, zuletzt 1980, durch einen Putsch wieder aus den Angeln hob. Doch daraus resultierten nie anhaltend lange Militärdiktaturen. Die Generäle verstanden und verstehen sich heute noch als Hüter der kemalistischen Grundideen der Republik, die nach ihrem Verständnis nur dann in das politische Geschehen intervenierten, wenn die gewählten Politiker den Kernbestand der Republik angeblich in Frage stellten. Dieses paternalistische Verhalten der Armeeführung ist aber auch deshalb möglich und wird von weiten Teilen der Bevölkerung bis heute akzeptiert, weil die politische Klasse dem wenig an eigenem Gestaltungswillen entgegensetzte und stattdessen in Korruption und wechselseitigen Intrigen versank.

Die türkische Situation ist aber durchaus nicht so ungewöhnlich für Europa, wie es heute scheint. Auch in Portugal, Spanien und Griechenland ist es noch gar nicht so lange her, dass teils Jahrzehnte andauernde Militärdiktaturen überwunden wurden. In Spanien musste Franco erst sterben, bevor eine demokratische Entwicklung in Gang kommen konnte, in Portugal fiel der Startschuss zur Nelkenrevolution in den afrikanischen Kolonien, und in Griechenland ließ der große Bruder Amerika die Obristen erst fallen, als diese auf Zypern einmarschieren wollten. In allen drei Ländern hat dann die EU die entscheidende Rolle bei der Stabilisierung der jungen Demokratien gespielt, nicht nur mit Geld, sondern auch durch enge persönliche Unterstützung der gewählten Regierungschefs und deren Einbindung in einen größeren Zusammenhang. Die Türkei hat diese Chance Ende der 1970er Jahre verpasst, als die EU dem Land eine zeitgleiche Integration mit Griechenland angeboten hatte, die damalige türkische Regierung das aber ablehnte. Der Putsch von 1980 hat dann die weitere demokratische Entwicklung um mindestens zehn Jahre zurückgeworfen. Der Mitte der 1980er Jahre von der kurdischen PKK begonnene Bürgerkrieg hat die zivile Politik zusätzlich immer wieder geschwächt und die Rolle des Militärs in den Vordergrund gerückt. Erst mit dem vorläufigen Ende des Bürgerkrieges 1999 und der gleichzeitigen Annäherung der Türkei an die EU im selben Jahr wurde der Einfluss des Militärs Schritt für Schritt zurückgedrängt.

Das geschah auch deshalb, weil sich in der Türkei trotz der oft ungünstigen Umstände durchaus eine lebhafte demokratische, zivilgesellschaftliche Kultur entwickelt hat, die sich immer wieder zu Wort meldet. Trotz mächtiger Militärs, trotz einer unberechenbaren, oft brutalen Polizei, die in weiten Kreisen Folter immer noch für eine probate Ermittlungsmethode hält, ist das Land alles andere als ein bedrückender Polizeistaat. Die meisten Menschen halten mit ihrer Meinung durchaus nicht hinterm Berg und äußern sich völlig unverblümt, auch Fremden gegenüber. Das gilt nicht nur für den Mann auf der Straße. Es gibt seit Jahren zahlreiche Nicht-Regierungsorganisationen (NGOs), die Menschenrechtsverletzungen anprangern und damit in der Öffentlichkeit auch Wirkung erzielen. In zahlreichen Fernsehdebatten und in etlichen Zeitungskommentaren wird ordentlich gegen die Regierung ausgeteilt – das führt zwar oft zu Beleidigungsklagen, aber in der Regel muss niemand mehr als eine Geldstrafe fürchten.

Mit zwei großen Ausnahmen. Wer in der Türkei die Massaker an den Armeniern offen als Völkermord bezeichnet, bekommt unweigerlich Schwierigkeiten. Auch wenn der jetzt immer wieder kritisierte Strafrechtsparagraph, auf dessen Grundlage beispielsweise Orhan Pamuk für seine Stellungnahme zur Armenierfrage angeklagt wurde, auf Drängen der EU modifiziert wurde, wird sich daran zunächst kaum etwas ändern. Der Widerstand gegen womöglich sehr schmerzhafte Einsichten ist massiv, und jeder Türke, der in den Verdacht kommt, womöglich die armenische Position zu unterstützen, gilt fast automatisch als Verräter. Das andere Tabuthema ist ein möglicher kurdischer Staat. Bereits die Forderung nach Autonomie wird als Separatismuspropaganda geahndet und führt meist ohne weiteres zu einem Strafverfahren. Trotzdem ist hier die Tendenz eindeutig. Wurde vor 15 Jahren offiziell noch die Existenz einer eigenständigen kurdischen Identität bestritten und die kurdische Sprache als Dialekt abgetan, geht es heute darum, welche politischen Konsequenzen man aus der Tatsache, dass ein Fünftel der Bevölkerung der Türkei Kurden sind, ziehen muss.

Ein Teil der Faszination, die die Türkei auf Beobachter von außen ausübt, besteht ja gerade auch darin, dass hier tagtäglich weit existenziellere Konflikte verhandelt werden als im alten

Europa. So ist die Armenienfrage ja nicht nur ein Problem der Vergangenheitsbewältigung, sondern gleichzeitig die Frage nach dem Umgang mit dem real existierenden Nachbarland Armenien. Der Kurdenkonflikt ist nicht nur ein Kampf um die Unteilbarkeit des Landes im, von Istanbul aus gesehen, fernen Südosten des Landes, sondern gleichzeitig eine gesellschaftliche Herausforderung für den zwischenmenschlichen Umgang von Türken und Kurden im Westen des Landes. Schließlich leben längst mehr Kurden über das ganze Land verstreut als in den angestammten kurdischen Siedlungsgebieten. Als wäre das nicht schon genug Konfliktstoff, befindet sich das Land in einer ganz grundsätzlichen Auseinandersetzung um das Erbe des Kemalismus: säkulare Republik kontra religiösen Aufbruch in Bildung und Lebensstil. Das alles schafft vor dem Hintergrund extremer materieller Ungleichheit natürlich Spannungen, die deutlich größer sind als in einer westeuropäischen Wohlstandsgesellschaft.

Gleichzeitig ist die Türkei aber ein europäisches Schwellenland, das versucht, seine großen Konflikte mit den klassischen Mitteln westeuropäischer Demokratien zu lösen. Seit das Land 1999 offiziell zu einem EU-Beitrittskandidaten erklärt wurde und seit 2005 die Beitrittsverhandlungen begonnen haben, ist die Türkei im Prinzip bereit, sich an den EU-Kriterien messen zu lassen. Hier müssen sich die Prinzipien einer parlamentarischen Demokratie – Gewaltenteilung, krisenfeste Institutionen, Achtung der Verfassung und des Rechtsstaates, Vorrang der Menschenrechte, Achtung von Minderheiten und religiöse Toleranz bei gleichzeitiger Trennung von Religion und Staat – unter weit härteren Bedingungen bewähren als in den alten EU-Staaten.

Zu beobachten, wie weit dies gelingt, ist einfach spannender, als in Deutschland die x-te Debatte um eine Gesundheits- oder Rentenreform zu verfolgen, obwohl dies zweifellos wichtige Themen sind, die hoffentlich auch in der Türkei bald eine größere Rolle spielen werden.

Der Alltag

Doch Politik ist ja nicht alles im Leben. So spannungsgeladen die politischen Auseinandersetzungen sind, der normale Alltag ist für die meisten Menschen in der Türkei dennoch entspannter

Istanbuls historischer Altstadtteil Balat am Goldenen Horn

als in Deutschland. Das liegt hauptsächlich daran, dass man in der Regel unverkrampfter und zwangloser miteinander umgeht als in den stärker durchorganisierten Gesellschaften des Westens. Das Problem der Vereinzelung, die Einsamkeit, unter der viele Menschen in Deutschland leiden, ist in der Türkei viel seltener. Das ist nicht unbedingt eine Mentalitätsfrage, wie oft vor allem von Türken unterstellt wird. Die Deutschen, so wird immer behauptet, seien einfach kühler, egoistischer, mehr auf ihren ganz persönlichen Vorteil bedacht als Türken, während die Türken doch quasi von Natur aus warmherzig, offen und an ihren Mitmenschen interessiert seien. Sicher gibt es tatsächliche Mentalitätsunterschiede zwischen dem »normalen« Türken und dem »durchschnittlichen« Deutschen, die entscheidenden Gründe für die Unterschiede im Alltag sind aber andere. Die türkische Gesellschaft ist einfach anders organisiert. Obwohl mittlerweile gut 75 Millionen Menschen die Türkei bevölkern und nach den Berechnungen der Bevölkerungsstatistiker das Wachstum auch noch zehn Jahre anhalten wird, funktioniert das ganze Land doch immer noch ein wenig wie eine große Familie.

Die sozialen Strukturen, in die die Menschen eingebunden sind, sind dichter als in Deutschland. Angefangen bei der Familie, über die Schule, Universität und den Arbeitsplatz bis hin zum Café an der Ecke, wo man den Lebensabend verbringt, ist der Türke praktisch immer von sozialen Netzen umgeben. Das hat Vor- und Nachteile. Man fühlt sich aufgehoben, wird aber gleichzeitig auch kontrolliert. Die Gesellschaft hat etwas Paternalistisches, nicht nur in der Familie im engeren Sinn, sondern auch, was das Leben im Wohnviertel und selbst das Verhältnis des Einzelnen zum großen Ganzen, wie den staatlichen Institutionen, angeht. Das macht sich noch bis ins Gefängnis bemerkbar. Jenseits der immer wieder zu Recht angeprangerten Vernehmungsmethoden, die aber vor allem auf den Polizeistationen und nicht im normalen Justizvollzug vorkommen, geht es in türkischen Haftanstalten relativ entspannt und weit weniger reglementiert als in deutschen Knästen zu. Bis vor wenigen Jahren gab es in türkischen Gefängnissen praktisch nur Gemeinschaftszellen, in denen bis zu 20 oder 30 Häftlinge zusammengelegt wurden, die dann ihren Tagesablauf weitgehend selbst organisieren durften.

Dieses Familiäre in der türkischen Gesellschaft erzeugt einerseits einen angenehmen Wärmestrom, setzt aber auch voraus, dass die Hierarchien und Autoritäten anerkannt werden. Der gesamte Umgang der Türken mit ihrer Bürokratie basiert auf diesem Verhältnis. Jeder Beamte, ja jeder, der eine Uniform anhat oder einen Posten in der Bürokratie bekleidet, ist eine Respektsperson. Derjenige, dem so Respekt gezollt wird, muss im Gegenzug aber auch ein offenes Ohr für die Leute haben. Es gibt zumeist komplizierte bürokratische Regeln, aber im Zweifel gibt es dann auch immer eine typisch türkische Lösung, wie man das Problem dennoch zur Zufriedenheit aller lösen kann. Dazu kann das berühmte Bakschisch gehören, muss aber nicht. Man ist einfach etwas flexibel.

Bestes Beispiel dafür ist der Hausbau in den türkischen Städten. Es gibt mittlerweile strenge Regeln, die den anarchischen Wildwuchs, der in den Großstädten von den 1950er bis in die 1980er Jahre dominierte, in geordnete Bahnen lenken soll. Dazu gibt es eine Stadtplanung nach westeuropäischem Vorbild, Bebauungspläne für einzelne Viertel und besondere Schutzzonen, die für den Erhalt der historischen Bausubstanz sorgen sollen. Doch die Praxis sieht ein wenig anders aus. Als wir vor einigen Jahren ein Häuschen, das just in einer solchen Schutzzone liegt, sanieren wollten, stellte sich als Erstes die Frage, welche Baugenehmigung man beantragt. Eigentlich ist vor einer Baugenehmigung ein Okay der Denkmalschutzbehörde notwendig, die dem Sanierungsplan zustimmen muss. »Wenn ihr das machen wollt, könnt ihr lange warten«, brachte uns ein befreundeter Architekt gleich zu Beginn die Grundregeln bei. »Der normale Dienstweg ist praktisch unbegehbar.« Die Denkmalschutzbehörde ist personell völlig überfordert und braucht deshalb auch für gänzlich unstrittige Projekte Jahre bis zur Genehmigung. Weil dieser Engpass in der Bürokratie nicht beseitigt wird, nehmen alle Häuslebauer den sogenannten kurzen Dienstweg. Man holt eine Renovierungserlaubnis vom zuständigen Stadtteilamt ein und bekommt diese auch, wenn man den Beamten glaubhaft versichern kann, dass diese Renovierung zwar praktisch eine Sanierung ist, sie jedoch so durchgeführt wird, wie sie auch das Denkmalschutzamt genehmigt hätte. Dafür spendiert man dann beispielsweise ein Kopiergerät für das technisch schlecht ausgestattete Büro der Baubehörde, und alle sind glücklich.

Diese Art von Flexibilität hat dazu beigetragen, dass eines der größten Probleme des Landes, die enorme interne Wanderungsbewegung vom Land in die Städte, einigermaßen sozial bewältigt werden konnte. Seit Anfang der 60er Jahre führten Bevölkerungs-wachstum einerseits und die zunehmende Mechanisierung in der Landwirtschaft andererseits dazu, dass immer mehr Menschen in ihren Dörfern keine Arbeit mehr fanden beziehungsweise der Landbesitz der Familie nicht mehr ausreichte, um alle Kinder wiederum mit einem eigenen Anteil auszustatten. Die Folge da-von war eine Landflucht in einem solchem Ausmaß, dass sie die Türkei völlig umkrempelte. Lebten 1970 noch 62 Prozent der türkischen Bevölkerung auf dem Land, sind es heute gerade noch einmal 35 Prozent. Bedenkt man, dass sich die Bevölkerungszahl in diesem Zeitraum praktisch verdoppelt hat, kann man ungefähr ermessen, welcher Zuwanderungsdruck in den letzten 40 Jahren auf den türkischen Städten lastete. Mit am stärksten betroffen von dieser Entwicklung war und ist Istanbul.

Mitte der 1960er Jahre lag die Einwohnerzahl der alten Haupt-stadt bei rund 1,5 Millionen. Jetzt, rund 40 Jahre später, leben zehnmal so viele Menschen in der Bosporusmetropole. Der größte Teil dieser Millionen an Neuzugängen waren arme Bauernkinder, die auf dem Land keine Perspektive mehr hatten. Niemand die-ser Einwanderer, die nach Istanbul kamen, hatte Geld, um sich in der Stadt eine Wohnung zu mieten oder sich gar etwas kau-fen zu können. Stattdessen lebten sie in Hütten, die »über Nacht erbaut« (das ist die Übersetzung des türkischen Begriffs Gece-kondu) wurden und sich in illegale Slumsiedlungen einreihten, die 1983 bereits mehr als die Hälfte aller Wohnbehausungen in Istanbul ausmachten. Das Mirakel der Stadt ist, dass es heute trotz anhaltender Binneneinwanderung nirgendwo mehr ausge-dehnte Slumgebiete gibt und die Gecekondu-Kultur bereits Folk-lore geworden ist. Bewältigt wurde dieses enorme Problem durch Flexibilität und paternalistische Fürsorge. Rein rechtlich waren alle diese Hütten, die da über Nacht erbaut wurden, illegal auf staatlichem Grund gebaut, und wäre es nur nach den Buchstaben der Gesetze gegangen, hätte jedes Mal der Bulldozer kommen müssen. Tatsächlich kamen die Bulldozer aber nur ganz selten, zumeist wurden die Slums erst einmal geduldet, um sich dann in wenigen Jahren in normale Stadtviertel umzuwandeln. Das ge-schah aber nicht wie in Deutschland durch sozialen Wohnungs-bau – dazu wäre die Türkei viel zu arm gewesen –, sondern durch eine geschickte Mischung aus staatlicher Schenkung und privater Initiative.

Armutlu – ein Gecekondu-Viertel in Istanbul oberhalb des Bosporus

Das Geheimnis dieses Erfolges ist, dass den Bewohnern der Hütten, meistens im Zuge von Wahlkämpfen – schließlich haben auch arme Leute ein Stimme an den Urnen –, Besitztitel für das Land, auf dem sie anfangs illegal ihre Hütte gebaut hatten, übereignet wurden. Als Grundstücksbesitzer wurden die Slumbewohner dann plötzlich für die Baubranche interessant. Die Umwandlung eines Slums in ein Viertel mit einer normalen Wohnbebauung von Billigappartements, die von der Stadtverwaltung dann nach und nach auch mit der nötigen Infrastruktur versorgt wurden, geschah immer nach einem ähnlichen Muster: Ein lokaler Bauunternehmer bot den Hüttenbesitzern an, auf ihrem Grundstück statt der Hütte ein Haus mit ungefähr sechs Wohnungen zu errichten. Weil Letztere das Grundstück einbrachten, bekamen sie nach Fertigstellung des Hauses zwei Wohnungen, die anderen vier Wohnungen waren der Gewinn des Unternehmers. Aus den bettelarmen Einwanderern vom Land waren so in relativ kurzer Zeit Wohnungsbesitzer geworden, die sogar eine Wohnung vermieten oder Verwandten aus dem Dorf, die ebenfalls in die Stadt kommen wollten, zur Verfügung stellen konnten. Diese Mischung aus Flexibilität und Paternalismus ist die Grundlage für die Organisation des türkischen Alltags.

Für Deutsche ist dieses System natürlich erst einmal sehr gewöhnungsbedürftig. Wer gewohnt ist, dass das Leben nach klaren Regeln verläuft und man eben »auf seinem Recht« bestehen muss, wenn man nicht unter die Räder kommen will, kann an der türkischen Realität schon mal verzweifeln. Wer beispielsweise ein Telefon beantragt, und die Telecom kommt nicht, obwohl doch die Antragsgebühr bezahlt ist, hat mehr davon, sich um einen persönlichen Kontakt in die Behörde zu bemühen als einen Anwalt einzuschalten.

Was im Kleinen, im privaten Bereich, gilt, gilt in etwas abgewandelter Form auch im Großen. Ausländische Firmen, die vor allem in den letzten zehn Jahren verstärkt auf den türkischen Markt drängten, haben oft enorme Anpassungsschwierigkeiten. Genehmigungsverfahren verzögern sich, versprochene Infrastrukturmaßnahmen kommen nicht zustande, deutsche Firmenkultur und türkische Beschäftigte prallen aufeinander. Der langjährige Leiter des LKW-Werkes von Daimler Benz in Aksaray, Hans Peter Heinstein, konnte dutzendweise Anekdoten über diese Schwierigkeiten erzählen. Ein Konflikt aus der Anfangsphase des Werkes in den früher 1980er Jahren macht besonders deutlich, welche unterschiedlichen Erwartungen bei einer solchen Industrieansiedlung aufeinanderprallen können. In der Türkei war es lange so, dass Staatsbetriebe, von denen es sehr viele gab, Leute nicht unbedingt nach ihrer Qualifikation, sondern nach einem Klientelsystem einstellten, mit der Loyalität bei Wahlen belohnt wurde. Der Bürgermeister von Aksaray, einer Stadt südöstlich von Ankara, erwartete deshalb von der Mercedes-Werksleitung, dass diese eine Reihe von Leuten einstellen sollte, die der Bürgermeister vorbeischickte, damit die Gemeinde dann im Gegenzug eine benötigte Straße zum Werk bauen ließ. Als die Werksleitung sich empört weigerte, »unqualifizierte« Arbeiter einzustellen, präsentierte die Gemeinde einen Bebauungsplan, in dem die Straße mitten durch das Werk führte und die Produktion stark behindert hätte. Solch einen Konflikt wie in Deutschland mit Hilfe von Anwälten oder vor Gericht lösen zu wollen, hätte vermutlich dazu geführt, dass die Produktion in Aksaray bald wieder eingestellt worden wäre. Heinstein hat eine türkische Lösung gefunden, und Mercedes macht in Aksaray mittlerweile prächtige Gewinne und ist längst zum größten Arbeitgeber der Stadt geworden.

Gewerkschafter klagen allerdings, dass ausländische Konzerne im Zuge der Anpassung auch schnell dazu übergehen, sich gegenüber ihren Mitarbeitern genauso paternalistisch zu verhalten wie türkische Betriebe. Die restriktive Gewerkschaftsgesetzgebung, so erzählt Hasan Arslan, Funktionär der linken Metallgewerkschaft Metal Is, wird von den ausländischen Konzernen voll ausgenutzt. Statt nach deutschen Gewerkschaftsrechten werden die Arbeiter genauso nach Gutsherren-Art behandelt wie in türkischen Firmen auch.

Es gibt allerdings manche Schwierigkeiten für Ausländer und ausländische Firmen in der Türkei, die nicht nur unterschiedlichen Traditionen und gesellschaftlich gewachsenen Verhaltensweisen geschuldet sind, sondern mit einem ideologisch bedingten, spezifisch türkischen Nationalismus zu tun haben.

Der Gründungsmythos der türkischen Republik ist der Unabhängigkeitskrieg gegen die Besatzungsmächte im Anschluss an den Ersten Weltkrieg. Ein Hauptcredo der türkischen Politik war seitdem Unabhängigkeit – nicht nur als souveräner Staat, sondern möglichst auch auf wirtschaftlicher Basis. Die junge Republik entwickelte deshalb eine Art Staatskapitalismus, in dem alle Schlüsselindustrien staatlich waren und auch sonst fast alles strenger staatlicher Kontrolle unterlag. Jahrzehntelang blieb die türkische Ökonomie gegenüber dem Weltmarkt abgeschottet, die einheimische Währung Lira war nicht kompatibel, ausländische Konzerne wurden nur in wenigen Ausnahmefällen zugelassen. Anfang der 1980er Jahre riss der damalige Staatspräsident Turgut Özal dann das Steuer radikal herum, öffnete die Türkei für den Weltmarkt und machte die Lira zu einer konvertiblen Währung. Bis dahin durften Türken auch nur alle drei Jahre ins Ausland reisen und dafür dann bei der Staatsbank ausländische Währung erwerben. Ausländer kamen vor dieser Zeit selten ins Land. Die Türkei als Urlaubsparadies für den Massentourismus aus Westeuropa entstand erst auf der Grundlage der özalschen Liberalisierung.

Diese Politik der Öffnung provozierte natürlich Reaktionen vonseiten der Verlierer. Große Staatsbetriebe wurden privatisiert und zerschlagen, die staatliche Bürokratie verlor an Einfluss, quasi Monopole sahen sich plötzlich scharfer Konkurrenz ausgesetzt. Die Gegenparole zu dieser Politik war der Vorwurf des »Ausverkaufs der Nation«. Die Diskussion ähnelt in einigen Punkten der in Osteuropa in der Nach-Sowjet-Ära, nur dass in der Türkei der ideologische Überbau »Kemalismus« offiziell nicht angetastet wurde und im Gegensatz zum Kommunismus in der Gesellschaft auch nicht diskreditiert ist. Nach den Wirren der 90er Jahre, die dem Tod Özals 1993 folgten, haben wir heute wieder eine mit der Özal-Ära vergleichbare Situation. Die seit 2002 regierende AKP (Partei für Fortschritt und Gerechtigkeit) mit Tayyip Erdogan an der Spitze, betreibt eine radikal neoliberale Wirtschaftspolitik und setzt die unter Özal begonnene Privatisierung des Staatseigentums ungebremst fort. Außerdem kommt die AKP aus dem politischen Islam – sie ist deshalb im Kern nicht nur anti-etatistisch, sondern auch anti-kemalistisch. Die Gegenbewegung zur AKP beschwört deshalb das Andenken an den Übervater Atatürk und beklagt den Ausverkauf des Landes durch die AKP – an die EU, an die Amerikaner, an die Ausländer ganz allgemein. Oberflächlich gesehen bedeutet das Nationalismus versus Islamismus, doch da sich natürlich auch die Frommen in der Türkei als gute Patrioten verstehen, findet seit ein paar Jahren eine Art Wettbewerb im Fahnenschwenken statt. In Sachen »Vaterlandsliebe« (Vatan sever) will sich niemand von seinem politischen Konkurrenten übertreffen lassen. Die Folge ist eine penetrante Zurschaustellung nationaler Symbole und eine gewisse Unklarheit gegenüber dem Ausland und den Ausländern. Die AKP wirbt um ausländisches Kapital, ist im Prinzip dafür, dass Ausländer ohne Beschränkungen Immobilien erwerben können und will vermehrt den Zuzug ausländischen Fachpersonals erleichtern. Gleichzeitig will man sich aber nicht dem Vorwurf des »Ausverkauf des Landes« aussetzen, so dass es dann plötzlich in der Praxis für ausländische Firmen doch erhebliche Probleme geben kann oder Ausländer sich beim Erwerb von Immobilien doch mit schier unüberwindlichen Hürden konfrontiert sehen können.

Die Medien sind dabei ein getreues Spiegelbild dieser Zerrissenheit. Zwischen dumpfem Hurra-Nationalismus und klugen Analysen ist alles vertreten, oft sogar in derselben Zeitung. Die Türken sehen sich deshalb einem ständigen Wechselbad der Gefühle ausgesetzt. Will das Ausland – die EU oder die USA oder beide – das Land spalten, wie oft und immer wieder geschrieben wird, oder wollen »wir« nicht selbst Teil dieser angeblich so schlimmen EU werden? Das führt zu merkwürdigen Situationen. Als ich meinem Friseur verriet, dass mein Job darin besteht, die Deutschen mit Nachrichten aus der Türkei zu versorgen, meinte er: »Na dann bist du ja ein Spion, oder?« Er wusste selbst nicht genau, ob er darüber lachen oder sich ernsthaft Sorgen machen sollte, entschied sich dann aber dafür, dass ich doch sicher vor allem Gutes aus der Türkei berichten würde. Obwohl die meisten Türken grundsätzlich sehr kommunikativ und offen sind, dazu neigen, bei einer Fahrt im Überlandbus dem Sitznachbar ihr gesamtes Leben auszubreiten, und erwarten, dass man auch selbst jederzeit alle Familiengeheimnisse preisgibt, ist diese Neugierde und Offenheit durch die Konflikte der letzten Jahre verunsichert worden.

Dazu hat auch nicht unerheblich beigetragen, wie in Europa über eine mögliche türkische EU-Mitgliedschaft diskutiert wird, beziehungsweise, was davon wie in der Türkei ankommt. Die meisten Türken wissen und akzeptieren, dass es zwischen Westeuropa und ihrem Land ein erhebliches wirtschaftliches, politisches und rechtsstaatliches Gefälle gibt und die Türkei deshalb enorme Anpassungsleistungen erbringen muss, wenn sie EU-Mitglied werden will. Was aber bei den meisten Leuten auf zunehmende Verbitterung stößt, ist die kulturalistische Debatte nach dem Motto: Die teilen unsere Werte nicht, die können nicht dazugehören. Denn selbstverständlich sind »unsere Werte« die besseren, womit sich die Türken automatisch auf einem tieferen Niveau befinden. Es ist kaum verwunderlich, dass viele sich von solchem Gerede verletzt fühlen und diese Verletzung geradewegs in einen ansteigenden türkischen Nationalismus mündet. Dass sich trotzdem die meisten Ausländer in der Türkei sehr wohl fühlen, liegt daran, dass im alltäglichen Umgang davon wenig zu spüren ist. Wenn man nicht gerade bei der Ausländerpolizei seine Arbeits- und Aufenthaltsgenehmigung verlängern muss, ist man kaum von den nationalistischen Aufwallungen betroffen. Anders als ein Türke in Deutschland hat man keine Schwierigkeit, eine Wohnung zu mieten. Im Gegenteil, westliche Ausländer gelten als verlässliche Zahler und werden als Mieter oft sogar lieber gesehen als die eigenen Landsleute. Auch im Arbeitsleben ist man als

Europäer eher im Vorteil. Deutsche in der Türkei arbeiten entweder bei deutschen Firmenniederlassungen oder als gut dotierte Freiberufler. Seit die Türkei verstärkt im globalen Wettbewerb mitspielt, kommen auch zunehmend Leute ins Land, die in irgendeiner Weise an der Vermittlung und Integration in die Weltwirtschaft beteiligt sind. Immer mehr türkische Firmen agieren im Ausland, die Kontakte werden enger und Leute mit entsprechenden Fachkenntnissen werden gebraucht. Deutsche haben da nach wie vor einen guten Ruf, und mit keinem anderen europäischen Land sind die Verbindungen enger als mit Deutschland.

Das hat dazu geführt, dass die Anzahl der Deutschen, die in der Türkei leben, ständig größer wird. Sie unterteilen sich grundsätzlich in zwei Gruppen, die auch kaum etwas miteinander zu tun haben. Zum einen sind es deutsche Rentner, die ihren Lebensabend in der Türkei verbringen und sich am Mittelmeer, um Antalya und Alanya, angesiedelt haben. Es gibt keine genauen Zahlen, aber es dürften um die 20 000 Senioren sein, die mittlerweile überwiegend an der türkischen Riviera leben. Die zweite Gruppe sind die Deutschen, die in der Türkei arbeiten. Sie leben – mit wenigen Ausnahmen – in Istanbul. Auch hier gibt es keine genauen Zahlen, aber der Inhaber der deutschen Buchhandlung, Thomas Mühlbauer, schätzt, dass zwischen 20 000 bis 30 000 Deutsche in Istanbul leben. Genügend Leute, um die klassischen Strukturen einer Parallelgesellschaft zu bilden. Vom Kindergarten über die Schule bis hin zu bevorzugten Läden und Kneipen ist alles vorhanden, um sich in einem weitgehend deutschen Kosmos zu bewegen. Denn auch für viele Deutsche in der Türkei ist, wie umgekehrt für Türken in Deutschland, die Sprache eine echte Herausforderung und deshalb die Kommunikation mit den Landsleuten eben einfacher.

Seit die Türkei Anfang des neuen Jahrtausends ihre wirtschaftlichen Probleme erstmals seit langer Zeit wieder in den Griff bekommen hat und nun endlich stabile Wachstumsraten aufweist, ist das Land auch für eine Rückwanderung von Türken aus Deutschland attraktiv geworden. Immer häufiger tauchen Türken der dritten Generation, also die Enkel und Enkelinnen der ursprünglichen Einwanderer aus Berlin, Köln, Stuttgart oder Frankfurt, in Istanbul auf und suchen sich hier Jobs, an die sie in Deutschland nach wie vor schwer herankommen. Viele von ihnen wollen nicht endgültig zurück in die Türkei, sondern pendeln

Die Ortakoy Moschee von Istanbul, ein beliebter Treffpunkt am Bosporus

zwischen beiden Ländern. Sie arbeiten für deutsche Firmen, in den Medien oder im Kulturbereich. So hat eine Türkin, Tochter von Einwanderern, die sich in Deutschland hervorragend eingelebt hatte und nach ihrer Heirat mit einem Deutschen jetzt auf den schönen Namen Schulz hört, im Istanbuler Szenebezirk Cihangir ein Off-Theater gegründet, wo sie nun vorzugsweise deutsche Autoren in türkischer Adaption auf die Bühne bringt. Mann und Kind sind in Deutschland, sie pendelt. Solche Biografien werden immer häufiger und ihre Träger werden maßgeblich daran beteiligt sein, die Missverständnisse zwischen Deutschen und Türken zumindest kleiner werden zu lassen. In Bezug auf Istanbul ist die Trendwende fast schon geschafft. »Den Rummel auf der Istiklal Caddesi (das ist die wichtigste Flaniermeile der Stadt) hab' ich mir nach allem, was ich in letzter Zeit über Istanbul gelesen habe, aber größer vorgestellt«, beschwerte sich jüngst ein Besucher aus Deutschland.

Land und Leute

Klima

Im kalten Deutschland stellt man sich die Türkei für gewöhnlich als warmes Land im Süden vor. Das trifft auch zu, allerdings nur für einen schmalen Streifen entlang des Mittelmeeres, wo auch im Winter das Thermometer nicht unter zehn Grad fällt. Doch was für die sozialen und ethnischen Differenzen gilt, gilt in der Türkei auch für das Klima. Die Unterschiede zwischen den verschiedenen Klimazonen sind erheblich. Wer in Istanbul im März oder April einen vorweggenommenen Frühling genießen will, erlebt in der Regel eine Enttäuschung. Thrakien, der gesamte Raum um das Marmarameer, und die westliche Schwarzmeerküste gehören zur sogenannten gemäßigten Klimazone und werden maßgeblich vom Wetter auf dem Balkan und in Südrussland beeinflusst. Die Winter sind nicht so kalt wie in Mitteleuropa, aber es kann durchaus schneien, und vor allem die ersten drei Monate des Jahres sind nasskalt und ziemlich ungemütlich. Nach einem sehr kurzen Frühling kommt dann ein Sommer, der vor allem im Juli und August Temperaturen von 35 Grad und mehr bietet. Wer kann, flieht in dieser Zeit aus der Großstadt. Da die Schulen für drei Monate im Sommer schließen (von Mitte Juni bis Mitte September), verlassen die meisten Familien, die in den Jahren zuvor aus Anatolien nach Istanbul gekommen sind, in dieser Zeit die Stadt und gehen zurück in ihre Dörfer. Das obere Drittel der Istanbuler Gesellschaft fährt dagegen ins Sommerhaus an die Ägäis – wer keine Ferien machen kann, pendelt. Der Herbst zieht sich im Gegensatz zum Frühjahr lange hin – noch im Dezember gibt es immer wieder Tage, an denen die Sonne genug Kraft hat, dass man seinen Kaffee oder Tee im Freien genießen kann.

Das eigentliche Mittelmeerklima beginnt dagegen erst weiter südlich bei Izmir und zieht sich dann die gesamte Küste bis zur syrischen Grenze hin.

Das Besondere an der Türkei ist, dass dieses fast subtropische Klima nur an einem durchweg schmalen Küstenstreifen existiert. Der Grund dafür ist das Taurusgebirge, das wie eine Barriere die anatolische Hochebene auf der West- bis Ost-Ausdehnung vom Meer abriegelt. Mit bis zu 4000 Metern Höhe ist das Taurusgebirge eine Klimascheide, die dafür sorgt, dass zwischen dem Küstenstreifen und Zentralanatolien ein abrupter Unterschied besteht: auf der einen Seite subtropisch, auf der anderen Seite ein ziemlich trockenes und im Winter kaltes Steppenklima. In Zentralanatolien sind die Temperaturunterschiede zwischen Sommer und Winter erheblich. Während im Sommer das Thermometer zwischen 30 und 40 Grad Celsius pendelt, wird es im Winter so kalt, das Archäologen lange glaubten, neolithische Siedlungen gäbe es in der Türkei nur im Bereich des fruchtbaren Halbmondes, der vom Libanon über Syrien bis in den Quellbereich von Euphrat und Tigris nach Mesopotamien im heutigen Irak reicht. Erst in den 1960er Jahren entdeckte der britische Archäologe James Mellaart die 9000 Jahre alte neolithische Großstadt Catalhöyük in der Nähe von Konya und wies damit nach, dass auch Zentralanatolien bereits seit der Steinzeit besiedelt ist, auch wenn im Winter die Temperatur bis auf 20 Grad Minus fallen kann. Ankara ist berüchtigt für seine kalten Winter.

Die eigentliche Kältekammer des Landes ist aber die Osttürkei. Wie an der Mittelmeerküste ist auch die östliche Schwarzmeerküste von einem über 4000 Meter hohen Gebirgszug abgeriegelt. Die Schwarzmeerküste hat deshalb im Winter eher gemäßigte Temperaturen und das ganze Jahr über einen hohen Niederschlag, da sich die Wolken an den Bergen kurz hinter dem Küstenstreifen abregnen. Die hohe Feuchtigkeit hat es ermöglicht, am östlichen Schwarzmeer Teekulturen anzulegen, die sich so gut entwickelt haben, dass die Türken zu einem Volk von Teetrinkern wurden und trotzdem noch über den Eigenbedarf hinaus Tee exportieren können.

Das hinter der Küste beginnende Gebirge ist dann aber, anders als der Taurus am Mittelmeer, nicht nur eine schmale Gebirgskette, sondern erstreckt sich über die gesamte Osttürkei, mit Ausnahme der Obermesopotamischen Tiefebene zwischen Euphrat und Tigris, entlang der Grenze zu Syrien. Dort, in der Osttürkei, herrscht das halbe Jahr über Frost, in Städten wie Erzurum, Kars und Dogubeyazit beginnt es oft schon im Oktober zu schneien und der Winter dauert bis in den Mai.

Entsprechend diesen extrem unterschiedlichen klimatischen Bedingungen sind natürlich auch die Segnungen der Natur höchst

Camlihemsin, die immergrünen Teefelder am Schwarzen Meer

Gaziantep im Osten und Izmir im Westen der Türkei verkörpern zwei völlig verschiedene Welten

ungleich verteilt. Während zwischen Alanya und Antalya Bananen wuchern und Zitrusplantagen blühen, an der Ägäisküste die angeblich besten Oliven der Welt wachsen und in Zentralanatolien große Getreidefelder wogen, wächst im gebirgigen Osten gerade mal genug hartes Gras, um eine Herde Schafe zu ernähren. Der Osten hat dafür eine Ressource, die in den kommenden Jahrzehnten immer wichtiger werden wird: Wasser!

Hier entspringen die beiden biblischen Ströme Euphrat und Tigris, die immerhin über 1000 beziehungsweise über 500 Kilometer durch die Türkei fließen, bevor sie dann durch Syrien und den Irak zum Persischen Golf gelangen. Noch zwei weitere große Flüsse entspringen in den Bergen Ostanatoliens: der Kizilirmak, der nach einem großen Bogen durch Zentralanatolien ins Schwarze Meer fließt, und der Seyhan, der bei Adana ins östliche Mittelmeer mündet.

Am Euphrat und Tigris hat die Türkei schon in den 1970er Jahren ein gigantisches Entwicklungsprojekt (GAP) begonnen, dass bis heute noch nicht abgeschlossen ist. Durch den Bau von insgesamt 22, zum Teil riesigen Staudämmen sollen Wasserkraftwerke betrieben werden, mit denen man nach letzten Planungen bis zu 30 000 MW Strom erzeugen will. Das wäre fast doppelt so viel, wie alle deutschen AKWs zusammen auf den Strommarkt bringen (17 700 MW). Zweitens soll das Wasser aus den Staudämmen für ein riesiges Bewässerungsprojekt in der mesopotamischen Tiefebene zwischen Diyarbakir und Urfa genutzt werden. Können bislang in Ostanatolien lediglich zehn Prozent der Fläche landwirtschaftlich genutzt werden, sollen durch diese Bewässerungsprojekte Tausende von Hektar dazugenommen werden – in den weitestgehenden Entwürfen eine Fläche von der Größe des Saarlandes. Damit will man die Grundlage für die wirtschaftliche Entwicklung des kurdisch besiedelten Südostens schaffen, um so zumindest einen Teilaspekt des Kurdenproblems anzugehen: die endemische Armut.

Die staatlichen Planer diskutieren seit langem noch eine weitere Möglichkeit, den Wasserreichtum auch kommerziell nutzbar zu machen. Unter dem Stichwort Wasser gegen Öl wird überlegt, Wasserpipelines in den Nahen Osten zu verlegen, um so quasi Wasser gegen Öl zu tauschen. Dieses Vorhaben, genau wie der Bau der Staudämme, hat allerdings bereits jetzt heftige Proteste in Syrien und dem Irak hervorgerufen, weil man dort fürchtet, die

Das Stauwasser aus dem Atatürk-Damm lässt in der Harran-Tief-ebene bei Urfa die Sonneblumen erblühen

Türkei würde ihnen buchstäblich das Wasser von Euphrat und Tigris abgraben, um es ihnen dann später teuer zu verkaufen.

Es gibt aber auch jetzt schon erhebliche praktische Probleme durch die extensive Wassernutzung. Jeder Staudamm vernichtet Kulturland, Dörfer müssen geräumt werden, Tausende Menschen verlieren ihre angestammte Heimat. Hinzu kommt, dass am Oberlauf von Euphrat und Tigris wertvolle historische Stätten unter dem Wasser verschwinden. Das Gebiet gehört zu den ältesten menschlichen Siedlungsgebieten überhaupt, einige Archäologen glauben, dass hier einmal der biblische Garten Eden gelegen haben soll, weil Menschen hier erstmals Getreide kultiviert haben. Die bekanntesten Beispiele für die Bedrohung durch Staudämme sind die Ruinen von Hasankeyf, ein Ort an einer Tigrisfurt, an dem Jahrtausende alte Siedlungsspuren nachgewiesen wurden sowie die Ruinen der römischen Stadt Zeugma, in denen wertvolle Mosaiken gefunden worden waren, bevor die Fluten des Birecik-Staudammes diese verschwinden ließ. Nun ist Hasankeyf durch den Bau des Illusu-Staudammes bedroht, der unter anderem mit deutschem Geld hochgezogen werden soll.

Landschaft und Kultur

So unterschiedlich wie das Klima, so vielfältig sind die Landschaften der Türkei. Es ist vielleicht übertrieben, wenn einige Türkei-Enthusiasten behaupten, man könne in dem Land alles finden, was es auf der Welt gibt – abgesehen vom tropischen Dschungel und den arktischen Eiswüsten –, aber es ist doch nur eine kleine Übertreibung. Alpine Gebirgslandschaften, Steppen und Wüsten, phantastische Strände, ausgedehnte, uralte Wälder, große Seengebiete – wer dieses Land wirklich erkunden will, muss sich Zeit nehmen und wird sicher nicht enttäuscht werden. Von der Fläche umfasst die Türkei rund 770 000 Quadratkilometer – mehr als doppelt so viel wie das vereinigte Deutschland. Bei einer Bevölkerung von rund 75 Millionen zeugt das von einer deutlich dünneren Besiedelung als in Deutschland. Wenn man dann noch berücksichtigt, dass mittlerweile über 60 Prozent in den städtischen Ballungszentren konzentriert sind, kann man sich vorstellen, dass es auch heute noch ganze Landstriche gibt, die dem mitteleuropäischen Besucher vorkommen, als sei hier noch vollkommen unberührte

Natur. Anders als in Deutschland ist die Natur für die Menschen in der Türkei auch noch kein postmaterialistisches Kulturgut, das man wandernd durchstreift und bestaunt, sondern entweder man lebt notgedrungen mit ihr, wie die Bauern, Hirten und Nomaden, oder man ist froh, ihren Launen endlich entronnen zu sein und in der Stadt die Vorteile der Zivilisation zu genießen.

Wer zu Fuß geht, wandert nicht, sondern ist einfach zu arm, um sich ein Auto zu leisten. Freiwillig zu laufen fordert nur Kopfschütteln heraus. Leute, die wandern, sind fast immer westliche Ausländer. Deshalb bietet die Türkei unendlich viele Gelegenheiten, unberührte Landschaften zu entdecken und weitgehend ungestört genießen zu können. Damit die Grundbedürfnisse für Wanderer gedeckt werden können, haben jetzt englische Naturfreunde und -freundinnen begonnen, an besonders schönen Routen Wanderwege auszuzeichnen. Der bekannteste ist der Lykische Wanderweg, eine mehrere hundert Kilometer lange Strecke entlang der südwestlichen Mittelmeerküste durch das antike Lykien. Der Weg führt immer oberhalb der Küste durch das Taurusgebirge und berührt etliche spektakuläre antike Stätten. Jüngstes Beispiel ist der Apostel-Pfad, ein Weg, der östlich von Antalya von der Küste aus ins Gebiet der großen Seen führt, und den der Apostel Paulus, der ja bekanntlich aus Tarsus, einer antiken Stadt in unmittelbarer Nachbarschaft des heutigen Mittelmeerhafens Mersin, stammt, bei seiner Missiontätigkeit vor knapp 2000 Jahren genommen haben soll.

Bei Wanderungen durch diese uralten Kulturlandschaften entdeckt man eine Vielzahl von Tieren und Pflanzen, die es entweder nur hier gibt, oder die andernorts bereits ausgestorben sind. Nicht nur Bären und Luchse, auch seltene Schmetterlinge und, wenn auch schon lange nicht mehr gesichtet, den anatolischen Leoparden. Hunderte von Heilkräutern und Zierpflanzen stammen aus Anatolien. Im Taurusgebirge wachsen sogar noch die berühmten Libanon-Zedern, von denen es im Libanon selbst längst keine mehr gibt.

Doch obwohl das Wandern in der Türkei immer noch keine Massenbewegung geworden ist, haben in jüngster Zeit auch die türkischen Tourismus-Manager erkannt, dass sich nicht mehr nur mit Bettenburgen am Strand Geld verdienen lässt. Als Erstes ist ihnen bewusst geworden, dass es entlang der Ägäis- und Mittel-

Atanos – ein typisches Bergdorf nahe der Grenze zum Irak

meerküste mehr antike Stätten der abendländischen Kultur gibt als selbst in Griechenland oder Italien. Angefangen von Troja im Nordwesten, wo Homer die Ilias ansiedelte und damit den Gründungsmythos der westlichen Literatur überhaupt schuf, über Ephesus, eine der besterhaltenen griechisch-römischen Großstädte der Antike, und Aphrodisias, aus deren Marmorbrüchen die meisten Skulpturen der Antike stammen, dem riesigen Theater von Aspendos und dem Apollo-Tempel in Side bis hin zu den unterirdischen christlichen Kirchen in Kappadokien und der ersten christlichen Kirche überhaupt, der Apostelkirche St. Peter in Antakya (dem damaligen Antiochien), wo der Apostel Petrus die erste Gemeinde nach dem Tode Jesu gegründet haben soll. Angesichts dieser Fülle antiker Sehenswürdigkeiten entwickelte sich neben dem Badeurlaub auch immer mehr ein echter Kulturtourismus von Leuten, die sich neben der Gegenwart auch für die Vergangenheit des Landes interessieren.

Selbst der Osten wird langsam touristisch erschlossen. Während man im Südosten im Tur-Abdin auf den Spuren der ersten Christen wandern kann, sind im Nordosten große Ski-Gebiete entstanden, und auf dem Kizilirmak werden spektakuläre Rafting-Touren angeboten. Das Highlight im Osten aber ist der Ararat, mit 5165 Metern der höchste Gipfel des Landes. Seinen weltweiten Ruf verdankt der Ararat aber nicht seiner Höhe oder etwa einer besonderen Herausforderung für Bergsteiger, sondern der Bibel: Auf dem Ararat soll die Arche Noah gestrandet sein, nachdem die Sintflut langsam abzufließen begann. Da der Berg während des Krieges mit der kurdischen PKK als militärisches Sperrgebiet für Bergsteiger über zehn Jahre lang nicht zugänglich war, kann diese Überlieferung erst seit wenigen Jahren, nun mit modernen Mitteln der Archäologie, überprüft werden. Besonders amerikanische Bibelforscher aus fundamentalistischen Sekten sind ganz wild darauf, die vermeintlichen Reste der Arche Noah aus den Gletschern des Ararat auszugraben. Eine für jedermann leicht zugängliche Arche Noah findet sich auf halber Höhe des Berges. Greenpeace hat hier im Jahr 2007 eine Arche nachgebaut, die angesichts der drohenden Klimakatastrophe daran erinnern soll, dass heute mindestens so viele Arten bedroht sind wie durch die Sintflut – und daher dringend moderner Retter bedürfen.

Da es für eine Besteigung des Ararats aber immer noch einiger Genehmigungen bedarf, sollte man einen Versuch nicht ohne einen professionellen Reiseveranstalter unternehmen, der vorher die Papiere beschafft. Wie gefährlich solche Expeditionen sein können, ist im Juli 2008 durch die Entführung von drei deutschen Bergsteigern noch einmal deutlich geworden.

Politisches System

Für die türkische Republik war in den Jahren nach ihrer Gründung 1923 Frankreich das große Vorbild. Sowohl aus staatstheoretischen Überlegungen als auch aufgrund der dominierenden Person des Republikgründers und ersten Präsidenten Mustafa Kemal (Atatürk) wurde die Türkische Republik zu einem zentralistisch gelenkten Staat mit einem starken Präsidenten. Wie in Frankreich ist das Land in Provinzen unterteilt (es gibt 81), die jeweils einen von der Regierung bestellten Gouverneur haben. Ebenfalls nach französischem Vorbild sind im Gegenzug die Kommunen und ihre gewählten Bürgermeister mit einer relativ starken Stellung versehen, so dass vor allem das Amt des Oberbürgermeisters in den großen Städten (Istanbul, Ankara, Izmir) eine herausgehobene politische Position darstellt, von der aus sich gut große politische Karrieren vorbereiten lassen. Bekanntestes Beispiel ist der derzeit regierende Ministerpräsident Tayyip Erdogan, der in der ersten Hälfte der 1990er Jahre Oberbürgermeister von Istanbul war.

Im Prinzip wurde auch das französische Vorbild des Citoyen übernommen – jeder, der von sich sagt, er ist Türke, soll auch dazugehören und nicht aufgrund seiner Abstammung diskriminiert werden.

Das Problem der Türkei ist, dass aus diesem Diskriminierungsverbot ein Assimilierungsgebot wurde. Jahrhundertelang war das Osmanische Reich ein Vielvölkerstaat. Die Türken als Staatsvolk kamen darin kaum vor, verbindende Elemente waren die gemeinsame Huldigung des Sultans (bzw. des Hauses der Osmanen, die über 700 Jahre durchgehend den Sultan stellten) und der Islam. Die christlichen Minderheiten, die einen beachtlichen Teil des osmanischen Staatsvolkes bildeten, waren in eigenständigen Milliyets organisiert, hatten eigenständige Schulen und übten eine eigene Gerichtsbarkeit aus, mussten keinen Militärdienst leisten, dafür aber wesentlich höhere Steuern zahlen als die Muslime, und hatten keinen Zugang zu wichtigen Posten in der Bürokratie.

Für die neue Republik kam es deshalb erst einmal darauf an, ein Staatsvolk im modernen, nationalstaatlichen Sinne zu schaffen – und das waren nach Lage der Dinge die Türken. Die christlichen Minderheiten behielten nach dem Friedensvertrag von Lausanne 1923 einen Sonderstatus als Minderheiten, für alle anderen galt aber bald nicht nur: »Ich bin glücklich, sagen zu können, ich bin Türke«, wie es Atatürk für alle Bürger der Republik formulierte, sondern aus dem Versprechen wurde eine Drohung: Wenn du nicht Türke bist, hast du gefälligst einer zu werden oder zu gehen. Nur so glaubte man, den territorialen Zusammenhalt des Staates, der ja im Vergleich zum Osmanischen Reich auf einen ziemlichen Restbestand zusammengeschrumpft war, sichern zu können. Damit aber war die Saat für die späteren Auseinandersetzungen zwischen Türken und Kurden gelegt.

Die Kurden kamen als Gründungsvolk der Republik nicht mehr vor, später wurde von Staats wegen sogar zeitweilig die Existenz von Kurden innerhalb der Türkei grundsätzlich bestritten. Der staatliche Zentralismus und die Betonung des Türkentums, auch bei der Durchsetzung des Türkischen als alleiniger Sprache – nach dem Putsch 1980 verboten die Generäle sogar vorübergehend, kurdisch auf der Straße zu sprechen –, waren getrieben von der Angst vor einer Spaltung des Landes. Dieses Trauma der politischen Klasse rührt aus dem Niedergang des Osmanischen Reiches, als sich im Zuge des aufkommenden europäischen Nationalismus eine Nation nach der anderen abspaltete und nach blutigen Kämpfen für unabhängig erklärte, beginnend mit den Griechen zu Beginn des 19. Jahrhunderts über den gesamten Balkan bis zuletzt zu den arabischen Ländern, in denen während des Ersten Weltkrieges die Briten zur Schwächung der Osmanen erfolgreich einen arabischen Nationalismus entfacht hatten (man denke an Lawrenz von Arabien).

Die Letzten, die dann vor dem endgültigen Ende des Osmanischen Reiches auf dem Gebiet des anatolischen Kernlandes noch einen unabhängigen Staat durchsetzen wollten, waren die Armenier – die brutale Vertreibung, Deportation und Ermordung der anatolischen Armenier während des Ersten Weltkrieges war nicht zuletzt eine Antwort auf den Zerfall des Reiches, der im Kerngebiet mit allen Mitteln gestoppt werden sollte. Nach der Gründung der Republik waren deshalb die Kurden die einzige große ethnische nicht-türkische Volksgruppe. Zwar gibt es in der Türkei eine

Atatürk-Poster am Kulturzentrum auf dem zentralen Istanbuler Taksim-Platz

Vielzahl von ethnischen Minderheiten, doch außer den Kurden sind sie zahlenmäßig entweder nicht so relevant – wie die Lazen im Nordosten des Schwarzmeergebietes – oder aber es handelt sich um Bosniaken, Albaner, Tscherkessen, Tschetschenen u. a., die als Muslime vom Balkan oder aus dem Kaukasus vertrieben worden und ins Kerngebiet des Osmanischen Reiches geflüchtet waren. Für sie, wie auch für die aus Griechenland vertriebenen Muslime, galt und gilt das Credo: Jeder, der sich Türke nennt, ist Türke. Es ist ein Versprechen im Sinne des Staatsbürgers. Sie gehören dazu wie in Deutschland die nach dem Zweiten Weltkrieg aus den Ostgebieten des Deutschen Reiches Vertriebenen.

Aufgrund dieser Geschichte fällt es den Türken auch heute so schwer, den Konflikt mit den Kurden über ein föderales System zu lösen. Für jeden Deutschen, der es gewohnt ist, seinen Staat in Bundesländern zu denken, ist es zunächst schwer verständlich, warum man nicht einfach ein Bundesland Kurdistan schafft und den Kurden soviel Autonomie einräumt wie in Deutschland den Bayern. In der Türkei, und zwar sowohl unter Türken wie Kurden, würde das jedoch mehrheitlich als Vorstufe zur Abspaltung verstanden werden. Türken und Kurden blicken dabei weniger auf Deutschland als vielmehr auf den Nordirak, wo die Kurden gerade versuchen, aus ihrem Autonomiegebiet einen unabhängigen Staat zu machen, und auch nach Spanien. Die Kurden träumen von einer Autonomie wie der im Baskenland oder in Katalonien, deren Bewohner die relative Selbständigkeit ihrer Provinzen ja auch einem Zentralstaat abgerungen haben. Dabei verweisen die Türken aber immer wieder auf die ETA, nach dem Motto: Da könne man doch sehen, dass alle Zugeständnisse nicht ausreichen, den Terror zu beenden – selbst in einem mittlerweile so reichen Land wie Spanien, dass zudem noch Mitglied der EU ist.

Statt über Föderalismus wird deshalb in der Türkei, wiederum ähnlich wie in Frankreich, eher über Dezentralisierung diskutiert, konkret über mehr Eigenständigkeit für die Kommunen. Das ist schön und gut, hat aber einen großen Haken. Auch wenn die Kommunen mehr Entscheidungskompetenzen erhalten, ihr Budget kommt doch weitgehend aus Ankara. Die Kommunen haben praktisch keine eigenen Steuereinnahmen und erhalten ihr Geld nach einem komplizierten Schlüssel aus der Hauptstadt. Dabei zeigt sich dann regelmäßig, dass es immer den Kommunen besonders gut geht, deren Bürgermeister zufällig Mitglied der regierenden Partei in Ankara ist. Das macht generell die Bürger für die nächsten Kommunalwahlen nachdenklich, hat aber im kurdisch besiedelten Südosten noch einen besonderen Effekt. Nach Ende des Krieges mit der PKK und Aufhebung des Ausnahmezustandes 2001 konnte die eher linke, nationalistische kurdische Partei erhebliche Gewinne erzielen und in fast allen Städten im Südosten den Bürgermeister stellen. Jenseits der ethnischen Auseinandersetzung, im Alltag der Kommunalpolitik, zeigte sich jedoch bald, dass viele schöne Projekte nicht realisiert werden konnten, weil das Geld aus Ankara nicht kam.

So wie über Zentralismus versus Dezentralisierung seit langem heftig diskutiert wird, ist auch die Rolle des Präsidenten als Oberhaupt des zentralen Staates immer wieder umstritten. Laut Verfassung ist die Türkei eine parlamentarische Demokratie. Die Regierung wird vom Parlament gewählt, der Ministerpräsident hat die politische Richtlinienkompetenz. Das ähnelt sehr dem deutschen Modell, allerdings mit einem gravierenden Unterschied: Der Staatspräsident hat in der Türkei wesentlich mehr zu sagen als in Berlin. Der Präsident ist Oberbefehlshaber der Armee, kann relativ leicht neue Gesetze blockieren und hat das letzte Wort bei der Besetzung aller relevanten Stellen in der Bürokratie. Nicht zuletzt deshalb entbrannte im Frühjahr 2007 ein heftiger Machtkampf zwischen dem Militär und der mehrheitlich kemalistischen, säkularen Bürokratie auf der einen und der moderat-islamischen Regierung auf der anderen Seite, als es um die Neuwahl des Präsidenten ging. Obwohl die regierende AKP im Parlament genügend Stimmen hatte, um letztlich einen Kandidaten ihrer Wahl durchzusetzen, verhinderte die Opposition mit dem Militär im Rücken zunächst die Wahl eines AKP-Mannes, weil sie befürchteten, dass die AKP, wenn sie sowohl den Präsidenten wie den Ministerpräsidenten stellt, den Staatsapparat ganz nach ihrem Gusto umbauen würde. Erst nach Neuwahlen, die die AKP haushoch gewann, konnte dann der amtierende Präsident Abdullah Gül gewählt werden. Die AKP hat als Konsequenz aus dieser Auseinandersetzung eine wichtige Verfassungsänderung durchgesetzt: Zukünftig wird der Präsident direkt vom Volk gewählt. Die unklare, zu gegenseitigen Blockaden einladende Aufteilung der Kompetenzen zwischen Regierung und Präsident aber bleibt. Der türkische Zentralstaat ist letztlich ein Mittelding zwischen französischer Präsidialherrschaft und deutscher Kanzlerdemokratie.

Wirtschaft

Seit etlichen Jahren glänzt die Türkei nun schon mit stabilen Wachstumsraten. Gelten in Deutschland schon 2,5 Prozent jährliches Wirtschaftswachstum als konjunkturelles Feuerwerk, konnte die Türkei von 2002 bis 2006 Wachstumsraten von etwa 7 Prozent vorweisen, die sich erst 2007 auf rund 5 Prozent abschwächten. Der Boom am Bosporus hat auch international Eindruck gemacht. Die direkten Auslandsinvestitionen, die in den 80er und 90er Jahren des letzten Jahrhunderts immer weit unter einer Milliarde Dollar im Jahr lagen, stiegen in den letzten Jahren dramatisch an und reichten 2007 bereits an die 20 Milliarden heran. Das schlug sich auch an der Istanbuler Börse nieder: Weltweit bot sie die viertbeste Performance. Das führte dazu, dass vor allem die börsennotierten türkischen Konzerne ihren Wert in diesen Aufschwungjahren oft verzehnfachten. Da die türkischen Großkonzerne im Gegensatz zu Deutschland immer noch alle mehrheitlich im Besitz einzelner Familien sind, haben Koc, Sabanci und Eczacibasi, die großen Drei der Türkei, aber auch noch etliche andere Industriellenclans, in diesen Jahren sagenhafte Reichtümer angehäuft. Aus ehemaligen Dollarmillionären wurden in etlichen Fällen vielfache Milliardäre.

Der Aufstieg der türkischen Wirtschaft glich dabei tatsächlich dem berühmten Phönix aus der Asche. Im Frühjahr 2001 erlebte die Türkei ihren schlimmsten Bankencrash seit Gründung der Republik 80 Jahre zuvor. Die damalige Regierung hatte mit dem Internationalen Währungsfond (IWF), bei dem das Land seit Anfang der 1980er Jahre verschuldet ist, einen festen Wechselkurs zwischen Lira und Dollar vereinbart, an dem sie viel zu lange festhielt. Die Verschuldung des türkischen Staates war in immer größere Dimensionen gestiegen, die staatlichen Banken waren von den Parteien in großem Umfang als Selbstbedienungsläden missbraucht worden, und als sich abzeichnete, dass die staatlichen Devisenreserven dem Ende zugingen, begannen zunächst die Insider und dann alle, die Wind davon bekamen, ihre Lira in Dollar umzuschichten, bis die Zentralbank die Notbremse ziehen musste. Der feste Wechselkurs wurde von einem Tag auf den anderen aufgegeben, der Dollar verteuerte sich auf einen Sprung um rund 50 Prozent oder mit anderen Worten, die Lira verlor in ganz kurzer Zeit fast die Hälfte ihres Wertes. Es war ein Desaster, welches das Wirtschaftsleben des Landes fast zum Erliegen brachte. In dieser Situation machte der damalige Regierungschef Bülent Ecevit den Vizepräsidenten der Weltbank, Kemal Dervis, zum neuen Wirtschaftsminister, dessen Aufgabe es vor allem war, frisches Geld zu beschaffen. Dervis handelte mit dem IWF neue Unterstützungspakte aus, die den türkischen Staat zunächst einmal vor dem Bankrott retteten. Dass aus der daraus resultierenden enormen Abhängigkeit vom IWF nicht wie in vielen anderen Ländern eine lange Leidens-, sondern letztlich eine Erfolgsgeschichte wurde, haben die Türken der im November 2002 gewählten neuen Regierung der AKP zu verdanken.

Die AKP konnte erstmals seit zehn Jahren wieder eine Ein-Parteien-Regierung stellen und beendete damit ein Jahrzehnt permanenter Regierungswechsel und anhaltender Instabilität. Allein das schuf schon Vertrauen. Wichtiger aber war, dass die AKP, anders als ihre Vorgänger, mit dem angestrebten Beitritt zur EU wirklich Ernst machte. Der Kampf um den Beginn förmlicher Beitrittsverhandlungen, die dann Ende 2005 auch aufgenommen wurden, prägte die ersten Jahre der AKP-Herrschaft. Das führte zu enormen Anpassungsleistungen an die wirtschaftlichen Regeln der EU, was relativ schnell von ausländischen Investoren honoriert wurde. Das Ziel der AKP-Regierung, durch die Annäherung an die EU privates ausländisches Kapital ins Land zu holen und damit auch die Abhängigkeit vom IWF wieder zu verringern, ging voll auf. Die Türkei ist mit ihren 75 Millionen überwiegend jungen Menschen ein attraktiver Markt, und die Türken sind eifrige Konsumenten. Mit dem EU-Beitrittsprojekt einerseits und der weltweit guten Konjunktur andererseits waren die Bedingungen für eine kapitalistische Erfolgsgeschichte geschaffen.

Doch wie bei vergleichbaren Entwicklungen, die auf einer strikt neoliberalen Politik aufbauen, sind die Erfolge einer solchen Politik sehr ungleich verteilt. Die glänzenden makroökonomischen Daten und der sichtbar steigende Wohlstand im türkischen Speckgürtel rund um das Marmarameer, von Istanbul über Izmit bis Bursa, täuschen darüber hinweg, dass die Mehrheit der Bevölkerung an dem Aufschwung kaum bis gar nicht beteiligt ist. Der Boom ist auf den Dienstleistungssektor in den großen westlichen Städten und auf die Exportindustrie beschränkt. Zwar hat der Automobilsektor enormen Auftrieb, fast alle großen Konzerne produzieren mittlerweile mit eigenen Werken in der Türkei und beliefern von hier aus, wie beispielsweise Toyota, auch den europäischen oder nahöstlichen Markt, doch dieser Ausbau industrieller Arbeitsplätze kann den ständigen zusätzlichen Ansturm auf den Arbeitsmarkt nicht einmal annähernd absorbieren. Durch die bereits genannte Technisierung in der Landwirtschaft und die hohe Geburtenrate kommen jedes Jahr zusätzlich eine halbe Million Menschen auf den Arbeitsmarkt.

Wobei Arbeitsmarkt in der Türkei doch noch immer etwas ganz anderes bedeutet als in Deutschland. Von 75 Millionen Menschen haben rund 20 Millionen einen festen Job. Doch höchstens die Hälfte davon hat auch tatsächlich ein sozialversicherungspflichtiges Arbeitsverhältnis. Weil die Lohnnebenkosten sehr hoch sind, arbeiten beinahe alle Firmen mit möglichst vielen nicht versicherten Schwarzarbeitern. Der größte Teil aller Jobs in Familienbetrieben findet sowieso auf dem unregulierten Arbeitsmarkt statt. Die in Deutschland erst in den letzten Jahren berühmt gewordenen prekären Arbeitsverhältnisse sind in der Türkei die Regel.

Selbst nach den offiziellen Angaben des staatlichen Statistischen Instituts leben knapp 13 Millionen von insgesamt 75 Millionen unter der Armutsgrenze, und rund 500 000 Menschen haben nicht genug zu essen, sie leiden regelrecht unter Hunger. Obwohl es natürlich auch in den Metropolen in der Westtürkei Armut gibt, ist das Wohlstandsgefälle von West nach Ost beträchtlich. Während in den reichsten Provinzen, im Großraum Istanbul, in Kocaeli, Bursa, Izmir und Aydin, das Durchschnittseinkommen bei fast 50 Prozent des Durchschnittseinkommens innerhalb der EU liegt (das ist mehr als in fast allen osteuropäischen EU-Ländern), kommt der Osten nur auf 10 Prozent des Durchschnittseinkommens der EU.

Leider ist auch nicht damit zu rechnen, dass durch gewerkschaftliche Organisation die Lebensbedingungen am unteren Ende der türkischen Gesellschaft in absehbarer Zeit verändert werden können. Die ehemals starke Gewerkschaftsbewegung ist nach dem Putsch 1980 brutal zerschlagen worden und hat sich bis heute nicht davon erholt. Dazu trägt bei, dass die Gesetzgebung nach wie vor sehr unvorteilhaft für die Gewerkschaften ist und eine Organisation in den Betrieben deutlich erschwert wird. Legale Streiks sind nur unter sehr begrenzten Bedingungen möglich, und die Gesetzeslage lässt sogenannte gelbe Gewerkschaften zu, in die die Arbeitnehmer von ihren Betrieben gedrängt werden. Das

Kanyon – das hypermoderne Shoppingcenter von Istanbul

größte Problem für die Organisierung aber ist, dass die meisten Menschen sowieso nicht in Betrieben arbeiten, die die notwendige Größe für gewerkschaftliche Aktivitäten haben. Statt des gewerkschaftlichen Kampfes gilt das Ideal des Selfmademan. Sich als Geschäftsmann nach oben zu kämpfen ist der derzeitige türkische Traum, und weil die AKP den Eindruck vermittelt, unter ihrer Regierung sei das eher möglich als bei den traditionellen kemalistischen Parteien, hat sie bei den Wahlen 2007 einen hohen Sieg eingefahren.

Türken und Europa,
Türken und Deutsche

Gemeinsamkeiten in der Geschichte

Die Frage nach einer gemeinsamen europäisch-türkischen Geschichte birgt mehr Überraschungen, als man gemeinhin annimmt. Während es heute so scheint, als sei die Türkei erst mit den sogenannten Gastarbeiterzügen, die in den 1960er Jahren dringend benötigte Arbeitskräfte aus Anatolien nach Deutschland brachten, am europäischen Horizont aufgetaucht, beginnt die türkisch-europäische Geschichte doch bereits tausend Jahre zuvor. Obwohl Geschichte natürlich immer ein Prozess ist, gibt es für den Eintritt der Türken ins europäische Geschehen doch ein Datum, das diesen Beginn praktisch markiert. Im Jahr 1071 schlug ein Heer seldschukischer Türken die Truppen des byzantinischen Kaisers Romanos IV. Diogenes unweit des Van Sees in Malazgirt, also an der heutigen türkisch-iranischen Grenze, vernichtend. Mit dieser Schlacht verlor das oströmische Reich Byzanz den Krieg um Anatolien. Der Kaiser musste innerhalb weniger Jahre eine Verteidigungsstellung nach der anderen räumen, so dass die Dynastie der seldschukischen Türken, die von Zentralasien aus über Persien immer weiter nach Westen vorgestoßen waren, weite Teile der anatolischen Hochebene für sich in Besitz nehmen konnte. Bereits knapp 100 Jahre nach der Schlacht von Malazgirt gab es ein Sultanat der anatolischen Seldschuken, die ihre Hauptstadt in Konya errichteten und für eine kurze, aber bis heute noch sichtbare Blütezeit in Anatolien sorgten. Die ersten Moscheen wurden gebaut, unter anderem das berühmte, in jedem Reiseführer erwähnte, geriffelte Minarett in Antalya, und eine ganze Kette von Karawansereien, von denen etliche bis heute überdauert haben.

Die nach der Schlacht von Malazgirt stattgefundene Einwanderung türkischer Nomadenstämme nach Anatolien markiert den Beginn der türkischen Präsenz in Europa. Wie immer heute über die Grenzen Europas diskutiert wird, um 1000 nach Christus gab es überhaupt keinen Zweifel daran, dass Byzanz ein Teil Europas ist. Im Gegenteil, zu der Zeit war Konstantinopel (das heutige Istanbul) unstrittig die größte und reichste Stadt Europas und bis zum sogenannten Schisma, also der Trennung der christlichen Kirche in eine byzantinisch-orthodoxe und römisch-katholische Abteilung, die 1050, nur 20 Jahre vor der Schlacht an der iranischen Grenze stattgefunden hatte, war Byzanz auch das Zentrum der gesamten Christenheit. Und das bereits seit 700 Jahren, seit der Gründung Konstantinopels im Mai 330.

Der römische Kaiser Konstantin der Große hatte, bevor er Konstantinopel zu seiner neuen Hauptstadt machte, das Christentum im Römischen Reich erstmals zu einer anerkannten, gleichberechtigten Religion neben den anderen Religionen im Einflussbereich Roms erklärt. Dieser Schritt erfolgte angeblich, nachdem ihm der Gott der Christen bei einer entscheidenden Schlacht gegen einen seiner vielen Rivalen, die er auf dem Weg zum Alleinherrscher zuvor beseitigen musste, durch ein Zeichen am Himmel beigestanden hatte. Die Legende dient als Erklärung dafür, warum Konstantin sich in seinem Machtkampf auf die wachsende Zahl der Christen im Römischen Reich stützte und sie zu nützlichen Verbündeten machte, um schließlich auch die Hauptstadt des Reiches formal von Rom nach Byzanz, in den Osten des Reiches, in dem die Christen bereits die Mehrheit der Bevölkerung stellten, verlegte. So wurde dann im neu gegründeten Konstantinopel, einer bis dahin griechischen Stadt am Bosporus, das Christentum im Laufe weniger Jahrzehnte auch offiziell zur Staatsreligion und die Tempel der alten römischen und griechischen Götter nach und nach vollständig zerstört, während Rom und das Weströmische Reich unter dem Ansturm der Barbaren (germanischer Stämme aus den Norden) zerfielen und für Jahrhunderte kaum mehr eine Rolle spielten.

Damit wurde Konstantinopel als Hauptstadt Ostroms für die kommenden tausend Jahre zum Zentrum der hellenistisch-römischen Kultur, während in Westeuropa nach dem Zusammenbruch der römischen Herrschaft das »dunkle Zeitalter« begann.

Erst der Beginn der Kreuzzüge markierte den Wiederaufstieg Westeuropas und zeigte, dass der Westen um die erste Jahrtausendwende, 700 Jahre nach dem Fall Roms, erstmals wieder in der Lage war, nach außen zu expandieren. Der Anlass für den ersten Kreuzzug ab 1095 war nichts anderes als ein Hilferuf des byzantinischen Kaisers Alexios I. Komnenos an Papst Urban II., er möge dem christlichen Kaiser des Ostens Truppen zur Verteidigung gegen die Seldschuken schicken. Urban nutzte diesen

Hilferuf geschickt, um seine eigene Position als Papst und Führer der westlichen Christenheit auszubauen, und trommelte deshalb nicht nur für eine Hilfsaktion zugunsten von Byzanz, sondern verband das Ganze mit einem Aufruf zur »Befreiung« Jerusalems. Für Alexios I. war das ein vergiftetes Geschenk, denn Jerusalem gehörte zu der Zeit nominell noch zum Byzantinischen Reich, wenn es auch seit etlichen Jahren vom Kalifen von Damaskus besetzt war. Die Kreuzzüge, die erste Expansion Westeuropas in den Nahen Osten seit den römischen Eroberungen, wurden letztlich nicht den islamischen Herrschern, gegen die sie ja angeblich gerichtet waren, zum Verhängnis, sondern Byzanz selbst. So wie der Aufstieg von Byzanz um 300 den Untergang Roms markierte, waren die Kreuzzüge das Zeichen für das Wiedererstarken Roms und den langsamen Abstieg Konstantinopels. Das manifestierte sich beim 4. Kreuzzug endgültig, der 1204 mit der Eroberung und Plünderung Konstantinopels endete und zu einer knapp 100-jährigen lateinischen Herrschaft am Bosporus führte. Zwar gelang es den Byzantinern, ihre Hauptstadt wieder zurückzuerobern, doch erlangte Ostrom seine frühere Stärke nie mehr zurück. So ebneten paradoxer Weise nicht zuletzt die Kreuzzüge den Türken den Weg nach Westen.

Das Osmanische Reich

Die Osmanen kontrollierten nach dem Zerfall des seldschukischen Großreiches anfangs nur ein relativ unbedeutendes Fürstentum im Nordwesten Anatoliens, also direkt an Byzanz angrenzend. Unter ihrem Stammesoberhaupt Osman gelang es ihnen jedoch um 1300, die Stadt Bursa von den Byzantinern zu erobern und dort ihre Hauptstadt zu errichten. Nachfolger expandierten mit großem Erfolg weiter, indem sie entweder byzantinische Truppen besiegten oder aber durch geschickte Heiratspolitik mit der byzantinischen Herrscherfamilie ihren Einflussbereich ausdehnten, so dass das Osmanische Reich Anfang des 14. Jahrhunderts schon Teile des Balkans umfasste und Byzanz mehr und mehr zu einer Insel inmitten osmanischer Gebiete wurde. Es war deshalb nur mehr eine Frage der Zeit, bis Konstantinopel fallen würde. Der junge Sultan Mehmet II. setzte nach mehreren halbherzigen Versuchen seiner Vorgänger dann alles an die Eroberung der

Metropole und erstürmte das sogenannte Ostrom nach längerer Belagerung im Mai 1453. Dies war, nach der Schlacht von Malazgirt rund 400 Jahre zuvor, die endgültige Etablierung der Türken als europäische Macht. Es gibt etliche Hinweise darauf, dass Mehmet der Eroberer weniger Byzanz von der Landkarte tilgen als vielmehr Nachfolger der byzantinischen Kaiser werden wollte. Anders als andere Eroberer nahmen die Osmanen viel von den »Rum«, den griechischen Römern, an. Mehmet warb auch um die griechische Bevölkerung, garantierte ihnen ihre Religionsfreiheit und setzte den Bischof zum Patriarchen der griechisch-orthodoxen Gemeinde ein. Zwar wurden die meisten Kirchen, so auch die Hagia Sophia, in Moscheen umgewandelt, doch die Griechen behielten einige Gotteshäuser und konnten sich unter ihrem Patriarchen autonom organisieren.

Viele Griechen spielten in den Jahrhunderten des osmanischen Reiches eine wichtige Rolle im diplomatischen Dienst des Sultans, und viele ehemaligen Christen, oder Kinder aus christlichen Familien vom Balkan, brachten es im Reich zu höchsten Würdenträgern. Grundlage dafür war die sogenannte Knabenlese, bei der die Statthalter in den Balkanprovinzen Kinder aus christlichen Familien entweder zwangsweise rekrutierten oder aber die Familien ein Kind freiwillig in den Dienst des Sultans gaben, weil viele von ihnen dann entweder als Janitscharen, Angehörige der Elitetruppe der Osmanen, oder als Würdenträger am Hof Karriere machen konnten. Zwar war der Islam Staatsreligion, doch zeigten sich die Osmanen in Religionsfragen wesentlich toleranter als die christlichen Mächte der damaligen Zeit. Bereits unter Beyazit, dem Nachfolger Mehmets II., kam es zu regem diplomatischen Kontakt mit verschiedenen westeuropäischen Mächten, darunter auch mehreren Päpsten. Venedig und Genua, die schon zu byzantinischen Zeiten große Niederlassungen in Konstantinopel unterhielten, blieben bevorzugte Handelspartner und genossen auch unter den Osmanen erhebliche Privilegien, immer unterbrochen von kriegerischen Auseinandersetzungen. Während des osmanischen Vormarsches auf dem Balkan, der erst 1529 vor Wien gestoppt wurde, kam es immer wieder zu wechselnden Allianzen mit einzelnen italienischen Staaten oder auch Frankreich, die sich mit den Osmanen gegen die Habsburger verbündeten.

Was heute, gerade unter dem Eindruck einer angeblich neuen islamischen Bedrohung des Westens, als Geschichte des Kampfes zwischen Abend- und Morgenland, zwischen christlichem Europa und muslimischem osmanischen Reich erzählt wird, verlief tatsächlich wesentlich komplizierter, auch wenn schon Luther ins Horn vom Kampf der Kulturen blies und seine Anhänger zum Widerstand gegen die muslimischen Türken aufrief. Schlimmer aber noch als die Türken waren für ihn die Juden und Papisten. Die Erzählung vom »Wir« gegen »Die« ist eine ideologische Aufbereitung von Geschichte, die heute unter anderem dazu dienen soll, eine Mitgliedschaft der Türkei in der EU abzulehnen.

Tatsächlich gab es Verbindungen nicht nur auf diplomatischer Ebene, sondern auch durch Austausch auf technischem und kulturellem Gebiet. Bereits die großen Kanonen, mit denen die osmanische Armee die Mauern Konstantinopels 1453 sturmreif schoss, hatte ein Kanonengießer aus Österreich für den Sultan gebaut. Je größer die technische Überlegenheit West- und Mitteleuropas in den kommenden Jahrhunderten werden sollte, umso mehr bemühten sich die Sultane um Anschluss und Unterstützung im Westen. Den Höhepunkt osmanischer Macht markierte das 16. Jahrhundert, als unter Süleyman dem Prächtigen, genannt auch Süleyman der Gesetzgeber (1520 bis 1566), das Reich seine größte territoriale Ausdehnung erreichte und auch in seiner kulturellen Blüte stand. Doch schon damals schauten die Künstler am Hofe der Sultane nach Westen. In Orhan Pamuks Roman »Rot ist mein Name« wird sehr anschaulich beschrieben, wie die Elite der osmanischen Hofmaler, die traditionell im Stile der persischen Miniaturmalerei arbeiteten, allmählich begann, den westeuropäischen Porträtstil zu kopieren. Lebensechte Porträts gelten im Bilderverbot des Islam ja als Gotteslästerung, was aber einige Sultane nicht daran hinderte, echte Porträts von sich anfertigen zu lassen. Nachdem Mehmet II., der Eroberer von Konstantinopel, dafür noch auf den italienischen Maler Bellini zurückgriff – das Original des Bellini-Porträts hängt heute in London – beauftragten seine Nachfolger bereits einheimische Künstler damit.

Es dauerte allerdings noch bis in die erste Hälfte des 19. Jahrhunderts, bis auch der osmanische Hof zu Reformen schritt, zu denen sich etliche Monarchen im Westen bereits im Gefolge der französischen Revolution genötigt gesehen hatten. Auch in Istanbul erfolgten solche Reformen nicht freiwillig, sondern waren der Schwäche des Reiches geschuldet. Seit der Glanzzeit osmanischer Machtentfaltung im 16. Jahrhundert stagnierte das Reich oder musste sich sogar mit ersten Gebietsverlusten abfinden. Dieser Erosionsprozess setzte sich im 18. Jahrhundert mit zunehmender Geschwindigkeit fort, und im 19. Jahrhundert kämpfte das Reich bereits mehrmals um seine Existenz. Sowohl vonseiten der ehemaligen ägyptischen Vasallen wie auch vonseiten Russlands gerieten die Osmanen immer stärker unter Druck. Dadurch wuchs der Modernisierungsdruck im Innern, der als Erstes dazu führte, dass Sultan Mahmut II. 1826 die Janitscharen, jahrhundertelang das militärische Rückrat der osmanischen Armee, nach einem Aufstandsversuch blutig liquidieren ließ, um seine Armee modernisieren zu können. Sein Nachfolger Abdülmecid I. dekretierte dann 1839 die sogenannten Tanzimat-Reformen, mit denen die Rechte der Untertanen gegenüber dem Staat erstmals klar definiert und Nicht-Muslime den Muslimen gleichgestellt wurden. Im Zuge dieser Reformen schaffte man auch die Todesstrafe für Konvertiten ab, also für Muslime, die sich zu einer anderen Religion bekehren ließen, etwa dem Christentum. 1854 entstand die erste Universität nach westlichem Vorbild. Sichtbarstes Zeichen der Modernisierung wurde der Umzug des Sultans in der zweiten Hälfte des 19. Jahrhunderts. Seit der Eroberung Konstantinopels war das Reich von Topkapi aus, dem weitläufigen Sultanspalast auf der Spitze der Halbinsel, regiert worden. Nun ließ der Sultan am Ufer des Bosporus einen neuen Palast errichten, der den Schlössern Italiens und Frankreichs ähnelte und damit auch nach außen den Bruch mit der Tradition symbolisierte. Allerdings konnten die militärischen, technischen und auch verfassungsrechtlichen Anleihen aus dem Westen den Niedergang des Osmanischen Reiches letztlich nicht stoppen.

Der Virus, dem das Reich zum Opfer fiel, war eine Idee, die ebenfalls aus dem Westen kam. Die Idee hieß Nation und war mit dem osmanischen Vielvölkerstaat absolut unkompatibel. Die Stärke des Osmanischen Reiches hatte immer darin bestanden, als Zentralstaat den einzelnen Provinzen und eroberten Gebieten weitgehende kulturelle Autonomie und Selbstverwaltung zu überlassen, solange sie ihre Steuern entrichteten und Soldaten stellten. Dabei war die Steuerlast für die Bauern weit niedriger als in den westeuropäischen Feudalfürstentümern des Mittelalters, was einer der Gründe war, warum es den Osmanen relativ leicht fiel, den Balkan zu erobern. Was diese Staatsform nicht vorsah, war eine nationale Identität der Bewohner des Reiches. Die Un-

tertanen im Reich waren Christen und Muslime, Türken, Bosniaken oder Araber, Bauern oder Handwerker – was sie nicht waren:
Sie waren keine Osmanen, so wenig wie die Einwohner des österreichischen Vielvölkerstaates im 18. und 19. Jahrhundert sich als
Habsburger begreifen konnten. Als die Idee der ethnisch einheit-
lichen Nation im 18. Jahrhundert wirkungsmächtig wurde, begannen die Aufstände, Rebellionen und Befreiungsbewegungen
innerhalb des Reiches und zwar zuerst im Westen, auf dem Balkan. Die Griechen, Bulgaren und Serben strebten nach ihrem eigenen Nationalstaat. Während die Griechen dabei hauptsächlich
von England unterstützt wurden, geriet der übrige Balkan zur
russischen Einflusssphäre. Jenseits des heutigen Kroatien, das
damals zu Habsburg gehörte und katholisch war, begann das
Reich der orthodoxen Kirche. Seit der Eroberung Konstantinopels durch die Osmanen verstand sich das russische Zaren-
reich als Schutzmacht der Orthodoxie weltweit, und Moskau
galt als drittes Rom, nach der Tiberstadt und Konstantinopel.
Die Erhebungen auf dem Balkan waren deshalb nicht nur nati-
onal motiviert, sondern richteten sich auch gegen die Muslime,
weshalb die muslimische Bevölkerung in Bosnien und Albanien
unter den sogenannten Befreiungskriegen sehr zu leiden hatten.
Die Balkankriege setzten eine riesige Vertreibungswelle in Gang,
weshalb heute an der Ägäis und in Anatolien viele Dörfer mit
»Yeni« (neu) beginnen. So wie New York zu Beginn nichts anderes als das neue York war, gibt es in der Türkei etliche Yeniköy,
Yenibosnia und andere »Yeni«-Dörfer, die damit anzeigen, dass
hier muslimische Vertriebene aus dem Balkan eine neue Heimat
gefunden haben.

In der Türkei wird deshalb in der Armenien-Debatte immer
wieder darauf verwiesen, dass die großen Vertreibungen des 19.
und 20. Jahrhunderts ja nicht mit der Vertreibung der Armenier
aus Ostanatolien, sondern mit der Vertreibung der Muslime vom
Balkan begonnen habe. Die massive Einmischung Englands,
Frankreichs und Russlands auf dem Balkan und später auch im
gesamten Osmanischen Reich, hat dazu geführt, dass die türkische Politik bis heute besonders empfindlich auf Einmischungen
von außen reagiert. Beispielsweise vergleichen viele Publizisten
in türkischen Medien die EU-Unterstützung für Minderheiten in
der Türkei, vor allem die europäische Parteinahme für die Kurden, mit der früheren Unterstützung christlicher Minderheiten im

Osmanischen Reich durch europäische Mächte, und unterstellen, dass die EU damit heute dasselbe Ziel verfolgt wie die europäischen Staaten damals: die Schwächung und Spaltung des Landes.

Die Jungtürken und die deutsche Karte

Entscheidend für die Entstehung der späteren türkischen Republik war die Ende des 19. Jahrhunderts aufkommende Bewegung der Jungtürken. Die Bewegung entstand aus der »Osmanischen Gesellschaft für Einheit und Freiheit«, einer der Oppositionsgruppen gegen den Sultan, die anfangs für eine konstitutionelle Monarchie nach westeuropäischem Vorbild eintrat und zunächst auch Vertreter der christlichen Minderheit umfasste. Der gesamten Opposition gemeinsam war, dass sie aus den Balkanprovinzen des Reiches stammte und ihre Ideen überwiegend aus Paris bezog. Ging es anfänglich noch um eine gemeinsame Opposition aller im Osmanischen Reich vertretenen Völker (beispielsweise protestierten die Jungtürken heftig gegen die Pogrome an Armeniern 1895, die sie der Geheimpolizei des Sultans anlasteten), so setzten sich angesichts der Kriege auf dem Balkan bald diejenigen durch, die analog zu den rebellierenden Völkern nun ihrerseits auf das Türkentum als Basis eines zukünftigen Staates setzen wollten. Damit war die Keimzelle eines türkischen Nationalismus geboren, der dann später mit dem armenischen und noch später mit dem kurdischen Nationalismus kollidieren sollte. Das »Komitee für Einheit und Fortschritt«, wie sich die Jungtürken später nannten, setzte sich in den turbulenten Auseinandersetzungen zwischen Sultan, Konstitutionalisten und Nationalisten durch und bildete im Jahr vor dem Ausbruch des Ersten Weltkrieges ein Triumvirat, in dessen Händen faktisch die Macht lag. Die schillerndste Figur dieser Führungsgruppe war Enver Pascha, ein Stabsoffizier, der zwei Jahre lang (1910 und 1911) als Militärattaché in Berlin gewesen war, die deutschen Rüstungsanstrengungen deshalb gut kannte und bei Ausbruch des Weltkrieges seine beiden Mitregenten dazu überredete, auf die deutsche Karte zu setzen.

Für die Entscheidung des Osmanischen Reiches, an der Seite Deutschlands und Österreich-Ungarns in den Krieg zu ziehen, gab es allerdings noch weitere Gründe aus der jüngeren Geschichte. Großbritannien, die Weltmacht des 19. Jahrhunderts, und Frankreich hatten den Niedergang des Osmanischen Reiches gnadenlos für ihre Interessen genutzt und sich für Militärhilfe und Kredite weitreichende Einflussmöglichkeiten im Osmanischen Reich einräumen lassen. Waren es zunächst nur Handelsprivilegien, kontrollierten die beiden Länder zuletzt eine große Behörde, die eigenständig im Reich Steuern eintrieb, mit denen dann die Schuldenrückzahlung bewältigt wurde. Um sich aus der Umklammerung der beiden Westmächte etwas zu befreien, wandte sich Sultan Abdülhamid II. an den deutschen Kaiser Wilhelm II., den er für eine Zusammenarbeit gewann, die sich auch gegen England und Frankreich richtete. Während die Briten die osmanischen Marineoffiziere ausbildeten, holte sich der Sultan für sein Heer – und da vor allem für die Artillerie – deutsche Berater, die dann auch dafür sorgten, dass die osmanische Armee mit Mauser-Gewehren und Krupp-Kanonen ausgestattet wurde. In der Tradition Helmuth von Moltkes, der bereits 50 Jahre zuvor als preußischer Offizier an den osmanischen Hof abkommandiert gewesen war, rückten nun etliche deutsche Stabsoffiziere in Konstantinopel ein.

Um den englischen Einfluss zu brechen, verlieh der Sultan den Deutschen die Konzession für den Bau der Anatolischen Eisenbahn, die dann später auf den Bau der Bagdad-Bahn, einem der größten Schienenprojekte in der damaligen Zeit, ausgedehnt wurde. Kaiser Wilhelm II. reiste zweimal ins Reich von Abdülhamid II. und erklärte bei einem Besuch großspurig, die Deutschen würde ewig die Freunde der Muslime bleiben. Während Briten, Franzosen und Russen auf die christlichen Minderheiten im Osmanischen Reich setzten, wollte der deutsche Kaiser die muslimische Mehrheit für eine Allianz gewinnen. Bleibendes Relikt dieser Politik ist der Deutsche Brunnen in der Istanbuler Altstadt auf dem Hippodrom unweit der Hagia Sophia, den Kaiser Wilhelm II. feierlich einweihte. Neben diesem Denkmal aus der Kaiserzeit hat das damalige deutsch-türkische Bündnis aber vor allem auch tiefe Spuren im kollektiven türkischen Gedächtnis hinterlassen. Während die Schrecken und Konsequenzen des Zweiten Weltkrieges und des Faschismus die gesamte deutsche Erinnerung prägen, ist für die Türken nach wie vor der Erste Weltkrieg mit seinen Folgen das entscheidende Ereignis, aus dem alles Weitere folgte. Deshalb ist in der Türkei auch die Erinnerung an die damalige »Waffenbrüderschaft« weit lebendiger als in Deutschland.

Für das jungtürkische Triumvirat war am Vorabend des Ersten Weltkrieges angesichts der Vorgeschichte ein Bündnis mit den Mittelmächten daher nicht abwegig. Die Alternative wäre Neutralität gewesen, aber zum einen sah sich das Osmanische Reich weiterhin von Russland bedroht, zum anderen waren England und Frankreich nicht bereit, zu Kriegsbeginn eine Erklärung abzugeben, dass sie die Grenzen des osmanischen Imperiums, zu dem ja damals noch der heutige Irak, Syrien, Palästina und Saudi-Arabien gehörten, respektieren würden. England wollte die Nachfolge der Osmanen im Nahen Osten antreten, einmal um sich den Zugriff auf die damals bereits bekannten Ölvorräte zu sichern, zum anderen um den Seeweg nach Indien durch den 1869 eingeweihten Suezkanal kontrollieren zu können.

Deshalb fiel die Entscheidung letztlich für eine Kriegsteilnahme an der Seite der Mittelmächte, obwohl sich das Osmanische Reich und die Habsburger auf dem Balkan jahrhundertelang bekriegt hatten. Die Deutschen wollten über ihren Bündnispartner ebenfalls Einfluss im Nahen Osten gewinnen und schickten deshalb nicht nur Waffen, sondern auch etliche Offiziere zur Unterstützung der bereits ziemlich maroden osmanischen Armee an den Bosporus.

Bereits kurz nach Kriegsbeginn erlitt die osmanische Armee an der Nordostgrenze am Rande des Kaukasus eine verheerende Niederlage gegen die Truppen des Zaren. Auf russischer Seite traten dem osmanischen Heer armenische Verbände entgegen, darunter auch Freiwillige, die aus Anatolien auf die russische Seite gewechselt waren. Als es dann noch zu einem armenischen Aufstand in Van kam, fiel in Istanbul die Entscheidung, die Armenier des Reiches, mit Ausnahme der armenischen Gemeinden in Istanbul und Izmir, aus ihren Siedlungsgebieten in der Kampfzone in die syrische Wüste zu deportieren. Hunderttausende mussten sich auf den Marsch nach Süden machen, ohne Versorgung und ohne Schutz gegen ständige Angriffe marodierender Milizen. Die Deportation wurde für die Mehrheit der Vertriebenen zu einem Todesmarsch – von denen, die völlig entkräftet in den Lagern in der syrischen Wüste ankamen, starben dann dort noch viele an Hunger und mangelnder medizinischer Versorgung.

Die überall im osmanischen Heer präsenten deutschen Stabsoffiziere wussten natürlich von diesen Todesmärschen, doch sie rieten mit wenigen Ausnahmen davon ab, dagegen einzuschreiten.

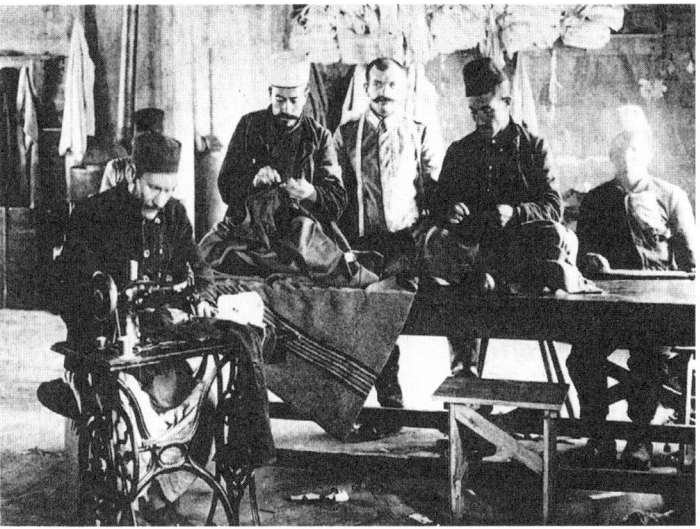

Oben: Otto Liman von Sanders, General der Kavallerie und türkischer Marschall (vorn, 3. v. r.) zusammen mit türkischen Offizieren während des I. Weltkrieges

Unten: Türken in der Schneiderwerkstatt des muslimischen Kriegsgefangenenlagers auf dem Truppenübungsplatz Wünsdorf, südlich von Berlin, am Ende des I. Weltkrieges

Entweder, weil sie die Maßnahmen selbst für richtig hielten, oder weil sie den Bündnispartner nicht kritisieren wollten. So verhallten die Hilferufe einiger deutscher Missionare oder Konsularbeamter ungehört beziehungsweise wurden von der Obersten Heeresleitung in Berlin als irrelevant abgeheftet.

Nach den Niederlagen an der Nordfront, wo sich das Blatt erst nach der erfolgreichen russischen Revolution wendete, und den Niederlagen an den südlichen arabischen Frontabschnitten bestand das einstmals riesige Osmanische Reich, das zu seinen Glanzzeiten nahezu das gesamte Mittelmeer und die Gebiete rund ums Schwarze Meer kontrolliert hatte, bei Friedensschluss nur noch aus dem anatolischen Kernland und der Provinz Mossul, also dem heutigen Nordirak. Aus diesem militärischen Desaster ragte ein einsamer Erfolg heraus, der für die weitere Geschichte der Türkei noch von großer Bedeutung wurde: An den Dardanellen verhinderte die Armee unter großen Opfern auf beiden Seiten die Landung alliierter Truppen, hauptsächlich Engländer und Commonwealth-Soldaten aus Australien und Neuseeland. Kommandierender General auf osmanischer Seite war neben dem Deutschen Liman von Sander Mustafa Kemal, der damit den Grundstein für seine spätere Karriere als Oberbefehlshaber im Unabhängigkeitskrieg und erster Präsident der neuen türkischen Republik legte.

Die Deutschen und die Armenische Frage im Osmanischen Reich

Am Stadtrand von Potsdam, direkt an der Havel gelegen, hat sich nach der Wende die Bundeswehr ein schönes Areal zugelegt. Hinter hohen Mauern liegt hier die »Villa Ingenheim«, ein Schlösschen mit angrenzenden Verwaltungsgebäuden, in denen zu DDR-Zeiten schon die NVA saß und dort ihr militärgeschichtliches Forschungsinstitut betrieb. Seit 1994 ist hier nun das Militärgeschichtliche Forschungsamt der Bundeswehr untergebracht, das größte historische Institut außerhalb des Universitätsbetriebes, wie man stolz verkündet. Das Amt gehört zwar zum Verteidigungsministerium, rühmt sich aber einer freien und kritischen Forschung insbesondere zur Bundeswehr und der Geschichte der NVA. Doch deutsche Militärgeschichte beginnt ja nicht erst mit der Bundeswehr. Oberstleutnant Dr. Gerhard P. Groß ist Spezialist für den Ersten Weltkrieg. Er hat über die deutsche Seekriegsführung promoviert und über den Schlieffen-Plan, der die Grundlage für einen Sieg über Frankreich hatte werden sollen, publiziert. Selbstverständlich kennt er sich auch mit dem deutschen Engagement im damaligen Osmanischen Reich aus. Er berichtet über Treffen mit türkischen Offizierskollegen, die noch heute mit Stolz über die damalige Waffenbrüderschaft mit Deutschland erzählen, und wie man Seite an Seite gegen Russen und Engländer gekämpft habe. Oberstleutnant Groß findet es schade, dass in Deutschland die Erinnerung an diese Waffenbrüderschaft weitgehend verloren gegangen ist. Nur an einem Punkt muss leider auch er passen. Auf die Frage, ob die deutsche kaiserliche Armee sich an den Verbrechen gegen die Armenier vielleicht mitschuldig gemacht hat, weiß er keine Antwort. Obwohl die Debatte um den »Völkermord« an den Armeniern während des Ersten Weltkrieges regelmäßig auch in Deutschland die Gemüter erhitzt, ist die deutsche militärgeschichtliche Forschung in dieser Frage erstaunlich untätig geblieben.

Dabei zeigt schon ein kurzer Blick auf die damalige Waffenbrüderschaft, dass die Deutschen einen erheblichen

Einfluss auf die osmanische Armee hatten – etwa so, wie die Nato heute auf die afghanische Armee, bestätigt auch Oberstleutnant Groß. Denn die deutschen Truppen unterstützten nicht nur gelegentlich ihre türkischen Kameraden, deutsche Offiziere besetzten damals Schlüsselstellungen im osmanischen Heer. Die Zusammenarbeit zwischen deutscher und türkischer Armee hatte bereits 1882 begonnen, als eine erste Gruppe von Offizieren nach Konstantinopel entsandt wurde, um die Reform der osmanischen Truppe nach preußischem Vorbild zu unterstützen und voranzutreiben. Bereits ein Jahr später unterrichtete Generalmajor Freiherr von der Goltz an der Militärakademie in Istanbul und sorgte auch dafür, dass türkische Offiziere in Deutschland geschult wurden. Schon bald darauf begann das deutsche Kaiserreich eine regelrechte diplomatische Offensive am Bosporus. Kaiser Wilhelm II. besuchte Sultan Abdülhamid II. 1889 in Istanbul und legte dort den Grundstein für eine neue deutsche Orientpolitik. Anders als Briten und Franzosen über ihre Kolonien wollte sich das Kaiserreich einen größeren Einfluss im Orient durch eine enge Zusammenarbeit mit dem ökonomisch und militärisch schwachen Osmanischen Reich sichern. Dafür investierten Deutschland und deutsche Konzerne hohe Summen. Ambitioniertestes Projekt war der Bau der Anatolischen Eisenbahn, die später zur Bagdad-Bahn erweitert wurde und zu einem heftigen Interessenkonflikt mit den Briten führte. Deutschland baute so seinen Einfluss im Osmanischen Reich immer weiter aus – bei seiner zweiten Orientreise 1898 versicherte Kaiser Wilhelm allen Muslimen die unverbrüchliche Freundschaft Deutschlands – sehr zum Ärger von Briten und Russen.

Das führte dann 1913 in Vorwegnahme des ein Jahr später beginnenden großen europäischen Krieges zu einer ernsten Krise mit Russland. Auf Bitten der neuen jungtürkischen Regierung verstärkte das Deutsche Reich seine Militärmission in der Türkei entscheidend. Unter der Leitung von Generalmajor Otto Liman von Sanders wurden zunächst 40 Stabsoffiziere, deren Zahl dann wenig später bereits auf 70 aufgestockt wurde, nach Istanbul entsandt. Liman von

Sanders erhielt dort so weitreichende Vollmachten, dass Russland mit einer Intervention drohte. Liman von Sanders wurde Mitglied des Obersten Kriegsrates, Chef aller Militärakademien und kommandierender General der I., in Istanbul stationierten, Armee. Aufgrund des russischen Protestes legte er dieses Kommando dann zwar nieder, wurde aber stattdessen sogar noch zum türkischen Marschall und Generalinspekteur des türkischen Heeres ernannt. »Der mit Liman von Sanders unterschriebene Vertrag« mit den Türken, kommentierte später der US-Militärhistoriker J. L. Wallach, »gab fast die gesamte Organisation der Armee in die Hände der Deutschen und gestattete dem Chef der Mission den Eingriff in fast alle militärischen Angelegenheiten«.

Mit Beginn des Krieges und nachdem eine Expertise eben dieses Liman von Sanders für die deutsche Oberste Heeresleitung den Ausschlag dafür gegeben hatte, mit dem Osmanischen Reich ein Bündnis einzugehen, verstärkte sich der deutsche Einfluss noch einmal erheblich. Nicht nur Offiziere und Mannschaften, auch Waffen, Munition und selbst Kohle kamen aus dem Deutschen Reich. Aus den anfangs 70 Angehörigen der Deutschen Militärmission waren gegen Ende des Krieges 800 Offiziere und 25 000 Soldaten geworden, die gemeinsam mit der osmanischen Armee kämpften und dort fast alle Schlüsselpositionen besetzten. Deutsche Offiziere waren nicht nur an allen relevanten Frontabschnitten in hohen Positionen vertreten, auch der stellvertretende Generalstabschef, der engste Berater des Kriegsministers Enver Pascha, war ein Deutscher. Da Liman von Sanders sich aufgrund seiner Arroganz als preußischer Monokelträger mit den türkischen Entscheidungsträgern äußerst schlecht vertrug, rückte der stellvertretende Generalstabschef Fritz Bronsart von Schellendorf zum mächtigsten deutschen Militär auf.

Schellendorf war dabei, als Enver Pascha gleich zu Beginn des Krieges die dritte osmanische Armee gegen den Rat von Liman von Sanders, völlig ungenügend ausgerüstet und verpflegt, in einen verhängnisvollen Winterfeldzug am Kaukasus führte, der in einer militärischen Katastrophe mündete.

Von 100 000 Mann starben fast 80 000, die meisten nicht durch den russischen Feind, sondern an Hunger, Erfrierungen und Krankheiten. Dieses Desaster um die Jahreswende 1914/1915 hatte einen wichtigen Anteil an dem wenig später gefällten Beschluss, die Armenier im Osmanischen Reich mit Ausnahme der armenischen Bevölkerung von Istanbul und Izmir zu deportieren und zu massakrieren.

Ein großer Teil der armenischen Bevölkerung lebte just in dem Gebiet, in dem die 3. osmanische Armee von Dezember 1914 bis Februar 1915 unterging. Auf russischer Seite kämpften dabei sowohl Armenier, die unter russischer Oberhoheit lebten, als auch rund 4000 Armenier, die von osmanischer Seite aus zu den Russen übergelaufen waren. Nach türkischer Lesart sympathisierte die armenische Bevölkerung generell mit dem russischen Kriegsgegner, weil der Zar als oberster orthodoxer Herrscher sich schon lange vor Kriegsausbruch als Beschützer der armenischen Christen im Osmanischen Reich aufgespielt hatte. In Istanbul mutmaßte man, dass der Zar die Armenier wie zuvor schon die Christen auf dem Balkan zum Aufstand gegen die Osmanen ermuntert hatte.

Als sich dann wenig später im April die armenische Bevölkerung von Van, der größten Stadt nahe des Iran, gegen die Osmanen erhob und die Russen erfolgreich zur Hilfe rief, wurde einen Monat später in Istanbul der Befehl zur Deportation der armenischen Bevölkerung nach Süden, in die syrischen Teile des Reiches gegeben. Diese Deportationen gestalteten sich in der Realität zu Todesmärschen. Von den fast 800 000 Menschen, die in den Sommermonaten 1915 durch Südostanatolien getrieben wurden, kam nur rund ein Drittel lebend im Zielgebiet an, und auch dort gab es nichts, wovon sie sich hätten ernähren können. Zusammen mit den Erschießungen armenischer Männer an Ort und Stelle sind so von den rund 1,8 Millionen Armeniern im Osmanischen Reich wohl rund eine Million ermordet worden oder im Verlauf der Deportationen umgekommen.

Hauptstreit in der historischen Literatur ist, inwieweit die Deportation von Beginn an als Vernichtung der Armenier geplant war, also einem Beschluss zum Völkermord entsprach, oder ob die hohe Zahl der Toten (türkische Quellen gehen von maximal 500 000 Toten aus) den widrigen Umständen des Krieges (Nahrungsmangel und Überfälle durch irreguläre, überwiegend kurdische Banden) geschuldet war. Richtig ist auf jeden Fall, dass sich die zu der Zeit herrschenden »Jungtürken«, die Partei für Einheit und Fortschritt mit Enver Pascha, Talaat Pascha und Cemal Pascha an der Spitze, nach anfänglicher, freiheitlicher Ausrichtung im Sinne einer multiethnischen, parlamentarischen Demokratie unter dem Schirm einer konstitutionellen Monarchie immer mehr in eine türkisch-chauvinistische Richtung entwickelt hatten, die nach dem Untergang des osmanischen Vielvölkerstaates nun die türkische Nation in den Vordergrund stellte. Nach den militärischen Niederlagen auf dem Balkan unmittelbar in den Jahren vor dem Ersten Weltkrieg, wo die Christen des Reiches sich gegen die Osmanen erhoben hatten und dabei Hunderttausende von Muslimen vertrieben und töteten, spricht viel dafür, dass etliche Mitglieder der Partei die christliche Bevölkerung in dem noch verbliebenen Reichsgebiet äußerst misstrauisch betrachteten und von vornherein eines großen Aufstandes verdächtigten. In dieser Situation begann die intensive Kooperation der nationalistischen Jungtürken mit den ebenfalls nationalistisch ausgerichteten preußischen deutschen Junkern, die damals überwiegend das kaiserliche Offizierskorps stellten und nun als Berater in Istanbul agierten.

Fast alles, was über deutsche Reaktionen auf die Armeniierdeportationen und Massaker bekannt ist, stammt entweder aus dem Schriftverkehr des diplomatischen Dienstes oder von deutschen Missionaren, die unter den Armeniern lebten. Die Tendenz des diplomatischen Schriftverkehrs sieht so aus, dass, wenn es empörte Berichte deutscher Konsuln aus den betroffenen Provinzen gab, diese dann in der Botschaft erst einmal kräftig relativiert wurden, um dann in vorsichtigen Dosierungen nach Berlin weitergereicht zu werden. Selbst wenn sich im Außenministerium oder bei Reichskanzler Bethmann-Hollweg demzufolge Protest regte und Botschafter von Wangenheim daraufhin bei Enver oder Talaat Pascha vorsichtig intervenierte, war doch immer klar, dass das Bündnis mit dem Osmanischen Reich Vorrang vor allen anderen Erwägungen hatte und wegen Protesten gegen Massaker an Armeniern auf keinen Fall belastet werden sollte. Denn wenn auch die Kampfkraft der osmanischen Truppen nicht mehr sehr groß war, sie band Hunderttausende russischer Truppen im Kaukasus und große britische Verbände in Palästina, am Suezkanal und an den Dardanellen, was den deutschen Truppen hilfreich war.

Viel entscheidender für die deutsche Haltung als die Schreiben der Diplomaten dürfte daher gewesen sein, in welchem Ton die hohen Offiziere nach Hause an die Oberste Heeresleitung berichteten. Nur darüber wäre wirklich zu rekonstruieren, wie das deutsche Militär die Armenierdeportationen einschätzte und wieweit die damaligen deutschen Entscheidungsträger die Politik der Jungtürken auch politisch unterstützten. Doch diese Akten sind – leider, leider wie die deutschen Militärhistoriker heute sagen – bei den alliierten Bombardements im Zweiten Weltkrieg vernichtet worden.

Doch aus dem Wenigen, was übrig blieb, ergibt sich durchaus noch ein ziemlich klares Bild. Bezeichnenderweise stammt die einzige militärhistorische Studie dazu nicht von deutschen Forschern, sondern von dem Schweizer Historiker Christoph Dinkel. Daraus geht klar hervor, dass Bronsart von Schellendorf die Deportationen befürwortete und sogar selbst Deportationsbefehle unterschrieb. Insgesamt sind die obersten deutschen Offiziere mit der türkischen Einschätzung, dass die armenische Bevölkerung ein enormer Risikofaktor war, konform gegangen. So schrieb der deutsche Generalstabschef der unglücklichen 3. Armee an der Kaukasusfront, Felix Guse, »das ganze armenische Volk habe sich schuldig gemacht«, eben weil es dem eigenen Land in den Rücken gefallen sei. Auch Liman von Sanders, der nie selbst an der Ostfront war, urteilte, es sei »ohne jeden Zweifel erwiesen, dass die Armenier auf Seiten der Russen gegen die Türken angetreten sind«. Liman von Sanders, der während der Kämpfe an der Ostfront selbst gemeinsam mit Mustafa Kemal die Verteidigungsschlacht gegen die alliierte Invasion an den Dardanellen leitete und später gegen die Deportation der Armenier aus Izmir protestierte, war zweifellos der Meinung, dass die Deportation der Armenier aus Anatolien militärisch geboten war. Nach Kriegsende wurden ihm sogar von den Briten Kriegsverbrechen gegen die Armenier vorgeworfen, weshalb er eine Zeitlang gemeinsam mit etlichen Jungtürken auf Malta interniert war. Doch letztlich wurden alle entlassen, ohne dass es zu einem Prozess kam. Aus türkischer Sicht, weil die Briten eben nichts in der Hand hatten, nach britischen Quellen, weil sie die Gefangenen gegen eigene Gefangene, die sich noch in türkischem Gewahrsam befanden, austauschen wollten.

Die Haltung Deutschlands zeigte sich zunächst nach Ende des Krieges daran, dass die meisten politischen Führer der »Freiheit und Einheit« nach der Besetzung Istanbuls durch die Briten nach Berlin flüchteten und dort auch in allen Ehren aufgenommen wurden. Unter den in Berlin gelandeten Jungtürken war auch Talaat Pascha, der Hauptverantwortliche für die Deportationen und Massaker an der armenischen Bevölkerung. Er wurde am 15. März 1921 von dem Armenier Tehlerjan in Berlin erschossen, welcher bei dem anschließenden aufsehenerregenden Prozess freigesprochen wurde, weil das Gericht ihm abnahm, dass er allein und aus persönlicher Betroffenheit gehandelt hatte. Tatsächlich gehörte Tehlerjan zu einem armenischen Kommando, das gezielt jahrelang die wichtigsten jungtürkischen Politiker als »Völkermörder« verfolgte und schließlich einen nach dem anderen erschoss. Nach Talaat wurden noch weitere führende Mitglieder der ehemaligen türkischen Regierung in Berlin erschossen. Auch Cemal Pascha, obwohl eher ein Gegner der Deportationen, wurde als Mitglied des jungtürkischen Triumvirats in Tiflis von einem armenischen Attentäter erschossen. Lediglich Enver Pascha, der letzte Kriegsherr des Osmanischen Reiches, fiel im Kampf mit bolschewistischen Truppen im zentralasiatischen Buchara.

Die Republik

Die türkische Republik entstand im Kampf gegen die alliierten Besatzungstruppen, die russisch-armenische Okkupation eines Teils Ostanatoliens und den Krieg gegen die griechische Invasion Westanatoliens. Während der Sultan als Gefangener der Alliierten zunächst einen Friedensvertrag aus dem Pariser Vorort Sèvres akzeptierte, der eine nahezu komplette Aufteilung des Reiches unter den Siegermächten vorsah und den Türken lediglich noch einen kleinen Rumpfstaat in Zentralanatolien zubilligte, begann in eben diesem Zentralanatolien bereits am Sultan vorbei der Unabhängigkeitskrieg. Reste des Heeres schlossen sich mit zunächst spontan entstandenen regionalen Unabhängigkeitsbewegungen zusammen und bildeten schließlich unter dem Kommando des erfolgreichen osmanischen Generals Mustafa Kemal ein Volksheer, das den Vertrag von Sèvres ablehnte und für einen Staat in den Grenzen der bei Abschluss des Waffenstillstandes von den Osmanen kontrollierten Gebiete eintrat. Nach erfolgreichem Kampf, zunächst gegen die Armenier im Osten, vor allem aber gegen die griechischen Invasoren im Westen, wurde dann schlussendlich 1923 in Lausanne ein neuer Friedensvertrag geschlossen, in dem die Türken zwar noch das osmanische Velajat Mossul an die Briten abtreten mussten, aber das anatolische Kernland mit Thrakien zum Bestandteil des neuen türkischen Staates erklärt wurde.

Die Vorbilder für die neuen staatlichen Institutionen suchte man in Westeuropa. Der Aufbau des Staates erfolgte nach französischem Vorbild, Zivil- und Strafrecht kopierte man von der Schweiz, Italien und Deutschland. Nachdem die Republikaner rund um Mustafa Kemal ihre Macht erst einmal konsolidiert hatten, entzündeten sie ein ganzes Feuerwerk an Reformen, mit denen die Türkei der europäischen Zivilisation angenähert werden sollte.

Es begann nur wenige Monate nach der Republikgründung im Oktober 1923 mit der Abschaffung des Kalifats. Kurz danach wurde – wie bereits geschildert – der traditionelle osmanische Fes verboten, und die türkischen Männer wurden aufgefordert, stattdessen einen modernen europäischen Hut zu tragen. Frauen mussten ihren Schleier abnehmen und sollten höchstens noch ein Kopftuch verwenden. Damit begann der Kulturkampf, in dem es vor allem darum ging, die Religion als prägende Grundlage des öffentlichen Lebens zurückzudrängen und stattdessen weltliche Regeln durchzusetzen.

Die islamischen Orden, die über Jahrhunderte im Osmanischen Reich eine herausragende Stellung gehabt hatten, wurden verboten. Dann ersetzte man 1926 die Scharia als Quelle des Rechts durch das schweizerische Zivilrecht. Mehreren wurden verboten und die rechtliche Gleichstellung der Frau eingeleitet. Bereits 1934 erhielten Frauen in der Türkei das aktive und passive Wahlrecht.

Schon 1928 wurde der Islam als Staatsreligion aus der Verfassung gestrichen, gleichzeitig ersetzte man die arabische Schrift durch lateinische Buchstaben. Mustafa Kemal persönlich engagierte sich für eine landesweite Alphabetisierungskampagne, ein neu geschaffenes Bildungsministerium begann, das Land mit einem Netz von Dorfschulen zu überziehen, mit dem erstmals auch Kinder jenseits der reichen Schichten in den Städten Zugang zu einer rudimentären Bildung bekamen.

Diese Kulturrevolution von oben ging bekanntlich nicht widerstandslos über die Bühne. Die religiösen Netzwerke mobilisierten ihre Anhänger und fanden vor allem unter Kurden, die sich durch die Republikanische Volkspartei nach dem erfolgreichen Unabhängigkeitskrieg und der anschließenden Betonung des Türkentums auch ethnisch ausgegrenzt fühlten, großen Widerhall. Bereits 1925 kam es zum ersten großen Aufstand, den der kurdische Scheich Said, ein Chef des islamischen Nakshibendiye-Ordens, anführte. Der Aufstand wurde, wie auch die folgenden bewaffneten Erhebungen der Kurden, blutig niedergeschlagen. Mustafa Kemal ließ die Armee rücksichtslos vorgehen, richtete Sondergerichtshöfe ein und ließ hunderte Todesstrafen vollstrecken.

Doch obwohl Mustafa Kemal, der 1934 den Ehrennamen »Atatürk« (was wörtlich soviel heißt wie Ahne der Türken) verliehen bekommen hatte, sein Programm der Verwestlichung des Landes teilweise mit Zwang und Gewalt durchsetzte, war er, gemessen an den damaligen Diktatoren Europas – von Hitler über Stalin bis Mussolini und Franco – fast schon ein Demokrat. Er ließ eine Opposition zwar nicht in organisierter Form zu, Widerspruch war aber möglich und Diskussionen durchaus erwünscht.

Für ihn war die Verwestlichung der Türkei auch nicht nur ein abstraktes politisches Ziel. Anders als zuvor unter den Osmanen, als es immer darum gegangen war, Elemente westlicher Kultur und Technik zu übernehmen, ohne dabei seine orientalische Seele

Oben: Atatürk-Mausoleum in Ankara
Unten: Besuch einer Schulklasse im Atatürk-Museum

zu verlieren, war Mustafa Kemal selbst Westler durch und durch. Er stammte aus Saloniki, gehörte zur westlich orientierten Bildungselite des Landes und lebte dem Volk auch demonstrativ vor, was er durch seine Reformen zu erreichen suchte. Er tanzte und trank in der Öffentlichkeit, er ließ sich in Badehose beim Schwimmen ablichten, und ständig beschäftigten Gerüchte um seine Frauengeschichten die Öffentlichkeit. Er förderte gezielt junge Frauen im Kultur- und Wissenschaftsbereich.

Außenpolitisch setzte er auf Ausgleich und Versöhnung mit den Nachbarn. Er suchte sowohl ein gutes Verhältnis zur Sowjetunion wie zu den Westmächten, vor allem bemühte er sich um eine Versöhnung mit Griechenland, um die Wunden des Krieges zu schließen, wozu auch der große Bevölkerungsaustausch gehörte. Mehr als eine Million griechischstämmiger christlicher Anatolier mussten die Westtürkei verlassen und nach Griechenland übersiedeln, im Gegenzug vertrieb man Hunderttausende Muslime aus Nordgriechenland, Kreta und den Ägäisinseln aus ihrer Heimat, um sie in der neuen türkischen Republik anzusiedeln. Ausgehend von dieser Politik des Ausgleichs und der Nichteinmischung gelang es auch seinem Nachfolger Ismet Inönü, die Türkei aus dem Zweiten Weltkrieg herauszuhalten, nachdem Mustafa Kemal im November 1938 überraschend gestorben war. Der heutige Atatürk-Kult in der Türkei entstand erst nach seinem Tod, als seine Nachfolger offenbar das Gefühl hatten, ohne seine Heroisierung und Verklärung als Übervater der Nation seine Politik, den sogenannten Kemalismus, nicht fortsetzen zu können.

Heutzutage ist der Kemalismus zu einer Art Religionsersatz für das säkulare, laizistische Lager der Türkei geworden, in der Mustafa Kemal als Prophetenersatz dient, um so Mohammed und dem Islam Paroli bieten zu können.

Deutsche Migranten in der Türkei

Für die deutsch-türkischen Beziehungen hinterließ Mustafa Kemal ein besonderes Vermächtnis. Er holte bereits in den 1920er Jahren deutsche und österreichische Wissenschaftler als Aufbauhelfer ins Land und bot dann später von den Nazis verfolgten Juden und Sozialdemokraten an, ihre Kenntnisse in den Auf- und Ausbau des türkischen Hochschulsystems zu stecken. Etliche

Lehrstühle wurden damals mit deutschen Professoren besetzt oder für sie neu geschaffen. Bereits im Juli 1933 kamen die ersten 30 Verträge mit deutschen Wissenschaftlern zustande.

Schon zuvor hatten sich die Kemalisten insbesondere für den Aufbau ihrer neuen Hauptstadt in Ankara um österreichische und deutsche Stadtplaner und Architekten bemüht. Die drei für die Einführung einer modernen Architektur wichtigsten Importe waren die Österreicher Ernst Egli, Clemens Holzmeister und der Deutsche Hermann Jansen. Ernst Egli wurde 1927 Chefarchitekt des Unterrichtsministeriums und war in dieser Funktion hauptsächlich für den Bau von Schulen, Fachhochschulen und einzelnen Fakultäten der neuen Universität in Ankara zuständig. Da er gleichzeitig eine Professur an der Hochschule für Schöne Künste in Istanbul innehatte und dort den Grundstein für eine moderne Architektenausbildung legte, gilt er als entscheidend für die Abwicklung der traditionellen osmanischen Bauweise – orientalisch verschnörkelt – und der Entwicklung einer neuen Formsprache der jungen Republik. Clemens Holzmeister war dagegen der Architekt für die spektakulären Repräsentationsbauten des neuen Staates. Er entwarf das Parlament und etliche Ministerien. Mit Hermann Jansen hatten sich die Kemalisten einen Stadtplaner geholt, der in Berlin die Gartenstädte am Stadtrand mitentwickelt hatte. Entsprechend versuchte Jansen auch für Ankara ein Gartenstadtmuster durchzusetzen, was ihm jedoch nur in einem Stadtteil gelang.

Auf die Vorarbeit dieser Pioniere aus dem Westen konnten sich dann die Emigranten beziehen. Die prominentesten Deutschen, die nach ihrer Flucht vor den Nazis Aufnahme und Anstellung in der Türkei fanden, waren der spätere Regierende Bürgermeister von Berlin, Ernst Reuter, der Architekt der Zehlendorfer Modellsiedlung »Onkel Toms Hütte«, Bruno Taut, und der Komponist Paul Hindemith. Ernst Reuter lehrte in Ankara Verwaltungsrecht und Städtebau, Hindemith holte Leute wie Eduard Zuckmayer, der die erste Musikhochschule in der Türkei mit aufbaute, nach Ankara und Bruno Taut, der einen Lehrstuhl an der Universität Istanbul bekam. Er wurde gleichzeitig Nachfolger von Ernst Egli als Chef der Bauabteilung des Unterrichtsministeriums. In dieser Eigenschaft entwarf er die Pläne für eine neue Universität in Ankara und erhielt kurz vor seinem Tod im Dezember 1938 noch den Auftrag, ein Mausoleum für Atatürk zu konzipieren. Taut starb in Ankara und wurde dort auch begraben, für die meisten anderen deutschen Emigranten blieb die Türkei dagegen eine Zwischenstation. Sie kehrten nach dem Krieg mehrheitlich zurück oder gingen von der Türkei aus in die USA.

Neben den prominenten Wissenschaftlern, die auf Einladung der türkischen Regierung ins Land kamen und dann auch gut dotierte Verträge an Universitäten oder anderen staatlichen Einrichtungen bekamen, wurde die Türkei aber auch Fluchtpunkt für Tausende weniger prominente politisch oder rassisch Verfolgte, die sich auf eigene Faust durchschlugen. In Istanbul und Ankara trafen sie auf die offizielle deutsche Community, was teilweise zu erheblichen Konflikten führte. »Kolonie B« nannten sich die Flüchtlinge in Abgrenzung zur nazi-deutschen »Kolonie A«, die sich nach 1939 stark engagierte, um die Türkei an der Seite Deutschlands in den Krieg zu ziehen. Hitlers Strategen wäre viel daran gelegen gewesen, die Ölfelder am Kaspischen Meer von der Türkei aus erobern zu können, statt erst die gesamte europäische Sowjetunion durchqueren zu müssen.

Das größte Verdienst von Ismet Inönü, dem Nachfolger Atatürks als Präsident, war es deshalb auch, die Türkei mit viel Geschick und außenpolitischem Lavieren – so stimmte er einem Freundschafts- und Nichtangriffspakt mit Deutschland zu – aus dem Krieg herauszuhalten. Erst kurz vor Schluss, Ende 1944, trat die Türkei dann noch, eher symbolisch, auf Seiten der Alliierten in den Krieg ein. Damit wurden die Deutschen in der Türkei dann automatisch zu Angehörigen des Kriegsgegners, und einige wurden deshalb noch für wenige Monate in ein Internierungslager eingewiesen.

Nach Kriegsschluss versuchte Stalin durchzusetzen, dass die Sowjetunion die Kontrolle über die Dardanellen und den Bosporus als Schifffahrtsweg zugesprochen bekommen sollte. Stalin wollte endlich den russischen Traum der vergangenen Jahrhunderte durchsetzen und sich einen freien Seeweg ins »warme Meer« verschaffen. Mit diesem Ansinnen drängte er die Türkei, die sich zwischen dem Ersten und Zweiten Weltkrieg immer neutral verhalten hatte und ein gutes Verhältnis zur Sowjetunion pflegte, in die Arme der USA. Aus Angst vor der Sowjetunion gab die Türkei ihre Neutralität zwischen den Blöcken auf und wurde bereits 1952 Mitglied der Nato.

Die moderne Türkei und der Westen

Damit begann die letzte, bis heute andauernde Phase des Annäherungsprozesses der Türkei an den Westen. Gemeinsam mit Griechenland war die Türkei bereits im August 1949 dem drei Monate zuvor in London gegründeten Europarat beigetreten. Dieser Zusammenschluss war gedacht als Einstieg in eine politische Union Europas, und so war es auch nur folgerichtig, dass die Türkei bereits 1963 ein Assoziierungsabkommen mit der damaligen EWG, dem Vorläufer der heutigen EU, abschloss. Dieses Assoziierungsabkommen wurde ebenfalls zeitgleich mit Griechenland unterschrieben, und es war klar, dass die Planer der Europäischen Union beabsichtigten, sowohl die Türkei wie auch Griechenland ungefähr gleichzeitig in den politischen und wirtschaftlichen Verbund Westeuropas zu integrieren, und zwar hauptsächlich aus politischen Gründen. Man wollte verhindern, dass einer der beiden Staaten in den Einflussbereich der Sowjetunion geraten könnte und damit die sogenannte Südostflanke Europas gefährdet würde. Mit anderen Worten, beide Länder sollten im Kalten Krieg nicht nur militärisch über die Nato, sondern auch wirtschaftlich mit dem Westen verbunden werden. In beiden Ländern drohte die Integration durch innenpolitische Wirren zu scheitern. In Griechenland putschte im April 1967 die Armee und errichtete die Diktatur der Obristen. Das Land befand sich im permanenten Ausnahmezustand, eine Umsetzung des Assoziierungsabkommens fiel praktisch aus. Die Junta in Griechenland stürzte, als sie einen Putsch auf Zypern initiierte, um die Insel zu annektieren. Um das zu verhindern, war die türkische Armee 1974 auf Zypern zum Schutz der türkischen Minderheit gelandet.

Während Griechenland sich nach der Rückkehr zu zivilen Strukturen langsam stabilisierte, rutschte die Türkei in den 1970er Jahren in immer schlimmere Turbulenzen. 1971 putschte das Militär zehn Jahre nach einem ersten Putsch zum zweiten Mal gegen eine zivile Regierung. Auch wenn das Militär sich bald darauf wieder in die Kasernen zurückzog, war eine demokratische Entwicklung doch schwer gestört. Das Land taumelte von einer Regierungskrise in die nächste, und während die Rechte weiterhin auf die USA und eine Integration in die EG setzte, wollte die Linke zurück zur Neutralitätspolitik der 1930er und 40er Jahre und eine Loslösung aus der amerikanischen Bevormundung. Vor allem der damals einflussreichste Politiker der Linken, Bülent Ecevit, misstraute den USA und Großbritannien, weil beide Regierungen ihm während der Auseinandersetzungen auf Zypern in den Rücken gefallen waren. Als die EG 1978 sowohl Griechenland als auch der Türkei den Beginn von Beitrittsverhandlungen anbot, lehnte Ecevit deshalb ab. Damit endete die synchrone Einfädelung der beiden Länder in die politische Integration Westeuropas. Griechenland wurde 1981 EU-Mitglied, während bei der Türkei nicht viel gefehlt hätte und das Land wäre auch aus der Nato ausgetreten. Um eine weitere Abkehr von den USA zu verhindern, putschte das Militär 1980 erneut und warf damit die demokratische Entwicklung des Landes um mindestens ein Jahrzehnt zurück.

Als die türkische Regierung dann Ende der 1980er Jahre auf das EG-Angebot zurückkam und nun von sich aus eine Mitgliedschaft und Beitrittsgespräche beantragte, war der Kalte Krieg vorbei, und die EG hatte kein Interesse mehr. Für die Europäische Union ging es jetzt um die Integration Osteuropas, die Südostflanke der Nato war nicht mehr relevant. Entsprechend frustrierend für die türkische Politik gestalteten sich denn auch die weiteren Annäherungsbemühungen in den 90er Jahren. Erst als die türkische Seite damit drohte, die Annäherungspolitik gänzlich abzubrechen, kam 1999 in Helsinki der Beschluss, die Türkei zum Beitrittskandidaten zu erklären. Doch auch das hätte wohl letztlich nichts daran geändert, dass der Weg der Türkei nach Westen an der Schwelle zur Europäischen Union beendet worden wäre, hätte sich die Weltpolitik nicht mit dem 11. September 2001 noch einmal gravierend verändert. Erst der Anschlag auf die Türme in New York machte die Türkei als einziges Land mit einer überwiegend islamischen Bevölkerung, das sich von sich aus zum Westen bekannte, für die EU wieder interessant.

Doch jetzt liegt das Problem nicht mehr bei einer antikapitalistisch und tendenziell antiwestlichen Bevölkerung in der Türkei wie noch in den 1970er Jahren, sondern jetzt kann die politische Klasse Westeuropas ihrer Bevölkerung nicht erklären, warum man zur Bekämpfung des »islamistischen Terrors« ein islamisches Land zum Mitglied der EU machen soll. Für die Massen ist dieser Politikansatz zu sophistisch, sie sind schlicht der Meinung: »Die gehören doch gar nicht zu uns!« Wenn diese Stimmung anhält, wird sich die Türkei außenpolitisch neu orientieren.

*Türkische Fatih Moschee mit angeschlossenem Gemeindehaus in
Essen-Katernberg*

Einwanderer – Irrwege deutscher Integrationspolitik

Die Einwanderung von Türken nach Deutschland begann in der zweiten Hälfte der 1950er Jahre. Allerdings kamen zu der Zeit vornehmlich Italiener, weil die Bundesrepublik als erstes Land mit Italien ein Anwerbeabkommen geschlossen hatte. Das änderte sich 1961. In diesem Jahr – nicht zufällig das Jahr des Mauerbaus und das Ende des Zustroms aus der DDR – schloss die damalige Bundesregierung auch ein Anwerbeabkommen mit der Türkei ab. Das bundesdeutsche Wirtschaftswunder brauchte Nachschub an billigen Arbeitskräften. Im Bergbau, in der Autoindustrie, in den Stahlwerken und in den großen Chemiewerken – überall wurden Arbeiter dringend gebraucht und in ganz Südeuropa angeworben. Die sogenannten Gastarbeiter der ersten Stunde erzählen heute noch kopfschüttelnd, wie sich damals in den Dörfern Anatoliens das Gerücht verbreitete, in diesem fernen Deutschland könne man unendlich viel Geld verdienen.

Doch der Weg dorthin war lang und schwierig. Es gab deutsche Anwerbekommissionen, die in den größeren Städten Stationen eingerichtet hatten, in denen die Leute vorsortiert und einem ersten Gesundheitscheck unterzogen wurden. Bevor jemand das Ticket zu einer Zugfahrt nach Norden bekam, musste er sich dann zumeist noch zwei weiteren gründlichen Untersuchungen stellen, um sicher zu gehen, dass die deutschen Firmen auch nur bestes »Material« anwarben. Fast alle berichten, dass die Ankunft in Deutschland für sie ein Schock war. Der Mangel an Verständigung, die völlig andere Umgebung und die Unterbringung in tristen Baracken, die zum Teil schon als Unterbringung für die Zwangsarbeiter im Dritten Reich gedient hatten, machten ein Ankommen in Deutschland nicht leicht. Aber die Männer – es waren ja ganz überwiegend Männer, die angeworben wurden – hatten den sozialen Zusammenhalt untereinander, und sie hatten ihren Arbeitsplatz.

Ihre Arbeit gehörte durchgängig zu den körperlich schwersten, am schlechtesten bezahlten und mit dem geringsten Prestige verbundenen Tätigkeiten, die in Deutschland zu vergeben waren. Eine besondere Ausbildung war zumeist unnötig, auch Sprachkenntnisse brauchte man bis auf einige rudimentäre Brocken nicht. Es genügte, einige Befehle zu verstehen und »jawohl, Meister« sagen zu können. Mehr war auch gar nicht gewollt, denn das Konzept der Anwerbung von Fremdarbeitern im südlichen Europa basierte auf dem Rotationsprinzip. Die Arbeiter sollten nach ein paar Jahren, die sie quasi wie auf Montage in Deutschland verbracht hatten, wieder zurückkehren und anderen »Gastarbeitern« Platz machen. Die Rückkehr sollte vor allem so rechtzeitig geschehen, dass die Arbeiter nicht dem deutschen Sozialsystem zur Last fielen, also krank wurden oder gar Rente beziehen wollten.

Doch das Leben hält sich oft nicht an die ausgeklügelten Pläne. Mit den Jahren begnügten sich die »Gastarbeiter« nicht mehr mit dem monotonen Wechsel zwischen Baracke und Schichtarbeit, sondern sie begannen, ihre neue Umgebung zu erkunden. Zuerst die Innenstädte und Bahnhöfe, dann kamen die ersten Kontakte zu Deutschen, die über den unmittelbaren Arbeitsplatz hinausgingen. Bekanntschaften, Freundschaften, eine eigene Wohnung folgten. Manchmal wurde aus Freundschaft Liebe, und die ersten binationalen Ehen wurden geschlossen, andere begannen, ihre Frauen und Kinder nachzuholen. Obwohl schon nach wenigen Jahren klar wurde, dass aus der gedachten Rotation längst eine Einwanderung geworden war, wurde dies von der bundesdeutschen Politik schlicht ignoriert.

Das Phänomen war in allen westeuropäischen Industrienationen das Gleiche, doch zwischen Deutschland auf der einen und Frankreich, Großbritannien und den Niederlanden auf der anderen Seite gab es einen großen Unterschied. Dort holte man sich den Arbeitskräftenachschub aus eigenen Kolonien oder ehemaligen Kolonien. Das hatte den Vorteil, dass man sich bereits ein wenig kannte und die Leute, die kamen, in der Regel auch Englisch, Französisch oder Niederländisch sprachen. Außerdem war man aufgrund seiner imperialen Vergangenheit nicht ganz so provinziell wie in Deutschland. Die Auslandserfahrungen der meisten deutschen Männer beschränkten sich in den 50er Jahren auf die Eroberungszüge der Wehrmacht, bei den Frauen auf Bekanntschaften mit Besatzungssoldaten. Die ersten schwarzen GIs wurden bestaunt wie Zirkusattraktionen. Der Faschismus war zwar durch eine Demokratie ersetzt worden, aber die Vorstellung vom deutschen Volk als ethnischer Einheit saß und sitzt oft bis heute noch in vielen Köpfen.

Wenn heute in Deutschland die mangelnde Integrationsbereitschaft der türkischen Einwanderer beklagt wird, unterschlägt man in der Regel, dass dazu auf der anderen Seite auch die Bereitschaft bestehen muss, vormals Fremde im eigenen Land aufnehmen zu wollen. Genau damit aber taten sich die Deutschen besonders schwer. Zu den überall existierenden Schwierigkeiten mit der Integration ethnischer Minderheiten kommt in Deutschland, anders als in Großbritannien oder Frankreich, oft bis heute noch ein völkisches Element hinzu.

Mit dieser Haltung sahen sich viele türkische Familien konfrontiert, als sie aus den Wohnbaracken der Anwerberfirmen auszogen, um sich selbst einen Platz in der Gesellschaft zu suchen. Nachdem 1973 die Bundesregierung einen Anwerbestopp verhängt hatte, weil mittlerweile der Bedarf an ungelernten Arbeitskräften gedeckt war, führte das zu dem wohl kaum beabsichtigten Ergebnis, dass viele Türken sich endgültig dafür entschieden, in Deutschland zu bleiben. Weil sie davon ausgehen mussten, dass sie nach einer vorübergehenden Ausreise kein Visa mehr für eine erneute Einreise nach Deutschland bekommen würden und da die Arbeitslosigkeit in den 1970er und 80er Jahren in der Türkei unverändert hoch war, versuchten viele, sich in Deutschland einzurichten. Frauen und Kinder wurden nachgeholt, das Abenteuer Einwanderung begann. Auch wenn es in der Debatte heute kaum noch vorkommt, es gab und gibt ja durchaus Erfolgsgeschichten, und der größte Teil der türkischen Einwanderer lebte völlig unauffällig und teilweise gut integriert. Das Hauptproblem der meisten Familien war und ist, dass es angesichts der strukturellen Veränderungen in der deutschen Industrie immer weniger Jobs für unqualifizierte Arbeiter gab und die Einwanderer eben zumeist keine Ausbildung hatten.

Das größte Versäumnis der damaligen Bundesrepublik war, dass nichts unternommen wurde, um den Kindern der Einwanderer eine bessere Ausbildung zu ermöglichen. Statt sie gezielt zu fördern, schob man sie in Türkenklassen oder Sonderschulen ab. Dabei wuchs die Zahl der türkischen Bevölkerung kontinuierlich – durch Familienzuzug und höheren Geburtenraten als in deutschen Familien. Auch als in den 1980er Jahren schon bald mehr als 2 Millionen Türken in Deutschland lebten, war die CDU-/CSU-/FDP-Regierung unter Helmut Kohl immer noch davon überzeugt, Deutschland sei kein Einwanderungsland.

Auch wenn das Staatsbürgerschaftsrecht, das in Deutschland nach dem Abstammungs- und nicht nach dem Geburtsortprinzip organisiert war, unter der rot-grünen Koalition 1998 endlich geändert wurde, gilt in Deutschland gefühlsmäßig immer noch: Wer nicht von deutschen Eltern geboren wurde, kann eigentlich nicht dazugehören. Diese nach 40 Jahren Einwanderung immer noch gefühlte Realität hat auf geradezu tragische Weise eine Integration der eingewanderten Türken erschwert, die in den ersten Jahrzehnten vergleichsweise einfach zu haben gewesen wäre. Die meisten Türken wollten dazugehören, doch man hat es ihnen, wo immer möglich, schwer gemacht. Da die Türken ja nach getaner Arbeit möglichst wieder zurückkehren sollten, hat man jahrelang Integration sogar aktiv verhindert. Der Aufenthaltsstatus eines »Gastarbeiters« sollte möglichst ungesichert sein, er sollte gar kein Deutsch lernen, weil er sich dann ja womöglich einleben würde und auf den Gedanken kommen könnte, bleiben zu wollen. Deshalb wurden türkische Kinder in eigenen Schulklassen zusammengefasst, damit sie muttersprachlich unterrichtet werden konnten, um jederzeit auf eine Rückkehr vorbereitet zu sein.

Noch Anfang der 1980er Jahre lobte die Regierung Kohl Rückkehrprämien aus, damit die »Gastarbeiter« endlich nach Hause gingen. Statt für eine bessere Ausbildung von

Kindern aus Migrantenfamilien in Deutschland zu sorgen, gab die CDU-/FDP-Regierung sogar Geld dafür aus, dass in der Türkei Schulen eingerichtet wurden, die sich auf die Bedürfnisse von Rückkehrerkinder einstellten und deren Reintegration in den türkischen Alltag erleichterten.

Jeder Schritt zur Integration in Deutschland musste der deutschen Bürokratie mühsam abgerungen werden. Eine längere Aufenthaltserlaubnis, Aufenthaltsberechtigung, ein eigenständiges Aufenthaltsrecht für nachgezogene Familienangehörige, alles stand und steht in der Bürokratie unter dem Generalverdacht des Missbrauchs und kann jederzeit aberkannt werden. Wie stark die Ablehnung gegen die Integration von türkischen Einwanderern bis vor wenigen Jahren noch war, konnte man am Erfolg der CDU-Kampagne gegen einen Doppelpass sehen. Während fast alle europäischen Länder inklusive der Türkei kein Problem damit haben, wenn ihre Bürger zwei Pässe besitzen, führte das in Deutschland zu einem regelrechten Aufruhr, der zeigte, wie wenig man bereit war, dem Ausländer einen deutschen Pass zu geben.

Sicher gibt es auch unter Türken – wie übrigens bei vielen Deutschen im Ausland auch – die Neigung, Geborgenheit in der eigenen Familie, in der Gruppe gleicher Herkunft und mit Leuten gleichen Glaubens zu suchen. Es mag sein, dass dieser Zug bei Türken sogar stärker ausgeprägt ist als bei Bosniern, Russen oder anderen Einwanderergruppen in Deutschland. Doch die Türken haben nun einmal das Pech, dass sie die größte Einwanderungsgruppe sind. Deshalb stehen sie stellvertretend für alle Einwanderer immer im Fokus der Problemdebatte und haben andererseits leichter als kleinere Einwanderergruppen die Möglichkeit, sich eine eigene Infrastruktur zu schaffen. Gäbe es die Türken in Deutschland nicht, hätten die Deutschen ganz sicher ein Russen-, ein Polen- oder ein Jugoslawenproblem.

Dass Kinder, die in dritter Generation aus eingewanderten türkischen Familien stammen, in Deutschland heute eine Aversion gegen ihre De-facto-Heimat entwickeln, ist nicht vorrangig die Schuld der türkischen Familien. Jemand, der erst ein paar Jahre in Deutschland lebt, mag die Schikanen bei Behörden und die oft offen zur Schau getragene Ablehnung gegen ihn hinnehmen oder sogar für normal halten. Wenn jedoch jemand, dessen Eltern schon in Berlin zur Welt gekommen sind, sich immer noch mit der Ausländerpolizei herumschlagen muss und ihm im Gespräch ein passant immer wieder, als quasi vergiftetes Kompliment der Spruch begegnet: »Sie können aber gut Deutsch«, bei dem muss man sich nicht wundern, wenn er sein Heil in der eigenen Clique sucht und einen Hass auf die deutsche Umgebung entwickelt.

Von vielen Türken wird es deshalb als besonders perfide empfunden, dass ihnen jetzt ausgerechnet Vertreter desjenigen politischen Lagers, das jahrzehntelang Integration verhindert hat, vorwerfen, sie seien integrationsunwillig. Natürlich hat sich nach 40 Jahren und mittlerweile 3 Millionen Einwanderern und ihren Kindern und Kindeskindern mittlerweile eine eigene Community entwickelt, die auch deshalb teilweise unter sich bleibt, weil sie immer noch das Gefühl hat, die Deutschen wollen sie nicht mitspielen lassen. Natürlich gibt es in dieser ethnisch abgeschotteten Gemeinschaft ein stärkeres Festhalten an traditionellen Moralvorstellungen, als dies in einer wirklich offenen, multikulturellen Gesellschaft der Fall wäre. Und natürlich wird über häusliche Gewalt, Zwangsehen und Ehrenmorde nicht offen selbstkritisch diskutiert, weil diese Community das Gefühl hat, die deutsche Gesellschaft suche nur nach Gründen, die ihre jahrzehntelange Ignoranz und Ablehnung im Nachhinein noch rechtfertigen.

Deshalb hat die deutsche Integrationsdebatte sogar zu einem besonders absurden Ergebnis geführt. Gerade diejenigen Türken, die sich am wenigsten in ihre Community zurückziehen, die es trotz aller Schwierigkeiten geschafft haben, Abitur zu machen und zu studieren, werden dafür nicht etwa in der deutschen Gesellschaft belohnt, sondern sie werden permanent mit Diskussionen über Ehrenmorde, häusliche Gewalt und islamischen Terrorismus konfrontiert und in ethnische Gruppenhaftung genommen. Die Folge davon ist, dass sie das Weite suchen. Noch nie gab es in Istanbul so viel gut ausgebildete Deutschtürken wie in den letzten Jahren. Deutsche mit türkischem Hintergrund, die nach Istanbul geflüchtet sind, weil sie sich diese Debatten nicht länger antun wollen und weil sie in Deutschland bei der Jobsuche immer noch diskriminiert werden. So schaffen es die Deutschen tatsächlich, die gut ausgebildeten Einwanderer wieder zu vergraulen, obwohl sich bereits ein Facharbeitermangel abzeichnet. Glücklicherweise gibt es aber auch einige grundsätzlich positive Entwicklungen. Auch wenn es bei der Mehrheit der Bevölkerung oft noch nicht angekommen ist, haben doch die Politiker mittlerweile realisiert, dass Deutschland ein Einwanderungsland geworden ist und wohl auch bleiben wird. Die von vielen Migranten als überkritisch empfundene Integrationsdebatte ist eben auch dem Umstand geschuldet, dass die jahrzehntelange Ignoranz nun einer Aufmerksamkeit gewichen ist, die mit deutscher Gründlichkeit das Leben der Türken erforscht. Auch administrativ wird nun durchgegriffen. Wollte man jahrelang Migranten ihrem Herkunftsland nicht entfremden, gilt nun: Jeder Einwanderer muss Deutsch lernen. Da die Bundesregierung vorschreibt, dass Familienzusammenführung nur dann stattfinden kann, wenn der ausländische Ehepartner noch vor seiner Einreise nach Deutschland im Herkunftsland Deutsch gelernt hat, wird zumindest in der Türkei gemutmaßt, dass es sich dabei eigentlich nicht um eine Integrations-, sondern um eine Abschreckungsmaßnahme handelt.

Doch auch wenn es langsam geht, letztlich wird die Macht des Faktischen sich durchsetzen. Die Einwanderung von Millionen Türken hat stattgefunden, und immer mehr Nachkommen der ersten Einwanderergeneration fordern ihr Recht. So findet man auch zunehmend Einwanderer beziehungsweise Deutsche mit Migrationshintergrund in wichtigen Positionen, in Arbeitsleben und Gesellschaft gleichermaßen. Die Mehrheit der Deutschen beginnt, das normal zu finden.

Dauerbrenner der türkischen Politik

Es sind vor allem drei Themen, die die türkische Gesellschaft und die Politik seit nunmehr 20 Jahren bestimmen. Das Kopftuch, die Kurdenfrage und die Debatte um die Zugehörigkeit des Landes zu Europa. Alle drei Themenkomplexe, egal in welcher Variation und Zusammensetzung sie diskutiert werden, berühren die Identität des Landes. Beim Kopftuch geht es symbolisch darum, wie säkular beziehungsweise islamisch die türkische Gesellschaft ist. Die Kurdenfrage ist Ausdruck für den Konflikt um eine multiethnische oder ethnisch hierarchische Gesellschaft, und in der Frage der Zugehörigkeit zur EU verdichtet sich nun die seit dem 18. Jahrhundert immer wieder gestellte Frage nach dem Selbstverständnis der Türkei, dem Land zwischen Okzident und Orient. Vor gut 20 Jahren, 1987, stellte die damalige türkische Regierung unter Turgut Özal erstmals offiziell den Antrag auf Mitgliedschaft in der damaligen EG. Im August 1984 stürmte die kurdische Arbeiterpartei PKK erstmals in einer koordinierten Aktion mehrere Polizeistationen im Südosten des Landes und begann damit ihren bewaffneten Kampf für ein unabhängiges Kurdistan, und 1989 entschied das Verfassungsgericht, dass das Tragen des Kopftuches als Ausdruck der Zugehörigkeit zum politischen Islam an Universitäten und allen anderen staatlichen Institutionen für weibliche Angestellte und Studentinnen verboten ist.

Bis heute ist es den türkischen Parteien nicht gelungen, auf diese entscheidenden Fragen des Landes befriedigende Antworten zu geben. Das liegt nicht zuletzt daran, dass die Türkei immer noch eine Demokratie unter Vorbehalt ist.

Die derzeitige politische Landschaft ist nach wie vor beeinflusst von der letzten großen Zäsur in der türkischen Politik, dem Putsch am 12. September 1980. Durch den Staatsstreich wurden das bis dahin existierende Parteienspektrum zerschlagen und die Linke nachhaltig geschwächt. Vor allem die Gewerkschaftsbewegung leidet bis heute an den Folgen. Die türkische Parteienlandschaft wurde als Ergebnis des Putsches noch wesentlich zersplitterter, als es ohnehin schon der Fall gewesen war. Wurde das konservativ-agrarische und das konservativ-bürgerliche Spektrum bis zum Putsch von der rechten Demokratischen Partei repräsentiert und die Linke von der republikanischen CHP, so gab es nach der Rückkehr der Armee in die Kasernen zwei rechte bürgerliche und zwei linke sozialdemokratische Parteien, die sich jeweils programmatisch wenig unterschieden, wegen der persönlichen Konkurrenzen ihrer Führungsfiguren aber nicht zusammenarbeiten konnten. Die Folge davon waren unstabile Koalitionsregierungen, die sich im Wesentlichen mit sich selbst beschäftigten und einer enormen Korruption in Politik und Bürokratie Vorschub leisteten. Die 1990er Jahre gelten deshalb als verlorenes Jahrzehnt, sowohl was die demokratische als auch die wirtschaftliche Entwicklung des Landes betrifft.

Der Dauerschaukampf zwischen den rechten bürgerlichen Parteien nützte auch nicht der Linken, weil die ja dasselbe Schauspiel bot, sondern führte dazu, dass stattdessen die Partei des politischen Islam immer stärker wurde und 1996 mit Necmettin Erbakan das erste Mal den Ministerpräsidenten stellte. Zwar blieb Erbakan nur wenige Monate im Amt, bis die Regierung – eine Koalition mit einer der beiden rechtsbürgerlichen Parteien – auf Druck des Militärs auseinanderflog, doch war das Ende der Regierung Erbakans keineswegs das Ende des politischen Islam in der Türkei. Trotz Parteienverbots und Gefängnisstrafen für Führungsfiguren der Bewegung, wie dem heutigen Ministerpräsidenten Tayyip Erdogan, der Ende der 1990er Jahre für ein halbes Jahr wegen islamistischer Propaganda ins Gefängnis musste, häutete sich die islamische Partei mehrfach und wurde danach jedes Mal erfolgreicher. Ein Teil der Modernisierer innerhalb der islamischen Bewegung um Erdogan und den heutigen Präsidenten Abdullah Gül spaltete sich 1999 von der orthodoxen islamischen Partei Erbakans ab und gründete die moderate, moderne Variante des heutigen politischen Islam der Türkei, die AKP. 2001, bereits ein Jahr nach ihrer Gründung, gewann die AKP fast aus dem Stand heraus die Parlamentswahlen und schickte sich 2002 bereits an, die beiden abgewirtschafteten rechtsbürgerlichen Parteien zu beerben. Dieses Ziel hat sie mit einer gemäßigten islamischen und aggressiv neoliberalen Politik zielstrebig weiterverfolgt und bei den Wahlen 2007 dann den Erfolg für ihre Politik eingestrichen. Die AKP schaffte knapp 48 Prozent und konnte über die religiösen Wähler hinaus die gesamte konservative bürgerliche Rechte hinter sich vereinen.

Dieser dynamischen Entwicklung auf der Rechten konnte die Linke nichts Entsprechendes entgegensetzen. Die gegenseitige Selbstzerfleischung endete zwar mit dem Tod von Bülent Ecevit, der jahrzehntelang die Führungsfigur der demokratischen Linken gewesen war und mit dessen Tod auch seine Partei unterging. Doch die übriggebliebene Republikanische Volkspartei, die ehemalige Partei Atatürks, die früher einmal der Motor für die Modernisierung und Verwestlichung des Landes gewesen war, retardierte mehr und mehr zu einer rückwärtsgewandten, sich immer nationalistischer gebärdenden Führerpartei, die glaubt, den Kemalismus durch einen Atatürk-Führerkult retten zu können.

Deshalb fehlt im türkischen Parlament eine linke oder auch nur linksliberale Opposition, und die parlamentarische Auseinandersetzung spielt sich lediglich zwischen der konservativ-islamischen AKP, der kemalistisch-nationalistischen CHP und der rechtsradikalen MHP ab. Das Fehlen einer demokratischen Linken vom Zuschnitt einer Sozialdemokratie deutscher oder britischer Prägung wirkt sich bei allen drei entscheidenden Fragen verheerend aus. In der Kopftuchfrage gibt es im Parlament keine Partei, die den islamischen Wertvorstellungen der AKP ein modernes, aufgeklärtes Gesellschaftsbild entgegensetzt, in dem sich die liberale und bürgerliche urbane Schicht des Landes wiederfinden könnte. Statt über individuelle Selbstbestimmung, Bildung und Zukunftsvisionen zu diskutieren, setzen die säkularen Nationalisten ihr autoritäres Weltbild aus dem letzten Jahrhundert gegen die Forderungen der Islamisten.

Für die autoritären Kemalisten innerhalb der CHP, des Militärs und weiten Teilen der Justiz, ist die AKP die personifizierte Konterrevolution, die ihnen ihre Macht im Staate streitig macht und deshalb mit allen Mitteln bekämpft werden muss. Bereits 2004 diskutierten Teile des Generalstabes, wie später enthüllt wurde, ernsthaft über einen Putsch gegen die AKP-Regierung, wurden aber durch den damaligen Generalstabschef Hilmi Özkök gestoppt. Der Konflikt eskalierte, als die AKP im Frühjahr 2007 auch nach dem Amt des Staatspräsidenten griff. Der Staatspräsident gilt in der Türkei praktisch als Nachfolger Atatürks, das Amt soll, unabhängig von der Parteipolitik, die Kontinuität der säkularen, kemalistischen Republik repräsentieren. Für die

Oben: Demonstration der Ultranationalisten unter Führung von
Rechtsanwalt Kemal Kerincsiz
Unten: Ufuk Uras, Professor an der Universität Istanbul und einziger
unabhängiger Linker im türkischen Parlament

alte Elite war deshalb ein Präsident aus dem anti-kemalistischen Lager, dessen Frau auch noch ein Kopftuch trägt und damit allein schon die Tradition der Republik verrät, noch viel undenkbarer als ein islamisch grundierter Regierungschef. Als die Amtszeit des Kemalisten Ahmet Necdet Sezer, dem vormaligen Chef des Verfassungsgerichts, im April 2007 zu Ende ging, drohte die Armeespitze mit ernsten Konsequenzen, falls die AKP weiterhin anstreben sollte, einen Mann aus ihren Reihen mit ihrer parlamentarischen Mehrheit zum Präsidenten zu wählen. Der Putschdrohung folgte eine juristische Schmierenkomödie, in der das Verfassungsgericht auf Antrag der CHP festlegte, dass für die Wahl des Präsidenten Zweidrittel der Abgeordneten anwesend sein müssten, ein Quorum, dass noch bei keiner anderen Präsidentenwahl zuvor eine Rolle gespielt hatte und durch den Auszug der Kemalisten vor jeder entsprechenden Abstimmung torpediert wurde. Die AKP wehrte diesen Angriff erfolgreich ab, indem sie das Parlament auflöste und bei den anschließenden Neuwahlen im Juli 2007, nicht zuletzt weil sie als Opfer der alten Elite dastand, einen grandiosen Erfolg errang. Die Wahl ihres Zweiten Mannes, von Außenminister Abdullah Gül, zum Präsidenten konnte dann anschließend niemand mehr verhindern.

Mit ihrem Wahlerfolg im Rücken fühlte sich die AKP nunmehr stark genug, das kemalistische Establishment erneut herauszufordern. Gemeinsam mit der rechtsradikalen MHP setzte sie im Parlament eine Verfassungsänderung durch, mit der das geltende Kopftuchverbot an den Universitäten und im öffentlichen Dienst aufgehoben werden soll. Prompte klagte die Opposition und brachte die Änderung vor das Verfassungsgericht, welches die neuen Artikel denn auch wieder kassierte. Doch damit nicht genug, holte nun der Generalstaatsanwalt, offenbar in Absprache mit dem Militär und anderen wichtigen Instanzen, zum großen Gegenschlag gegen die AKP aus. Im März 2008 stellte er beim dafür zuständigen Verfassungsgericht den Antrag, die AKP als Partei zu verbieten, weil sie zu einem »Kristallisationspunkt antilaizistischer Aktivitäten« geworden sei. Das war selbst für türkische Verhältnisse ein Novum. Zwar gehören Parteiverbote zum häufig genutzten Instrument des Staates, um vor allem kurdische oder auch islamische Aktivitäten einzuschränken und ihnen eine parlamentarische Basis zu verwehren, doch einen Verbotsantrag gegen eine Regierungspartei hatte es noch nie gegeben.

Vier Monate lang wurde erbittert um das Verbot gerungen. Für die Anhänger der AKP war der Antrag nichts anderes als ein Putschversuch mit anderen Mitteln. Statt die gewählte Regierung mit Panzern aus dem Amt zu vertreiben, solle nun die Justiz diese Aufgaben übernehmen. Ihre Gegner, vornehmlich innerhalb der CHP, sahen in einem Verbot dagegen die letzte Chance, die säkulare Republik vor dem drohenden Gottesstaat zu retten. Einer ihrer wichtigsten Ideologen, Onur Öymen, wagte gar einen Vergleich mit dem faschistischen Deutschland und entgegnete den Leuten, die in dem Verbot ein undemokratisches Vorgehen sahen, Hitler sei ja schließlich auch durch Wahlen an die Macht gekommen. Der größte Teil der Bevölkerung, auch solche, die der AKP ablehnend gegenüber stehen, kritisierte dagegen das Vorgehen der Justiz. Das werfe die Demokratie in der Türkei generell zurück und löse im Übrigen auch keines der Probleme, da die AKP sich im Falle eines Verbots unter neuem Namen wieder neu gründen würde. Die Auseinandersetzung um Laizismus, Religion und die damit verbundenen unterschiedlichen Lebensstile müsse im Parlament geführt und an der Wahlurne entschieden werden. Dies war auch die Position der EU. Im Falle eines Verbots der AKP drohte Brüssel damit, die Beitrittsgespräche auf Eis zu legen.

Schließlich fällte das Verfassungsgericht Ende Juli 2008 ein salomonisches Urteil. Zehn der elf Verfassungsrichter befanden die AKP zwar durchaus für schuldig, gegen das Laizismusgebot der Verfassung zu verstoßen, allerdings nicht so massiv, dass ein Verbot gerechtfertigt wäre. Die Partei wurde verwarnt, der Verbotsantrag aber knapp mit einer Stimme Mehrheit abgelehnt. Gelbe Karte für Ministerpräsident Erdogan, kommentierten die meisten Zeitungen.

Mit dem Urteil des Verfassungsgerichts ist der Dauerkonflikt um die Identität des Landes natürlich nicht gelöst. Er ist nunmehr zurückgegeben in die zivilgesellschaftliche Auseinandersetzung zwischen den Menschen im Alltag. Die Debatte wann und wo das Kopftuch getragen werden darf, wird zukünftig in konkreten Situationen geklärt werden müssen. Dasselbe gilt für die Versuche islamistisch kontrollierter Stadtverwaltungen, den Anderen ihren Lebensstil aufzuzwingen, indem sie Alkohol verbieten und öffentliche Räume für Männer und Frauen trennen wollen. Diese Auseinandersetzung wird die kommenden Jahrzehnte weiter bestimmen, doch was die Türkei zu einem Modellfall machen könnte, ist der Umstand, dass dieser Konflikt zukünftig demokratisch und im zivilgesellschaftlichen Rahmen ausgetragen wird.

Die Versuche, den politischen Islam, auch in seiner moderaten AKP-Variante, autoritär durch militärischen Druck oder über die mehrheitlich nach wie vor von den alten Eliten kontrollierte Justiz zu lösen, dürften mit dem Urteil des Verfassungsgerichts auf absehbare Zeit vorbei sein. Um die stupende Konfrontation zwischen der AKP auf der einen und den nationalistischen Kemalisten auf der anderen Seite auch politisch aufzulösen, fehlt aber eben immer noch eine moderne, etwa sozialdemokratische Partei, die den konservativen Lagern ein modernes, am Individuum orientiertes Menschenbild entgegensetzt. Nur eine solche Partei, auf die viele Menschen in der Türkei warten, wäre letztlich in der Lage, einer religiös motivierten Politik die Alternative einer modernen demokratischen Gesellschaft entgegen zu stellen.

Die Kurden

Schlimmer noch als in der Kopftuchfrage wirkt sich das Fehlen einer linken Partei im Konflikt mit der kurdischen Minderheit aus. Es gab bis zur Wahl 2007 im türkischen Parlament keine politische Kraft, die für das Recht der Kurden auf eine eigene Kultur Verständnis hat. Im Gegenteil, jede Regung kurdischen Selbstverständnisses wurde jahrzehntelang fast schon im Reflex als Angriff auf die Einheit der Nation verstanden und entsprechend brutal geahndet. Hinzu kommt, dass nach offizieller Doktrin zwar alle Einwohner des Landes sich glücklich schätzen können, Türken zu sein, doch im Alltag werden Kurden sehr wohl als Kurden identifiziert und als Menschen zweiter Klasse behandelt. Was in Deutschland der Türke, ist in der Türkei der Kurde: Er ist arm, hat, wenn überhaupt, die schlechtesten Jobs und genießt das niedrigste Sozialprestige. Keine gutbürgerliche Istanbuler Familie würde ihre Tochter mit einem Kurden verheiraten.

Es war deshalb kein Wunder, dass Mitte der 80er Jahre wieder eine kurdische Organisation zu den Waffen griff, um für einen eigenen Staat zu kämpfen. Dieses Mal nicht mehr wie in der Anfangszeit der Republik im Namen des Islam, sondern im Namen von Karl Marx. Die PKK, übersetzt die Kurdische Arbeiterpartei, war zumindest in den ersten Jahren eine marxistische Organisation, die nicht nur gegen die türkische Armee, sondern auch gegen die kurdischen Feudalherren kämpfte.

Der türkische Staat antwortete auf diesen Aufstand ausschließlich militärisch. Die »Terrororganisation« PKK und ihre Anhänger sollten mit Gewalt beseitigt beziehungsweise zur Aufgabe gezwungen werden. Kein führender türkischer Politiker startete in den letzten 20 Jahren eine ernsthafte politische Initiative, um die Kämpfe zu beenden und die Lage der Kurden in der Türkei substanziell zu verbessern. Es halten sich zwar bis heute hartnäckige Gerüchte, dass der damalige Präsident Turgut Özal Anfang der 1990er Jahre eine Friedensinitiative vorbereitet hatte, doch der starb völlig überraschend an einem Herzinfarkt und kam deshalb nicht mehr dazu, diese Pläne in der Praxis zu erproben. Seine Nachfolgerin Tansu Ciller überließ das Feld nicht nur dem Militär, sondern in ihrer Regierungszeit entstanden auch die geheimen, staatlich sanktionierten Todesschwadronen, die angebliche Staatsfeinde – vor allem kurdische Politiker oder Sympathisanten der PKK – ermordeten und die dem Land bis heute schwer zu schaffen machen. Auch in der außerparlamentarischen türkischen Linken wird über eine Lösung der Kurdenfrage kontrovers diskutiert. Während die einen kurdische Forderungen nach eigenen kulturellen Rechten und einem Autonomiestatus unterstützen, sind die anderen der Meinung, nur eine Verbesserung der demokratischen Verhältnisse insgesamt und eine Stärkung der individuellen Rechte jedes einzelnen Bürgers der Türkei könne auch die Situation der Kurden verbessern. Man müsse deshalb gemeinsam für demokratische Rechte kämpfen.

Doch für diese Leute gibt es auf kurdischer Seite mittlerweile kaum noch Partner. Die PKK hat sich längst von einer ehemals marxistischen Organisation zu einer streng nationalistischen kurdischen Truppe gewandelt, die um ihren Führer Abdullah Öcalan einen bizarren Personenkult entfaltet hat und jede Kooperation mit der türkischen Linken ablehnt. Sie hat deshalb Versuche innerhalb der legalen kurdischen Parteien, mit anderen türkischen Organisationen zusammenzuarbeiten, sogar massiv bekämpft. Seit die PKK nach der Festnahme Öcalans 1999 überwiegend aus dem Nordirak heraus agiert, hat sie auch immer mal wieder versucht, sich als Organisation für die Befreiung aller Kurden darzustellen, also auch für die Kurden im Irak, im Iran und in Syrien. Sowenig es in der türkischen Politik bisher gelungen ist, eine überzeugende zivile Antwort auf die Kurdenfrage zu finden, sowenig gelingt es den Kurden in der Türkei, eine Partei auf die Beine zu bringen, die sich von der PKK emanzipiert und als Verhandlungspartner für die türkische Regierung akzeptabel wäre.

Der bewaffnete Kampf der PKK und vor allem die Reaktion der verschiedenen türkischen Regierungen und des Militärs in den letzten 20 Jahren haben dem Land unglaublich geschadet. Weite Teile des Südostens der Türkei sind verwüstet. Die Brutalität, mit der beide Seiten gegen die Zivilbevölkerung vorgegangen sind, hat dazu geführt, dass über 3000 Dörfer verlassen wurden, die Viehzucht praktisch nicht mehr existiert und die Leute heute in den Slums der Großstädte leben. Über 35 000 Menschen, überwiegend Kurden, sind in dem angeblichen »Krieg gegen den Terror« getötet worden. Dabei sind Milliarden von Euro verbrannt worden, die all die Jahre im Bildungs- und Sozialbereich gefehlt haben. Die konstanten Menschenrechtsverletzungen, angefangen von verdeckten Morden über Folter und Misshandlungen in Gefängnissen bis hin zu massiven Einschränkung der Meinungsfreiheit, sind alles Folgekosten dieses Krieges.

Der wirtschaftliche Aufschwung der Türkei von 2001 bis 2006, die Demokratisierung und die Verbesserung der Menschenrechtslage sind in erster Linie darauf zurückzuführen, dass nach der Verhaftung Öcalans die Waffen in dieser Zeit schwiegen. Erst in zweiter Linie hat die Annäherung an die EU zur Verbesserung der Lage beigetragen. Entsprechend dramatisch verschlechterte sich die Situation in der Türkei auch wieder, als die PKK Ende 2005 erneut anfing zu bomben und sich mit Attentaten auf Polizei und Militär im Osten und Anschlägen in den Großstädten im Westen zurückmeldete. Diese neuerliche bewaffnete Offensive der kurdischen Separatisten hat mehrere Ursachen. Der wichtigste Grund ist, dass nach wie vor keine wirkliche politische Lösung des Konfliktes in Sicht ist. Trotz einiger Konzessionen, wie die Zulassung kurdischer Radioprogramme und kurdischer Musik und eine weitgehende Akzeptanz der kurdischen Sprache im Alltag, blieben die Reformen bislang Stückwerk. Schulunterricht in kurdischer Sprache ist nach wie vor verboten, lediglich private Sprachkurse als Freizeitvergnügen wurden erlaubt.

Am auffälligsten ist die Unzulänglichkeit der Reformen beim Thema kurdisches Fernsehen. Nach langem Hin und Her wurde beschlossen, dass das staatliche Fernsehen TRT fünf Stunden in

Oben: Bewaffneter Dorfwächter im Kurdengebiet von Hakkari
Unten: Kurdisches Bergdorf ohne Anschluss an die moderne Infra-
struktur

der Woche ein Programm in kurdischer Sprache anbietet. In diesen Sendungen geht es dann hauptsächlich um Folklore und Heimatfilme. Aktuelle politische Fragen werden nicht behandelt. Das führt dazu, dass fast ausnahmslos alle Kurden in der Türkei das von einer PKK-nahen Organisation im europäischen Ausland zusammengestellte und via Satellit in die Türkei übertragene »Freiheitsprogramm« Roj-TV anschauen. Selbst PKK-kritische Kurden schauen mangels Alternative dieses Programm, das zur Zeit von Dänemark aus gesendet wird. Die dänische Regierung hat sich bislang geweigert, türkischem Drängen nach Schließung des »Terroristensenders« nachzukommen. Dabei gäbe es für die türkische Regierung ein leichtes Mittel, Öcalan von den Bildschirmen in türkischen Haushalten zu verdrängen. Sie bräuchte nur ein in der Türkei produziertes kurdisches Vollprogramm zuzulassen, so dass die Leute eine Alternative zum PKK-Fernsehen hätten. Doch das geht den Hardlinern in Ankara zu weit.

Inzwischen ist es allerdings fraglich geworden, ob die Konflikte noch mit kulturellen Zugeständnissen zu lösen sind oder nicht längst über echte politische Mitbestimmung geredet werden müsste. Eine Chance dazu böte seit den Wahlen im Sommer 2007 sogar das Parlament. Erstmals in der Geschichte der Republik gelang es im Juli 2007 der pro-kurdischen Partei DTP, genügend Abgeordnete in das nationale Parlament zu entsenden, um eine eigene Fraktion bilden zu können. Doch weil diese Fraktion es ablehnt, sich öffentlich von der PKK zu distanzieren, wird sie von allen anderen Parteien geschnitten. Zwar wäre es tatsächlich wünschenswert, dass die DTP sich von der PKK emanzipierte und zu einer eigenständigen zivilen politischen Vertretung der Kurden würde, doch das bräuchte Zeit und einige politische Erfolge. Die ultimative Forderung, sich zuallererst vom »kurdischen Terror« zu distanzieren, verhindert bislang eine Politik der kleinen Schritte. Dabei entsteht mit dem kurdischen De-facto-Staat im Nordirak für die türkische Politik eine ganz neue Lage, die für den Zusammenhalt des Landes wesentlich bedrohlicher werden könnte, als es die PKK je war. Wenn die türkische Politik die kurdische Minderheit weiterhin vernachlässigt und als Menschen zweiter Klasse behandelt, werden diese ihre Hoffnungen an das autonome Kurdistan im Nordirak knüpfen. Was mit einer politisch eher wirren Guerilla begann, könnte dann zu einer echten Sezessionsbewegung werden.

Pressekonferenz im Garten der Residenz des türkischen Ministerprä-
sidenten Erdogan während des Antrittsbesuchs von Bundeskanzlerin
Angela Merkel in Istanbul (Oktober 2006)

Die Türkei und die EU

Anfang 2008 war das Verhältnis der Türkei zur EU nach einer
Phase intensiver Annäherung in den Jahren 2002 bis 2005 mal
wieder auf einem Tiefpunkt angelangt. Die Beitrittsverhandlungen
stagnierten seit gut einem Jahr und weder die türkische Regierung
noch die entscheidenden EU-Länder taten etwas dafür, damit der
Beitrittsprozess wieder in Gang kam. Auf türkischer Seite waren
dafür zum einen ein turbulentes Jahr 2007, in dem sowohl Par-
laments- als auch Präsidentschaftswahlen stattfanden, als auch
eine ganz allgemeine zunehmende Frustration gegenüber der EU
verantwortlich. Die türkische Regierung, aber auch die Öffentlichkeit im Allgemeinen, interpretierten die Entwicklung innerhalb der EU als einen Prozess zunehmender Ablehnung einer türkischen Mitgliedschaft und reagierten entsprechend verschnupft.
Erwartungen der EU-Kommission wurden deshalb ignoriert, Forderungen aus Brüssel nach bestimmten Reformen, wie beispielsweise endlich die Meinungsfreiheit auch bei sogenannten Tabuthemen zuzulassen, liefen ins Leere. Ein berüchtigter Paragraph
im Strafrecht, nach dem die »Beleidigung des Türkentums« mit
Gefängnis bestraft werden kann, wurde trotz massiven Drucks
aus Brüssel nicht abgeschafft, obwohl verschiedene Anklagen –

wie die gegen den Literaturnobelpreisträger Orhan Pamuk und andere Schriftsteller – die Türkei weltweit in Verruf brachten.

Die anfängliche EU-Begeisterung in den Jahren, nachdem die EU zugestimmt hatte, jetzt wirklich mit Beitrittsverhandlungen zu beginnen, ist in der Türkei einer zunehmenden Verbitterung gewichen. Man hat den Eindruck, dass nur wenige Jahre nach Verhandlungsbeginn wichtige EU-Länder von ihren Versprechungen offenbar nichts mehr wissen wollen. Das gilt vor allem für Deutschland und Frankreich. Deutschland hat in der Frage, ob die Türkei Mitglied der EU werden soll oder eben nicht, seit mehr als 20 Jahren eine Schlüsselrolle gespielt. Als in den 1960er Jahren die Assoziierungsabkommen zwischen der damaligen EWG und der Türkei abgeschlossen wurden, gehörten CDU-geführte Regierungen zu den eifrigsten Befürwortern einer türkischen EU-Mitgliedschaft. Das änderte sich mit der Regierung Kohl, die sich zunächst nicht festlegen wollte und Mitte der 1990er Jahre dann dagegen votierte. Die Folge war, dass die Türkei bei der großen Erweiterungsrunde um die osteuropäischen Staaten nicht berücksichtigt wurde und deshalb schon einmal damit drohte, ihre Verbindungen zur EU zu kappen. Erst mit dem Amtsantritt der Regierung Schröder gab es einen Neuanfang.

Rot-Grün holte die Türkei zurück ins Boot, und Schröder sorgte entscheidend mit dafür, dass die EU die Türkei 1999 in Helsinki zum offiziellen Kandidaten erklärte. Nach den Terroranschlägen vom 11. September 2001 wurde Gerhard Schröder dann mit Unterstützung des britischen Premiers Tony Blair zum eigentlichen Vorkämpfer für die Aufnahme förmlicher Beitrittsgespräche. Schröder und Blair überzeugten auch den eher zögerlichen französischen Präsidenten Chirac, so dass es dann im Herbst 2004 tatsächlich zu dem förmlichen Beschluss der EU kam, mit der Türkei über einen Beitritt zu verhandeln. Als Konzession an die Länder, die einem Türkei-Beitritt skeptisch gegenüberstanden, wurde festgelegt, dass die Verhandlungen »ergebnisoffen« geführt werden, die Verhandlungen also mehr sein sollten als nur noch die Umsetzung technischer Fragen, wie es bis dahin bei allen anderen Beitrittskandidaten immer der Fall gewesen war.

Doch schon ein Jahr später war die feierliche EU-Erklärung kaum noch das Papier wert, auf dem sie gedruckt worden war. Das politische Umfeld in Europa hatte sich gründlich verändert. Der Türkei-Befürworter Schröder war von Angela Merkel abgelöst worden, Franzosen und Niederländer hatten sich gegen eine EU-Verfassung ausgesprochen, angeblich auch deshalb, weil sie Angst vor einer türkisierten EU hätten.

In Frankreich ist deshalb fast die gesamte politische Klasse von einer Integration der Türkei in die EU abgerückt, der neue Präsident Nicolas Sarkozy mobilisiert ganz offen gegen eine türkische Mitgliedschaft. Was die türkische Regierung zunehmend verunsichert, sind jedoch nicht so sehr taktische Machtspiele in Wahlkämpfen oder Koalitionen, sondern die immer offeneren Aversionen gegen das »islamische Land« oder die »islamische Regierung«. Wenn eine EU-Mitgliedschaft der Türkei endgültig scheitern sollte, dann nicht daran, dass das Land doch angeblich geografisch gar nicht zu Europa gehört oder mit seinen in zehn Jahren vermutlich 90 Millionen Einwohnern die Machtbalance innerhalb der EU völlig verändern würde, sondern weil eine Integration an der religiösen Renaissance auf beiden Seiten scheitert. Angesichts der immer hysterischer werdenden Islamdebatte in Europa fragt man sich in Ankara mehr und mehr, ob man wirklich eine Mitgliedschaft in diesem »Christenclub« anstreben soll, und tatsächlich könnte die Türkei nicht in ein politisches Gebilde integriert werden, wenn dieses sich selbst über seine christlichen Wurzeln und in Abgrenzung zum Islam definiert. Zwar ist diese Diskussion innerhalb der EU noch im Fluss, aber die Tendenz geht eher in Richtung Abgrenzung.

Das Militär

Eines der größten innertürkischen Probleme auf dem Weg zu einem EU-kompatiblen Land ist die Rolle des Militärs. Das Militär ist seit Gründung der Republik, die im Unabhängigkeitskampf gegen Besatzer und Invasoren entstanden war, bis heute ein entscheidender Faktor in der türkischen Politik. Das Primat der Politik gegenüber dem Militär, im Demokratieverständnis der EU eine Grundvoraussetzung des politischen Systems, ist in der Türkei immer noch nicht selbstverständlich. Das hat mit der Geschichte des Landes zu tun, mit den unsicheren Grenzen und mit der teilweise unrühmlichen Rolle, die die zivile Politik immer wieder gespielt hat. Angesichts der vielfachen Turbulenzen in den bald 100 Jahren Republikgeschichte, die nur selten von »Good Governance« geprägt war, versteht sich das Militär als letzten Garanten für die Einheit und Unteilbarkeit des Landes und die Aufrechterhaltung der verfassungsrechtlich festgelegten Trennung von Staat und Religion beziehungsweise der staatlichen Kontrolle der Religion. Dieses Selbstverständnis der Offiziere korrespondiert mit der Erwartung und Wahrnehmung der Bevölkerung. Die Armee ist der Stabilitätsfaktor des Landes schlechthin. Bei allen Umfragen, in denen das Vertrauen der Bevölkerung in die Institutionen des Landes abgefragt wurde, erreicht die Armee regelmäßig die höchsten Werte. Über 75 Prozent der Bevölkerung trauen der Armee und dem Generalstab und gehen implizit davon aus, dass, falls in der Politik alles schiefläuft, die Armee immer noch bereitsteht.

Dass die türkische Armee seit der Einführung des Mehrparteiensystems 1950 bereits dreimal geputscht hat und sich auch 2007 noch massiv in den Präsidentschaftswahlkampf einmischte, ist deshalb nicht nur Ausdruck des Machtwillens der Generäle, sondern entspricht auch den Erwartungen eines großen Teils der Bevölkerung. Die Apologeten des türkischen Militärs weisen zu Recht darauf hin, dass es in dieser Armee keinen Hang zu einem Napoleon gibt und auch kein Franco oder Pinochet die Macht übernommen hat. Die Armee ist ein Kollektiv, das sich an seine eigenen Regeln hält. Generalstabschefs treten genau nach Abschluss ihrer Dienstzeit zurück, und wenn sie Politik machen wollen, gehen sie anschließend als Zivilist in eine Partei. Die Putsche dienten alle dazu, das Land auf einem säkularen, prowestlichen beziehungsweise pro-Nato-Kurs zu halten, und dies – wenn notwendig – auch mit massiver Gewalt durchzusetzen. War dieses Ziel erreicht, sicherten die Generäle ihr Vermächtnis mit einer neuen Verfassung und zogen sich in die Kasernen zurück. Der erste Putsch 1960 geschah in einer ähnlichen politischen Gemengelage wie der heutigen. Die rechtskonservative Regierung Adnan Menderes wollte bereits damals den Kemalismus samt dem wirtschaftlichen Etatismus der großen Staatsbetriebe entsorgen und einen Kapitalismus mit islamischer Verbrämung einführen. Der Putsch gegen Menderes gilt deshalb als linker Putsch, der dem Land tatsächlich anschließend die freiheitlichste Verfassung bescherte, die die Türkei bis heute hatte. Der Putsch von 1971 war eine gewaltlose Intervention, die sich gegen die Unfähigkeit der politischen Klasse, eine stabile Regierung zu bilden, richtete – er war eher ein Wink mit dem Zaunpfahl, es gab weniger Verhaf-

Militärisches Wachwechsel-Zeremoniell vor dem Dolmabahce-Palast in Istanbul

tungen als 1960 und auch keine Todesurteile. Der Putsch änderte denn auch wenig am politischen Chaos der 70er Jahre, das dann gegen Ende des Jahrzehnts in bewaffneten Auseinandersetzungen zwischen einer starken revolutionären Linken und faschistischen Gruppen endete und täglich etliche Todesopfer forderte. Gegen die Straßenkämpfe, die damals in allen großen Städten des Landes tobten, erwiesen sich sowohl die Regierung wie auch die Polizei als weitgehend machtlos, so dass tatsächlich wiederum eine breite Bevölkerungsmehrheit aufatmete, als die Generäle die Panzer rollen ließen, um dem Quasi-Bürgerkrieg ein Ende zu bereiten.

Der Putsch vom 12. September 1980 war dann allerdings wesentlich mehr als eine kurzfristige Kurskorrektur. Er führte zu einer fast vier Jahre andauernden Militärherrschaft, die danach noch in die Zeit der zivilen Regierungen verlängert wurde, weil der damalige Generalstabschef und Putschistenführer Kenan Evren, der heute immer noch ein geruhsames Rentnerleben in einer Villa am Mittelmeer führt, sich anschließend noch für fünf Jahre zum Präsidenten wählen ließ. Ziel des Putsches war die Zerschlagung der breiten außerparlamentarischen linken Bewegung, einschließlich der Gewerkschaften. Entsprechend dieser Vorgaben wurden nicht nur einige führende Parteipolitiker interniert, sondern Zehntausende Gewerkschafter, Studenten und Arbeiter verhaftet und jahrelang unter brutalsten Bedingungen weggesperrt. Beschwerden über unmenschliche Haftbedingungen begegnete Evren mit dem Spruch: »Sollen wir diese Verräter etwa noch gut füttern?« Es kam zu Todesurteilen, von denen anfangs auch 52 vollstreckt wurden, Mammutprozessen mit Hunderten Angeklagten und einer breiten Fluchtbewegung türkischer Intellektueller nach Westeuropa. Viele von ihnen kamen nach Deutschland, doch die Wenigsten wurden dort glücklich. Es gab keine wirkliche Verbindung zu den Arbeitsmigranten, die in den 1960er und 70er Jahren nach Deutschland eingewandert waren, und nur wenige von ihnen wurden in Deutschland politisch heimisch. Anfang der 1990er Jahre gingen die meisten zurück in die Türkei.

Um die Linke zurückzudrängen, schufen die Generäle damals die Basis für die Renaissance des politischen Islam in der Türkei. Religionsunterricht an den Schulen wurde zum Pflichtfach, und die Imam-Hatip-Schulen zur Ausbildung von Imamen erhielten massive Förderungen. Während jeder linke Verein unterdrückt und verfolgt wurde, konnte sich die islamistische Jugendbewegung, zu der damals auch der heutige Ministerpräsident Tayyip Erdogan gehört, ungehindert ausbreiten. Evren ließ 1981 eine Verfassung schreiben, die viele demokratische Rechte unter Vorbehalt des Staates stellte – insbesondere Gewerkschaftsrechte –, und ließ den Einfluss des Militärs durch die Festschreibung des Sicherheitsrates (MGK) in der Verfassung auch rechtlich zementieren.

Die bis heute anhaltende Schwäche der Linken ist die eine verheerende Langzeitwirkung des Putsches. Die andere liegt im Erstarken des politischen Islam. Nach dem Motto: »Die Geister, die sie einst riefen, werden sie nun nicht mehr los«, wird der politische Einfluss des Militärs heute nicht von der Linken bekämpft, sondern von der islamistischen Rechten. Nicht eine breite demokratische linke Bewegung weist die Militärs in die Schranken, sondern die islamisch grundierte AKP von Ministerpräsident Erdogan. Das türkische Drama derzeit ist, dass die konservative islamische Rechte zwar stark genug ist, den autoritären Anspruch des Militärs und der alten kemalistischen Elite innerhalb der Bürokratie zurückzuweisen, die demokratische Linke aber viel zu schwach ist, um gleichzeitig echte individuelle Freiheitsrechte durchzusetzen. Die Hoffnung, dass diese Aufgabe auch die AKP übernehmen würde – und es sei auch nur, um für einen EU-Beitritt punkten zu können –, erweist sich immer mehr als trügerisch.

Christen in der Türkei

Wenn heute irgendwo in Deutschland eine neue Moschee gebaut wird, taucht über kurz oder lang die Frage auf: Warum dürfen die Muslime eigentlich hier Moscheen bauen, wenn man doch in der Türkei keine Kirchen bauen darf? Gegner von Moscheebauten erzielen in Bürgerversammlungen mit dieser Frage immer große Erfolge, denn der Appell an den Gleichheitsgrundsatz erscheint einleuchtend. Aber stimmt es überhaupt? Dürfen in der Türkei keine Kirchen gebaut werden?

Was die wenigsten Diskutanten in solchen Veranstaltungen wissen oder aber wohlweislich verschweigen, ist: Es gibt in der Türkei weit mehr Kirchen als Christen, die sie füllen könnten. Für neue Kirchen gibt es in der Regel überhaupt keinen Bedarf, von einigen speziellen Ausnahmefällen abgesehen. Die meisten Kirchen in der Türkei gehören entweder der griechisch-orthodoxen oder der armenischen Gemeinde. Im Südosten der Türkei gibt es darüber hinaus noch Kirchen und Klöster der assyrischen Christen, eine uralte orthodoxe Gemeinde, die als Liturgiesprache immer noch Aramäisch, also die Sprache Jesu, verwendet.

Vor allem in Istanbul und Izmir gibt es darüber hinaus katholische Kirchen, die entweder zur italienischen oder französischen Community gehören, und evangelische Gemeinden, die ursprünglich zur deutschen Botschaft gehörten. Diese Kirchen werden bis heute ganz überwiegend von Angehörigen dieser Nationen, die vorübergehend oder auf Dauer in der Türkei leben, besucht, und reichen von ihrer Kapazität völlig aus.

Einen Bedarf für neue Kirchen gibt es bei zwei Gruppen. Das sind zum einen Rentner aus den westlichen EU-Staaten – Deutsche gehören dabei zur stärksten Gruppe –, die ihren Lebensabend am sonnigen Mittelmeer verbringen und in den letzten 15 Jahren besonders in Antalya und Alanya so große Gemeinden gebildet haben, dass dort der Ruf nach der Errichtung neuer christlicher Kirchen laut geworden ist.

Die letzte und gleichzeitig problematischste Gruppe sind sogenannte freikirchliche, evangelikale Gemeinden, meist aus den USA oder aus Korea, die in der Türkei christliche Mission betreiben wollen und gemeinsam mit muslimischen Konvertiten dann neue Gemeinden gründen. Offiziell ist Missionieren in der Türkei nicht verboten – man ist ja ein laizistischer Staat, und der Islam ist in der Theorie nur eine Religion unter anderen –, tatsächlich sind diese Missionare jedoch größten Schwierigkeiten ausgesetzt. Das hat zwei Gründe: Konvertieren gilt im Islam als Todsünde. Auch wenn das in der Türkei rechtlich keine Rolle spielt, ist der Abfall vom Islam unter Muslimen doch absolut verpönt. Konvertiten gelten als Verräter. In der Türkei kommt hinzu, dass Missionare insbesondere innerhalb der türkischen Rechten und selbst bei den linksnationalistischen Kemalisten als Feinde von außen angesehen werden, die spionieren und das Land spalten wollen.

Das geht zurück auf die Rolle, die Missionare teilweise in der Schlussphase des Osmanischen Reiches gespielt haben, als Aufstände der christlichen Untertanen zum Untergang des Imperiums entscheidend beitrugen. Diese geschichtliche Erfahrung lässt sich noch heute leicht von nationalistischen Gruppen instrumen-

Das Kloster auf Heybeli Ada, einer der Prinzeninseln vor Istanbul

talisieren. Traurigstes Beispiel dafür war die Ermordung von drei Mitarbeitern eines Bibelverlages im anatolischen Malatya im Frühjahr 2007, wo vier aufgehetzte nationalistische Jugendliche einen deutschen Missionar und zwei türkische Konvertiten brutal ermordeten. Diese Freikirchen sind aber auch die einzigen, die in der Türkei missionieren. Wenn es hochkommt, haben sie vielleicht 10 000 Mitglieder. Die griechische und die armenische Kirche lehnen muslimische Konvertiten strikt ab. Auch die offiziellen katholischen und evangelischen Gemeinden kümmern sich im Wesentlichen um ihre eigenen Leute.

Die Frage, darf man in der Türkei eine Kirche bauen, ist deshalb nicht so einfach mit Ja oder Nein zu beantworten. Im Prinzip ja, im konkreten Fall gibt es aber viele Schwierigkeiten, die sich bei den einzelnen christlichen Glaubensgemeinschaften stark unterscheiden.

Die traditionellen christlichen Kirchen in der Türkei, die griechisch-orthodoxe und die armenische Kirche, sind durch den Friedensvertrag von Lausanne (1923) anerkannte christliche Minderheiten. Als dieser Friedensvertrag geschlossen wurde, standen Griechen und Armenier allerdings vor den Trümmern des Krieges beziehungsweise der Massenmorde an den Armeniern von 1915 bis 1918. Von den einstmals 1,5 Millionen Armeniern waren nur noch rund 200 000 in Istanbul und Izmir übrig geblieben. Armenischer Besitz inklusive vieler armenischer Kirchen war beschlagnahmt worden. Durch Auswanderung ist die armenische Gemeinde in der Türkei bis heute auf rund 80 000 Mitglieder geschrumpft. Ihr Immobilienbesitz ist in einer Stiftung zusammengefasst, über die die armenischen Gemeinden nur in Absprache mit staatlichen Stellen verfügen können. Ihre Alltagsprobleme sind der Erhalt ihrer Kirchen trotz schrumpfender Gemeinden und der Kampf gegen die Verstaatlichung kirchlichen Eigentums, weil es ja angeblich mangels Mitgliedern nicht mehr gebraucht wird.

Die Situation der griechisch-orthodoxen Gemeinden ist ähnlich kritisch wie die der Armenier – sie werden aber von außerhalb der Türkei stärker unterstützt. Für die orthodoxe Kirche ist Istanbul, das für sie immer noch Konstantinopel heißt, nach wie vor das Zentrum ihrer Kirche und der Patriarch von Konstantinopel stellt das spirituelle Oberhaupt der gesamten Orthodoxie dar. Als Papst Benedikt XVI. im Herbst 2006 die Türkei besuchte, traf er sich in Istanbul auch mit dem Patriarchen Bartholomäus I., um auf höchster Ebene über eine Annäherung von orthodoxer und katholischer Kirche zu reden. Dieser internationalen Relevanz des orthodoxen Patriarchats steht in der Praxis eine immer kleiner werdende Gruppe griechisch-orthodoxer Christen in der Türkei gegenüber. Da nach dem griechisch-türkischen Krieg von 1920 bis 1922 ein Bevölkerungsaustausch zwischen den Griechen in Anatolien und den Türken in Griechenland stattfand, von dem auf türkischer Seite nur Istanbul ausgenommen war, ist das griechische Leben seitdem auf die ehemalige Hauptstadt und ihre Umgebung beschränkt. Nach einem Pogrom in den 1950er Jahren wanderten die meisten Istanbuler Griechen ebenfalls nach Griechenland ab, so dass jetzt nur mehr wenige Tausend übriggeblieben sind. Auch ihr Problem ist, dass sie die vielen Kirchen, Schulen und anderen Einrichtungen der ehemals Hunderttausende zählenden griechischen Community längst nicht mehr mit Leben füllen können, geschweige denn daran denken, neue Kirchen zu bauen.

Etwas anders ist die Situation der katholischen und evangelischen Auslandskirchen. Sie fallen nicht unter den Lausanner Vertrag und haben deshalb auch keinen eigenen Rechtsstatus. »Unter der Rubrik Eigentümer«, erzählt der evangelische Pfarrer in Istanbul, Holger Nollmann, »steht bei uns im Grundbuch einfach gar nichts.« Nollmann selbst wird offiziell als Mitarbeiter des deutschen Konsulats geführt. Als erster Pfarrer aus dem Ausland hat im Herbst 2003 der deutsche Prälat Rainer Korten in Antalya eine eigenständige Arbeits- und Aufenthaltsgenehmigung als Geistlicher bekommen. Korten ist von der deutschen Bischofskonferenz entsandt und betreut seitdem, ganz ökumenisch, die deutschen und österreichischen Rentner und Rentnerinnen beider Konfessionen, die sich rund um Antalya niedergelassen haben. Mit dem nötigen Druck der EU im Rücken durfte er einen Verein »St. Nikolaus Kirchenverein für Antalya und Alanya« gründen, der nun Träger für die neu geschaffene St. Nikolaus Kirche in Antalya ist.

Wer sich in Antalya jedoch auf die Suche nach einem stolzen Kirchenneubau mit gotischen Fernstern und repräsentativem Glockenturm macht, wird genauso enttäuscht wie der Muslim, der in Kreuzberg eine schöne Sultansmoschee sucht. So wie in Deutschland die allermeisten Moscheen immer noch eher versteckt im Hinterhof liegen, hat die St. Nikolaus Kirche in einer unauffälligen Seitenstraße ihren Sitz und ist von außen überhaupt nicht als Kirche zu erkennen. Wenn es nicht das kleine Schild »St. Nikolaus Kilise« gäbe, würde man glatt daran vorbeilaufen. Tatsächlich war in dem Gebäude vorher ein Internet-Cafe, aber Rainer Korten ist dennoch zufrieden: »Der Raum für den Gottesdienst ist groß genug, und in dem kleinen Garten können sich die Leute nach der Veranstaltung noch zum Plausch zusammensetzen.« Allerdings sind sowohl der evangelische wie der katholische Pfarrer der Meinung, dass die Vereinslösung, wie sie in Antalya gefunden wurde, nur ein Provisorium sein kann. Beide erwarten, dass im Zuge der weiteren Beitrittsverhandlungen eine tragfähige juristische Form für christliche Kirchen in der Türkei, die nicht unter den Lausanner Vertrag fallen, gefunden wird.

Seit die Beitrittsverhandlungen mit der EU ins Stocken geraten sind, hat sich allerdings auch für die Christen in der Türkei nichts mehr getan. Ein neues Gesetz, das die Rechte von Griechen und Armeniern verbessern soll (z. B. die eigenständige Ausbildung von Theologen), liegt seit Jahren in der Schublade und wird nicht verabschiedet, und auch die rechtliche Absicherung der anderen Gemeinden kommt gegenwärtig nicht voran.

Islamische und kemalistische Kleiderordnung

Es kommt immer mal wieder vor, dass vor einem Besuch in der Türkei gefragt wird: Muss man auf besondere Kleidung achten? Gibt es offizielle oder inoffizielle Regeln für die Anzugsordnung? Da die Türkei zwar eine überwiegend muslimische Bevölkerung hat, aber kein islamisches Land ist, gibt es für ausländische Besucher und Besucherinnen keinen anderen Kleiderkodex als in Deutschland auch.

Wer in Istanbul landet und in einem Hotel in der Innenstadt absteigt, wird deshalb im Erscheinungsbild der Leute und der Umgebung erst einmal kaum Unterschiede zu seinem eigenen Wohnort feststellen. Natürlich fallen Besuchern aus dem Westen als erstes die großen Moscheen ins Auge. Die Silhouette der historischen Halbinsel Istanbuls ist geprägt durch die großen Sultansmoscheen auf jedem der sieben Hügel der Stadt. Je nachdem, wie nah das Hotel an einer Moschee liegt, wird sich dann alsbald auch der Gebetsruf des Muezzin bemerkbar machen. Fünfmal am Tag erklingt der Ruf zum Gebet, doch außer am Freitag, dem heiligen Tag im Islam, folgt kaum jemand dem Ruf in die Moschee. Zum Hauptgebet am Freitag schließen allerdings viele Händler für zwei Stunden ihren Laden, um zu beten. In den innerstädtischen Moscheen, dort wo viele Menschen arbeiten, sieht man dann hin und wieder vor dem Tor betende Menschen, weil nicht mehr alle innerhalb der Moschee Platz gefunden haben.

Ansonsten aber ist der Gebetsruf für Türkeibesucher bald nicht mehr als ein Hintergrundgeräusch neben anderen, so wie eben in Deutschland häufiger mal die Kirchenglocken läuten, ohne dass jemand davon Notiz nimmt. Wer allerdings eine Moschee besichtigen möchte, muss tatsächlich einige Vorschriften beachten. Man betritt keine Moschee mit Schuhen, weil der gesamte Boden mit Teppichen ausgelegt ist, auf denen die Gläubigen ihr Gebet verrichten. Frauen sind außerdem gehalten, beim Betreten einer Moschee ein Kopftuch aufzusetzen. Kurzärmelige Blusen oder kurze Röcke bei Frauen und Shorts bei Männern gelten ebenfalls als unpassend für einen Moscheebesuch. Gläubige Muslime waschen sich darüber hinaus, bevor sie beten. In jedem Moscheeinnenhof gibt es einen großen Brunnen, wo die Gläubigen sich nicht nur die Hände und das Gesicht, sondern auch die Füße waschen. Körperliche Reinlichkeit ist ein Gebot des Islam.

Im Unterschied zu Deutschland wird in der Türkei in normalen Cafés auch kein Alkohol ausgeschenkt. In den »Lokantas«, den kleinen Lokalen, in denen zur Mittagszeit verschiedene Mahlzeiten angeboten werden, oder den Teestuben, in denen man sich zu einem kleinen Schwatz trifft, muss man auf Bier oder Wein verzichten. Alkohol gehört dagegen zu allen Restaurants. Wer abends in ein Restaurant geht, trinkt in der Regel Raki oder Bier zum Essen. Es gibt natürlich auch Wein, aber der ist vergleichsweise teuer. Der Weinanbau ist in der Türkei traditionell eine Domäne der griechischen Minderheit gewesen und lag nach deren Vertreibung in den 20er Jahren des letzten Jahrhunderts zunächst weitgehend brach. Zwar haben mittlerweile längst türkische Weinbauern Fuß gefasst, doch die Weinindustrie leidet darunter, dass ihre Produkte besonders hoch besteuert werden, weswegen sich der Weinkonsum immer noch in engen Grenzen hält. Obwohl einige eifrige Bürgermeister der islamischen AKP versucht haben, Alkohol in ihren Städten in bestimmten Bereichen zu verbieten, sind sie damit bis auf wenige Städtchen in Ost- und Zentralanatolien bislang nicht weit gekommen. Proteste in den Medien, in der Bevölkerung und einschlägige Gerichtsentscheidungen haben das verhindert. Allerdings hat die AKP in den meisten Städten, in denen sie den Bürgermeister stellt, durchgesetzt, dass in Ausflugslokalen, die der Stadt gehören, kein Alkohol mehr angeboten wird.

Diese Feinheiten in der Auseinandersetzung zwischen dem islamischen und säkularen Teil der Gesellschaft bekommt man in der Regel allerdings erst nach einem etwas längeren Aufenthalt mit. Was aufmerksame Besucher in Istanbul oder anderen Großstädten jedoch bald bemerken können, ist die Segregation von Säkularen und Frommen in unterschiedlichen Stadtteilen. Es gibt in Istanbul ganz offensichtliche Unterschiede zwischen Stadtteilen ohne Kopftuch und Stadtteilen mit Kopftuch. Eine Hochburg der Frommen ist der Stadtteil Fatih auf der historischen Halbinsel. Wer als Tourist hier durchschlendert, wird schnell merken, dass er sich in einer anderen Welt bewegt. Viele Frauen sind hier in den schwarzen Sarsaf eingehüllt, der kaum mehr als die Nase und die Augen hervorschauen lässt. Wollte man einer Frau die Hand schütteln, würde man angeschaut wie ein potenzieller Vergewaltiger. Strenggläubige Muslime schütteln niemals einem Vertreter des anderen Geschlechts die Hand, das gilt als unsittlich.

Wirklich auffällig im Alltag wird der Islam für ausländische Besucher nur während des heiligen Monats Ramadan. Der Ramadan ist der Fastenmonat, der mit dem Zuckerfest endet. Da sich die islamischen Festtage nach dem Mondkalender richten, wandert der Ramadan durch das Jahr. Während des Ramadans merkt man am deutlichsten, dass der Einfluss des Islam in der Türkei in den letzten 20 Jahren erheblich zugenommen hat. Vor zwei Jahrzehnten hat in der Türkei kaum jemand gefastet – in der Öffentlichkeit war vom Ramadan wenig zu bemerken. Das hat sich im Laufe der Zeit immer stärker verändert. Heute ist der Fastenmonat fast eine Jahreszeit für sich. Die meisten Lokale schließen tagsüber und öffnen erst zum sogenannten Fastenbrechen, bei Sonnenuntergang. Der gesamte Tag ist auf diesen Moment fokussiert, wenn der Imam, in der Regel über das Fernsehen, verkündet, dass nun wieder gegessen werden kann. Das Fastenbrechen, das sogenannte »Iftar«, ist mittlerweile auch ein gesellschaftliches Ereignis. Es gibt politische Iftar-Essen, und wenn Ministerpräsident Erdogan einem Staatsgast eine besondere Ehrung zuteil lassen werden will, lädt er ihn zu einem Iftar-Essen ein. Sowohl Ex-Kanzler Gerhard Schröder als auch Angela Merkel waren bereits dazu eingeladen.

Für die weniger Begüterten, die sich kein Iftar-Essen im Restaurant leisten können, lassen mittlerweile alle Istanbuler Bezirksbürgermeister im Ramadan an zentralen Plätzen

Kontraste in Istanbul: Junge selbstbewusste Frauen am Taksim Platz und orthodoxe muslimische Frauen vor der Eyüp Sultan Moschee

große Zelte aufbauen, in denen Iftar-Mahlzeiten kostenlos verteilt werden. Der Andrang bei diesen Essensausgaben ist überall enorm. Schon Stunden vor Sonnenuntergang bilden sich Schlangen von Bedürftigen, die auf keinen Fall leer ausgehen wollen. In den kommenden Jahren fällt der Ramadan in die Sommermonate, so dass die meisten Türkei-Besucher sich selbst ein Bild von der fünften Jahreszeit machen können.

Die stärkere Präsenz des Islam im türkischen Alltag hat es allerdings bislang nicht vermocht, die Ikonografie des Kemalismus zu verdrängen. Atatürk-Denkmäler, -Büsten und -Porträts finden sich überall im Land in solcher Häufigkeit, dass sie auch ein flüchtiger Besucher kaum übersehen kann. Jedes Schulkind wächst mit Atatürk auf, es gibt einen Feiertag für die Jugend zum Gedenken an den Gründungsvater der Republik, und an seinem Todestag ertönen landesweit die Sirenen, und das gesamte Leben steht für eine Viertelstunde still.

So heftig sich Kemalisten und Islamisten politisch bekämpfen, im öffentlichen Erscheinungsbild des Landes herrscht nach wie vor eine weitgehende Koexistenz von Moschee und säkularer Politik. Einige wenige Versuche besonders fanatischer islamistischer Bürgermeister, Atatürk-Statuen in ihrer Gemeinde schleifen zu lassen, scheiterten bislang am öffentlichen Widerstand. Auf der anderen Seite gelingt es kemalistischen Initiativen höchst selten, den Bau einer Moschee zu verhindern. Die Türkei, so wird häufig kolportiert, hat pro Kopf der Bevölkerung eine höhere Moscheedichte als der Iran. Das mag stimmen, zumindest der bloße Augenschein spricht dafür. Gleichzeitig gibt es aber auch, jedenfalls in Europa, kein anderes Land, wo der Personenkult um den Staatsgründer solche Blüten treibt wie in der Türkei. Sein Bild hängt noch im letzten Kramladen und die Beleidigung von Atatürk ist ein Straftatbestand, der streng geahndet wird und übrigens der häufigste Grund dafür ist, dass »YouTube« oder vergleichbare Internet-Foren vorübergehend abgeschaltet werden.

Nichts geht über die Familie

Ein langjähriger Freund von mir hat kürzlich geheiratet. Das war insofern bemerkenswert, als Ahmet B. einer der hartnäckigsten Singles Istanbuls war. »Heiraten, bist du wahnsinnig? Sobald du heiratest, frisst dich die Familie mit Haut und Haaren. Du kannst deine Freiheit vergessen.« Immerhin bis zu seinem 33. Lebensjahr hat Ahmet durchgehalten. Er wohnte in einem Trendy-Bezirk auf der asiatischen Seite der Stadt, tauchte ständig mit anderen Freundinnen auf und wirkte immun gegen den Hang, vom Ich zum Wir überzugehen. Er schien sein Leben zu genießen. Allerdings gab es ein Problem. Nicht nur seine Freundinnen wurden immer jünger, auch die Freunde, mit denen er Fußball spielte oder sich in der Kneipe traf, waren meistens unter 25 Jahren alt. Alle anderen, mit denen er aufgewachsen war, hatten längst geheiratet, waren Väter und schlugen sich mit anderen Problemen herum. Auch wenn er es nicht zugeben wollte, um Ahmet war es einsam geworden.

Denn Singles sind in der Türkei noch eine ganz seltene Spezies. Es gibt sie in einigen wenigen Stadtteilen Istanbuls, dort wo zumeist Künstler, Medienleute und Schauspieler wohnen, die sich quasi als Trendsetter bewusst dafür entschieden haben, zumindest eine Zeit lang allein zu leben. Doch das sind große Ausnahmen. Ohne Familie, davon sind wohl 99 Prozent aller Türken und Türkinnen überzeugt, bist du ein hoffnungslos verlorener Mensch. Nicht nur im ökonomischen Sinne befindest du dich jenseits der Solidargemeinschaft, sondern du bist einfach ausgestoßen aus dem Wärmestrom der menschlichen Gemeinschaft. Ohne Familie bist du eigentlich ein Nichts, denn nicht das Individuum, sondern die Familie ist die kleinste autonome Einheit des menschlichen Lebens.

Dabei bedeutet Familie in der Regel nach wie vor Großfamilie, oder wie man in Deutschland heute sagt, Mehrgenerationen-Familie. Auch in den Großstädten wohnen Eltern, Kinder und Enkel wenn nicht mehr unter einem Dach, so doch zumeist in unmittelbarer Nachbarschaft. Schwiegertöchter müssen sich mit den Müttern ihrer Männer arrangieren, sonst haben sie schlechte Karten. In vielen Fällen arbeiten die Männer der Familie auch zusammen in einem kleinen Geschäft, das die Familie betreibt, oder der Vater hat dafür gesorgt, dass die Söhne in dem Betrieb, in dem er beschäftigt ist, auch untergekommen sind. Geht auch noch die Frau außer Haus arbeiten, bleiben die Kinder bei der Großmutter. Kindergärten haben in der Türkei Seltenheitswert und wenn, dann sind häufig auch Kinder von ausländischen Familien dort untergebracht.

Tatsächlich hängt die Idealisierung der Familie aber auch und vor allem damit zusammen, dass sie einfach eine Überlebensnotwendigkeit ist. Die Türken haben kein besonderes Familien-Gen, sondern entsprechen mit ihrem engen Familienzusammenhang genau dem Verhalten in anderen Ländern und Kulturen, die sich auf einem ähnlichen Entwicklungsstand befinden.

Die 10 000-Dollar-Barriere

Die Wertschätzung des Familienverbandes, also letztlich die Frage, was zählt mehr: das Kollektiv oder das Individuum, traditionelle oder postmoderne Werte, entscheidet sich weltweit zuallererst am gesamtgesellschaftlichen Wohlstand. Die Scheidegrenze zwischen traditionellen und eher postmateriellen Gesellschaften liegt bei rund 10 000 Dollar jährlichem Pro-Kopf-Einkommen.

Diese Erkenntnis verdanken wir dem amerikanischen Soziologen Ronald Inglehart, der zusammen mit seinem Team von der Michigan University seit 1970 über den weltweiten Wertewandel forscht. Seit dieser Zeit führte Inglehart in mittlerweile 65 Ländern weltweit standardisierte Umfragen durch, mit denen er die Veränderungen gesellschaftlicher und individueller Werte misst. Dieser sogenannte »World Values Survey«, mit dem amerikanische und internationale Soziologen rund 75 Prozent der Weltbevölkerung erreichen, hat über die Jahre ein ganz klares Ergebnis zu Tage gefördert. Egal in welchem Land, egal welche Religion vorherrscht und egal, wie die ethnische Zusammensetzung ist: In Ländern mit einem durchschnittlichen Pro-Kopf-Einkommen von mehr als 10 000 Dollar zählen andere Werte als in den Ländern, die darunter liegen.

Postmaterielle Werte wie Gleichberechtigung der Geschlechter, Umweltschutz, die Betonung individueller Rechte, die Akzeptanz sexueller Differenz, vor allem der Homosexualität unter Männern, sind Werte, die sich auf breiter Basis erst in Gesellschaften oberhalb der 10 000-Dollar-Schwelle entwickeln. Sie setzten voraus, dass die Menschen nicht mehr um ihre Existenz kämpfen müssen, dass ein bescheidener Wohlstand als gesichert gilt und die Absicherung in sozialen Notlagen durch die Gesellschaft, also staatliche Institutionen, gewährleistet wird. Diese Situation existiert weltweit; in Westeuropa, Nordamerika, Japan und mit Abstrichen in Australien besteht sie seit ungefähr den 60er Jahren des letzten Jahrhunderts in einer in der Geschichte erstmalig auftretenden Breite. In all diesen Ländern hat sich das Individuum als eigenständige Einheit unabhängig von der Familie etablieren können, und die Bedeutung der Familie als sozialer Zusammenhalt hat entsprechend abgenommen.

Was uns in Europa – und speziell in den reichsten Ländern Europas – mittlerweile als selbstverständliche Normalität erscheint, ist für den größten Teil der Weltbevölkerung eine ferne, vage Möglichkeit, die sie hauptsächlich aus dem Fernsehen kennt. Dafür dominieren in allen diesen Gesellschaften die traditionellen Werte von Familie, Religion und Patriarchat. In ganz armen Ländern mehr, in Schwellenländern weniger. Die Türkei ist genau eines dieser Schwellenländer. Das durchschnittliche Pro-Kopf-Einkommen liegt bei 6000 Dollar im Jahr, es ist aber regional stark unterschiedlich. Im armen Osten kommen manche Familien kaum auf 1000 Dollar pro Jahr, in den westlichen Großstädten des Landes gibt es dagegen bereits etliche Familien, die die 10 000-Dollar-Grenze locker überschreiten. Wie groß der Einfluss der ökonomischen Bedingungen für die grundlegenden Einstellungen der Menschen ist, wie sehr also die pure Existenz das Bewusstsein bestimmt, kann man in der Türkei ganz besonders gut studieren.

Prägungen durch die Dorfarbeit

Wie in einem gesellschaftlichen Labor lassen sich entsprechend der wirtschaftlichen Verhältnisse die unterschiedlichen Werthaltungen auf der Skala von sehr traditionell bis hin zu postmodern besichtigen. Im armen Osten des Landes, vor allem in den kurdisch besiedelten Provinzen, existieren noch regelrechte Großclans. Diese Clans haben eine herrschende Familie, die in der Regel auch über großen Landbesitz verfügt und auf deren Feldern und Weiden dann die übrigen Familien des Clans arbeiten. In fast feudaler Weise entscheidet hier die Clanführung selbst noch darüber, wer wen innerhalb des Clans heiratet und ob ein Kind, natürlich nur ein Junge, eine weiterführende Schule besucht oder gar studieren darf. Bei Wahlen stimmen die Clans geschlossen ab. Die Parteien buhlen deshalb um die Clanchefs, bieten ihnen oft sogar einen Sitz im Parlament an, um so gleich Tausende Stimmen mit einem Schlag einzusammeln.

An diesen halbfeudalistischen Verhältnissen hat auch der fast 20-jährige Krieg der kurdischen Arbeiterpartei PKK kaum etwas verändert. Als 2001 nach der Verhaftung von PKK-Chef Öcalan das Kriegsrecht in der Region aufgehoben wurde und die Clanchefs begannen, ihre Rechte in ihren Dörfern wieder einzufordern, hatte ich die Gelegenheit, an einer Hochzeit teilzunehmen, die ein Clanchef für seinen Sohn ausrichtete.

Es war schon erstaunlich zu sehen, wie selbstverständlich dort vor Beginn der Feierlichkeiten alle Männer des Dorfes beim Clanchef vorsprachen und ihm ganz traditionell die Hand küssten, als hätte die Zeit seit hundert Jahren stillgestanden. Auch wenn der Clanchef formal keine Gewalt mehr über die Leute hat, sein Wort gilt. Nicht zuletzt deswegen, weil er nach wie vor das Land besitzt, dass von den Bauern bestellt wird. Sein Einfluss endet in der Regel allerdings bei denjenigen ehemaligen Clanmitgliedern, die ihre Dörfer verlassen haben und nun in der Stadt leben. Doch auch dort können die alten Verbindungen noch sehr stark sein. Denn hat der Clanchef es beispielsweise zum Abgeordneten gebracht, wird er sich dafür einsetzen, dass Angehörige seines Clans Jobs im öffentlichen Dienst derjenigen Städte bekommen, die zu seinem Wahlkreis gehören. Auch solche Gefälligkeiten sorgen dafür, dass alte Abhängigkeiten nicht allzu schnell verschwinden und auch von Clanmitgliedern, die in die Stadt abgewandert sind, noch Wohlverhalten gefordert werden kann.

Welche Welten heute in der Türkei aufeinanderprallen können, wird in der Literatur und im Film immer mehr zum Thema. Ein schönes Beispiel ist die Verfilmung eines Buches von Zülfü Livaneli, einem der bekanntesten Musiker und Schriftsteller des Landes. In dem Film »Mutluluk« (Das Glück) von Abdullah Oguz

Hochzeitsgesellschaft im islamischen Stadtteil Eyüp von Istanbul

treffen sich unter dramatischen Umständen ein Pärchen aus einem kurdischen Dorf und ein Bohemien aus Istanbul. Der reiche Großbürger flüchtete vor seiner noch reicheren Frau auf seine Yacht am Mittelmeer. Das kurdische Pärchen dagegen flüchtete vor seinen Familien, weil der Junge eigentlich das Mädchen im Namen der Ehre hätte töten sollen, stattdessen aber mit ihr ebenfalls zu einem neuen Leben Richtung Mittelmeer aufbricht. Die beiden landen auf der Yacht des von einer Midlife-Krise erschütterten Istanbulers, der ihnen dabei hilft, vor der schießwütigen Verwandtschaft zu fliehen. Es ist ein Film, der zum einen zeigt, von welchen enormen Gegensätzen das Land geprägt ist, der andererseits aber eine Geschichte von dem erfolgreichen Kontakt zwischen diesen beiden Welten erzählt.

Zwar existiert die ganz archaische tribale Struktur außerhalb der kurdischen Region schon lange nicht mehr, aber auch in den türkischen Dörfern herrschten ein enger Zusammenhalt und eine enorme soziale Kontrolle, auch über die eigene Familie hinaus. Bevor die Mechanisierung in den letzten 15 Jahren in den Dörfern vieles veränderte, war man auf seine Nachbarn angewiesen und musste sich deshalb dem »normalen Verhalten« im Dorf anpassen. Der Jahrhunderte alte Ehrbegriff, der in vielen Familien vom Dorf noch gepflegt wird, auch wenn sie längst in die Stadt abgewandert sind, rührt ja aus dieser Notwendigkeit, sich die Achtung der anderen Dorfbewohner unbedingt erhalten zu müssen.

Die voranschreitende Mechanisierung und die globalisierte Verwertung der agrarischen Produkte, haben dazu geführt, dass die dörfliche Idylle, in der eingespielte Dorfgemeinschaften zunächst den Eigenbedarf und dann noch einen kleinen Gewinn in harmonischer gemeinsamer Arbeit erwirtschafteten, in der Türkei längst vorbei ist. Viele Dörfer existieren nur noch als Zweigstelle der Stadt, wohin der größte Teil der ehemaligen Dorfgemeinschaft längst ausgesiedelt ist. Zusammengehalten werden beide Sphären weiterhin durch die Großfamilie. Da ein kleinerer Teil der Verwandtschaft im Dorf bleibt, haben die anderen dort immer noch einen Fuß in der Tür. Mindestens in den Sommermonaten, wenn die Schulen für drei Monate schließen, gehen viele Familien wieder zurück in ihr Dorf.

Der Aufstieg der Vorstadt-Familien

Es gibt aber auch Gegenden, wo zwischen Stadt und Land ein regelmäßiger Pendelverkehr existiert. Dazu gehört die östliche Schwarzmeerküste, wo in den warmen und feuchten Lagen an den Berghängen des Schwarzen Meeres Tee angebaut wird. Der Teeanbau ist in etlichen Monaten des Jahres nicht sehr arbeitsintensiv, dafür müssen dann in den Phasen, wenn gepflückt und getrocknet wird, möglichst viele mit anpacken. In dieser Zeit kommt der Teil der Familie, der ansonsten in der Stadt wohnt, wieder ins Dorf zurück.

Ein Bezirk von Istanbul, in dem sich besonders viele Leute vom Schwarzen Meer angesiedelt haben, ist Kasimpasa am Goldenen Horn. Oft wird die dörfliche Struktur quasi in die Stadt verpflanzt, indem etliche Familien aus einem Dorf sich in dergleichen Mahalle (ein bestimmtes kleineres Gebiet eines Bezirkes) niederlassen und dort ähnlich eng zusammenleben, wie sie es auf dem Dorf auch getan haben. Dieses Muster, das sich in vielen Großstädten im Westen des Landes finden lässt, hat eine gesellschaftliche Schicht von Leuten geschaffen, die nicht mehr Bauern, aber auch noch keine Städter sind. In Istanbul hat man angesichts der massenhaften Migration vom Land in die Randbezirke der Stadt lange darüber diskutiert, ob diese Wanderungsbewegung nicht eher zur Zerstörung des städtischen Milieus führt, statt dass die Menschen vom Dorf urbanisiert würden. Bis heute leben die Bewohner der Vorstädte und die alteingesessenen Städter jedenfalls mehr neben- als miteinander.

Bekanntestes Beispiel für die viele Millionen Menschen umfassende Gruppe der Vorstädter ist die Familie des Ministerpräsidenten Tayyip Erdogan. Die Familie Erdogan stammt aus einem Dorf bei Rize, einer Schwarzmeer-Stadt mitten im Teeanbaugebiet. Allerdings war der Vater von Tayyip Erdogan kein Teepflanzer sondern Fischer, als er nach Istanbul aufbrach und sich in Kasimpasa niederließ. In diesem Milieu ist Erdogan aufgewachsen, in diesem Zwischenstadium von Dorf und Noch-Nicht-Stadt sind sein Denken und seine Werthaltung geprägt worden. In diesen Familien herrscht zumeist eine sehr konservative Einstellung vor. Um nach dem Verlust der vertrauten dörflichen Umgebung nicht vollends die Orientierung zu verlieren, werden die Werte der Vergangenheit besonders hochgehalten. Um in der Metropole nicht unterzugehen, ist die Solidarität in der Großfamilie die einzige Überlebenschance. Die Stellung des Patriarchen ist unantastbar, und jedes Familienmitglied muss zum Lebensunterhalt aller beitragen. Ausbildung und Jobs gibt es häufig nur im Netzwerk der Verwandtschaft oder in den Zusammenhängen des Viertels und Dorfes. Als Erdogan seine Politikkarriere begann, konnte er sich auf dieses Netzwerk verlassen, und das gilt im Prinzip immer noch, auch nachdem er als Ministerpräsident den höchsten Posten des Landes erklommen hat.

Zu den großfamiliären und regionalen Netzen kommt bei den Millionen Vorstadtbewohnern aber meistens noch ein weiterer bestimmender Faktor für ihren Alltag hinzu. Die Vorstädte sind der Humus des politischen Islam in der Türkei. Die Dörfler, die in die Stadt kamen, trafen dort auf den säkularisierten Teil der Gesellschaft, auf die Familien, die nach der kemalistischen Revolution in den 20er und 30er Jahren des letzten Jahrhunderts einen westlichen Lebensstil angenommen haben und sowohl materiell als auch in ihrem Denken eine ganz andere Welt repräsentieren als die Einwanderer aus den anatolischen Dörfern. Gegen diese säkularisierte, gut ausgebildete Mittelschicht setzten die armen Vorstädter den Islam. Nicht mehr den bäuerlichen, traditionell eher toleranten anatolischen Islam, sondern den geschärften politischen Islam als Waffe im sozialen Kampf. Der Islam half und hilft den Vorstädtern, ihre Minderwertigkeitskomplexe zu kompensieren, er hilft aber auch ganz konkret, durch materielle Unterstützung von Familien in Not und durch Schulen, die den Kindern der Vorstädter Zugang zu Bildung – natürlich einer islamisch geprägten – verschafften, zu Zeiten, da sie keine Chance hatten, auf die Gymnasien zu kommen, an denen die säkulare Elite ihre Kinder ausbilden ließ.

Familie und Religion

Mit seinen Schulen, Moscheen und Parteien schuf der politische Islam in den Vorstädten Aufstiegschancen für Kinder, die sonst kaum Chancen gehabt hätten. Auch dafür ist Tayyip Erdogan das prominenteste Beispiel. Nach der Grundschule ging er auf eine Imam-Hatip-Predigerschule, die ihn anschließend an eine Wirtschaftsfachschule weiterschickte. Über die Jugendorganisationen der islamischen Partei absolvierte Erdogan gleichzeitig eine klassische Parteikarriere, die ihn schließlich bis an die Parteispitze und ins Amt des Ministerpräsidenten führte. Erdogan ist der Prototyp eines erfolgreichen Kindes einer typischen Vorstadtfamilie und schon deshalb das Idol von Millionen, die in ihm ein Rollenmodell sehen. Und Erdogan erfüllt auch getreu die Erwartungen aus seinem Milieu. Wenn heute Mitglieder seiner Verwandtschaft, seiner Mahalle und aus seiner Region am Schwarzen Meer zu Posten im Apparat und ihre Firmen zu lukrativen Staatsaufträgen kommen, hat das nach Erdogans Verständnis nichts mit Nepotismus und Korruption zu tun, sondern damit, dass man selbstverständlich für die Seinen da sein muss, sobald man selbst etwas zu verteilen hat. So gesehen ist der heute in der Türkei tobende Kampf zwischen Islam und Kemalismus, zwischen den Frommen und den Säkularen, auch ein Abbild des Kampfes der Vorstadtfamilien gegen die etablierten Familien der Republik.

Tatsächlich ist die Familie als Institution nicht nur die Zuflucht für die Armen, auch der Reichtum ist in der Türkei immer noch eine Familienangelegenheit. Die großen Unternehmen des Landes sind Firmenholdings. Wie in Deutschland vor dem Krieg die Familien Siemens, Krupp und Borsig die Wirtschaft des Landes bestimmten und auch nach dem Krieg zunächst noch Patriarchen wie Grundig oder Neckermann im bundesdeutschen Kapitalismus eine wichtige Rolle spielten, sind die Koc-Familie, die Sabancis, der Dogan-Clan und die Eczacibasis die Gesichter der ökonomischen Macht. Sie stehen jeden Tag in der Zeitung, sie sind die Vorsitzenden in diversen Verbänden, über die sie auch politisch präsent sind. Wenn sie heiraten, beschäftigt das tagelang die Boulevardpresse, und wenn der Patriarch der Koc-Familie mit seiner Luxusyacht zu einer Weltumseglung aufbricht, sind sämtliche Medien dabei. Zwar sind Teile ihrer Unternehmen an der Börse notiert, doch die Familien behalten zumeist die letzte Kontrolle. Die Zeit der anonymen Kapitalgesellschaften ist in der Türkei noch nicht so recht angebrochen. Der Reichtum dieser Familien ist in den letzten Jahren eher noch stark gestiegen. Die Globalisierung, die stärkere Einbindung dieser großen Unternehmen in den europäischen Markt und die Unterstützung durch die neoliberale Politik der AKP unter Erdogan hat den großen Familienholdings geradezu märchenhafte Gewinne in die Kassen gespült. Allein 2007 wuchs nach einer Studie des Forbes-Magazin die Anzahl der Dollarmilliardäre im Land von 23 auf 36.

Im Jahr 2007 schaffte es auch erstmals eine der neuen Reichenfamilien aus dem islamischen Umfeld der AKP unter die ersten Zehn. Die Familie Ülker, die mit Ministerpräsident Erdogan geschäftlich eng verbandelt ist, erreichte mit knapp 3 Milliarden Dollar Besitz den neunten Rang. Aufgrund ihrer Riesengewinne herrscht innerhalb der türkischen Großbourgeoisie derzeit eine heillose Verwirrung. Die islamische AKP unter Erdogan ist gut für ihr Geschäft, deshalb wollen sie, dass die Regierung weitermacht. Gleichzeitig ist die kulturelle Differenz zwischen dem Geldadel und der AKP so unüberbrückbar und die Abneigung gegen die armen Vorstädter, die beginnen, ihnen Konkurrenz zu machen, so groß, dass nach einem Bericht der Financial Times nach den Parlamentswahlen im Juli 2007 die meisten Angehörigen des Geldadels doch die Betonkemalisten von der CHP gewählt haben, eine Partei, die eigentlich ihrem Geschäft schadet und deren Führungspersonal so nationalistisch ist, dass es jedem international agierenden Kapitalisten die Haare zu Berge stehen lässt.

Kinder als Reichtum der Gesellschaft

Was türkische Familien über alle Klassen-, Glaubens- und regionalen Unterschiede hinweg gemeinsam haben, ist die unbedingte Fürsorge für ihre Kinder. Das gilt auch für die Gesellschaft insgesamt. Die Türkei ist ein kinderfreundliches Land. Kinder sind überall eine Selbstverständlichkeit, und fast jede Familie hat Kinder. Keine Kinder zu haben, ist eine so große Ausnahme, dass es fast als Makel gilt. Zwar zeigt sich auch in der Türkei der Trend, dass Kinder seltener werden, je wohlhabender und individualisierter die Gesellschaft ist. Doch selbst in den reichen, urbanen Familien der Großstädte sind zwei oder mindestens ein Kind immer noch die Regel.

Das macht sich überall im Alltag bemerkbar. Wenn man mit Kindern in ein Restaurant geht, wird man nicht schief angeschaut und als potenzieller Störfaktor betrachtet. Meistens werden die Kinder freundlich betätschelt, und es kommt sogar vor, dass die Bedienung sich ihrer annimmt, damit die Eltern in Ruhe essen können. In unserem Viertel, das nur von einer Hauptverkehrsstraße tangiert wird und ansonsten ziemlich verkehrsberuhigt ist, sind die Straßen, sobald die Schule zu Ende ist, voller spielender Kinder. Während in Deutschland die meisten Kinder ja mittlerweile von ihren Eltern von einer Aktivität zur nächsten gefahren werden, organisieren sich in der Türkei die Kinder ihren Spaß zumeist noch selbst. Fußball auf dem Bolzplatz im Viertel oder Volleyball auf der Straße vor dem Haus sind einfach selbstverständlich, ohne dass die Eltern sich darum kümmern müssen.

Kinder werden in der ohnehin sehr jungen türkischen Gesellschaft als Reichtum wahrgenommen, nicht zuletzt deshalb, weil oft noch der Gedanke eine Rolle spielt, dass Kinder schließlich für die Absicherung im Alter sorgen müssen. Von der Rente, so es überhaupt eine gibt, kann jedenfalls kaum jemand im Ruhestand leben. Nach deutschen Maßstäben werden Kinder in der Türkei generell verwöhnt und verhätschelt. Legendär sind die Situationen, in denen Deutsche darüber staunen, wie Kinder bei

Sonntäglicher Familienausflug in den Miniaturgarten von Istanbul

befreundeten türkischen Paaren eingemummelt werden, weil es draußen doch noch so kalt sei, obwohl die Sonne scheint und der Frühling längst Einzug gehalten hat. Die fürsorgliche Belagerung der Kinder durch ihre Eltern und da speziell der Mütter ist enorm. Deutsche denken automatisch, so wie diese Kinder verwöhnt werden, können die doch nie selbständig werden, während türkische Eltern bei Deutschen fast immer davon ausgehen, dass die ihre Kinder schlicht und einfach vernachlässigen und es an der notwendigen Sorge fehlen lassen.

Bis die Kinder in die Schule kommen, können die meisten einem Lustprinzip frönen, das nach deutschen Erziehungsregeln unfassbar ist. Türkische Kinder gehen nicht um eine bestimmte Zeit ins Bett, sondern krabbeln so lange in der Wohnung herum, bis sie eben von selbst schlafen wollen. Das fällt besonders an Urlaubsorten auf, wo deutsche und türkische Familien gemischt auftreten. Während die deutschen Kids spätestens um 9 Uhr abends in der Falle liegen, toben ihre türkischen Alterskameraden noch bis spät nachts herum. Ähnlich locker geht es bei den Mahlzeiten zu. Essen gibt es, wenn das Kind Hunger hat und nicht wenn es Zeit fürs Essen ist.

Doch selbstverständlich macht es auch für Kinder einen Unterschied, ob sie im armen Osten oder im reichen Westen des Landes aufwachsen. Wenn im Osten ein armer Bauer acht Kinder hat, was dort eher die Regel als die Ausnahme ist, kann diese Familie nur existieren, wenn die Kinder bereits früh für den Unterhalt mitarbeiten. Kinderarbeit ist in der Türkei ein Phänomen der Familienbetriebe. Es gibt keine Kinder, die in Fabrikhallen, Bergwerken oder großen Teppichknüpfereien arbeiten, aber Tausende von Kindern schuften schon früh auf dem Hof ihrer Eltern oder in deren Kleingewerbe mit. Ein neueres Phänomen in den Großstädten des Landes sind die Straßenkinder. Speziell in Istanbul gibt es immer mehr Kinder, die auf der Straße leben. Viele von ihnen schnüffeln Patex, eine Billigdroge, die schnell zu schweren Gehirnschädigungen führt. Sie leben meist in Gruppen und klauen sich das Notwendigste zusammen. Diese Kinder sind die Verlierer aus den Vorstädten. Ihre Familien gehören zu denen, die den Zusammenhalt nicht geschafft haben und als Solidargemeinschaft ausgefallen sind. Sie leben im Niemandsland zwischen Familie und staatlicher Fürsorge. Es existieren zwar einige wenige Kinderheime, doch staatliche Institutionen, die sich wirklich um die gestrandeten Kinder kümmern, gibt es kaum. Stattdessen haben engagierte Privatleute in Istanbul einen Verein gegründet, der sich um sie kümmert.

Gesetzlich ist Kinderarbeit verboten und für alle Kinder herrscht Schulpflicht. Ab dem sechsten Lebensjahr müssen alle Kinder mindestens acht Jahre zur Schule gehen. Trotzdem erscheinen im Osten immer noch rund 30 Prozent der Mädchen nicht in der Schule – weil sie im Haushalt gebraucht werden oder weil ihre Eltern der Meinung sind, eine Schule sei für Mädchen überflüssig, da sie mit 15 oder 16 Jahren sowieso heiraten und dann in die Familie ihres Mannes übersiedeln und dort die Hausarbeit übernehmen. In den letzten Jahren gibt es aber verstärkte Anstrengungen, die Analphabetenrate gerade unter Mädchen zu minimieren.

Die Schule

Mit Beginn der Schulzeit ist das süße Leben der meisten Kinder vorbei. Die Schule ist in der Türkei eine ernste Angelegenheit. Das beginnt schon mit den Äußerlichkeiten. Alle Schüler tragen eine Uniform. Die Schulwoche beginnt mit einem Fahnenappell

Dorf in der Harran-Ebene in Südostanatolien; mit der Elektrizität kamen auch die ersten Fernseher

auf dem Schulhof und den entsprechenden Ermahnungen für die kommende Woche. Schule ist in der Türkei nach wie vor eine klassische Lehranstalt. Es geht darum, eine bestimmte Menge Lehrstoff zu verarbeiten, und diese Menge ist, verglichen mit dem Pensum deutscher Schüler, meistens sehr groß. Es wird gepaukt, auswendig gelernt und zugehört. Deutsche Konservative wären begeistert über die Disziplin der Schüler und die ungebrochene Autorität der Lehrer. Zudem lernen die Kinder auch, höflich und rücksichtsvoll miteinander umzugehen. Gewalt an der Schule ist in der Türkei nahezu unbekannt.

Letztlich ist die Organisation des Schulbetriebes aber den gesellschaftlichen Bedingungen geschuldet, unter denen Bildung in der Türkei stattfindet. Das Hauptproblem besteht darin, dass es zu viele Schüler beziehungsweise zu wenige Schulen gibt. Dazu gehören zu wenige und zu schlecht bezahlte Lehrer. Lehrer genießen zwar ein hohes Prestige, aber zumindest die Lehrer an den staatlichen Schulen werden so schlecht bezahlt, dass sich viele noch mit einem Zweitjob über Wasser halten müssen. Weil es zu wenige Schulen gibt, sitzen in den meisten Klassen bis zu 40 Kinder, was auch einer der Gründe ist, warum auf Disziplin so großen Wert gelegt wird.

Seit zehn Jahren ist der Mangel an Schulen besonders krass. Damals wurde die allgemeine Schulpflicht von vier auf acht Jahre heraufgesetzt. Dieser sicher notwendige und sinnvolle Schritt wurde jedoch gemacht, ohne gleichzeitig genügend neuen Schulraum zu bauen und genügend neue Lehrer anzustellen. Hintergrund war der erste große Streit mit einer islamistischen Regierung, die 1996 für ein Jahr an die Macht gekommen war. Weil die Regierung die Kinder ermunterte, nach Abschluss des vierten Schuljahres in eine Koranschule zu gehen, anstatt die weiterführenden staatlichen Schulen zu besuchen, setzte damals das säkulare Establishment innerhalb weniger Monate die Schulpflicht von acht Jahren durch.

Als unser Sohn Ende der 90er Jahre eingeschult wurde, war es deshalb noch so, dass wegen mangelnder Schulräume im Schichtdienst unterrichtet wurde. Von den vier ersten Klassen, die es an der Schule gab, hatten zwei am Vormittag und zwei am Nachmittag Unterricht. Das Ganze wechselte im Wochenrhythmus. Musste er eine Woche bereits um 7:30 Uhr da sein, begann die Schule für ihn in der darauffolgenden Woche erst um 13:30 Uhr.

Zum Schulprogramm gehört zu Beginn jeder Woche ein Fahnen-appell; Unterricht an der Atatürk-Schule in Enez an der Grenze zu Griechenland

Bis 2007 hat sich die Situation zwar etwas entspannt, doch generell ist es immer noch so, dass jährlich wesentlich mehr Schüler in das schulpflichtige Alter kommen, als Schulräume und Lehrer zur Verfügung stehen. Die Folge sind weiterhin große Klassen und ein ziemlich einfallsloser Frontalunterricht.

Angesichts der Misere der staatlichen Schulen boomt seit Jahren der Privatschulsektor. Viele Eltern in der Türkei lassen es sich jedes Jahr eine erhebliche Summe (von 5000 Euro an aufwärts) kosten, damit ihre Kinder auf eine gute private Schule gehen können. Selbst viele Familien, die es sich eigentlich gar nicht leisten können, schuften zusätzlich, nur um das Schulgeld zusammenzubekommen. Traditionell gibt es in der Türkei neben den staatlichen Schulen christliche Konfessionsschulen und ausländische Schulen, an denen beispielsweise deutsche und türkische Kinder ihr Abitur machen können. Diese deutschen oder französischen oder amerikanischen oder italienischen Schulen waren einmal gedacht für die Kinder der jeweiligen Nation, die dort analog zu den Schulen ihres Heimatlandes unterrichtet wurden. Mittlerweile sind sie auch Elitegymnasien für türkische Schüler, die sich durch überdurchschnittliche Leistungen dafür qualifizieren können. Diese Schulen waren schon immer schulgeldpflichtig, nur hat die Höhe der Kosten in den letzten 20 Jahren erheblich zugenommen.

Daneben entstehen zunehmend rein kommerzielle private Schulen, die sich von den staatlichen weniger durch ihr Programm als vielmehr dadurch auszeichnen, dass die Klassen klein sind (unter 20 Kinder), die Lehrer gut bezahlt und gut ausgebildet sind – vor allem bei Fremdsprachen – und die Schulen über eine hervorragende Ausstattung verfügen.

Im Leben eines türkischen Schülers gibt es zwei bedeutende Zäsuren, an denen die gesamte Ausbildung orientiert ist. Die erste kommt am Ende der achten Klasse. Landesweit gehen dann mehr als eine Million Kinder in eine standardisierte externe Prüfung. Die Anzahl der Punkte, die sie dabei bekommen, entscheidet darüber, ob sich das Kind für den Besuch eines Gymnasiums qualifiziert. Je höher die Punktzahl, desto besser die Schule, die sich der Schüler anschließend aussuchen kann. Diese Prüfung ist der erste echte Härtetest im Leben eines normalen türkischen Kindes. Wer es von den rund 1,2 Millionen Beteiligten nicht schafft, einen der rund 300000 Plätze auf einem Gymnasium zu erreichen, kann seine Träume vom gesellschaftlichen Aufstieg schon mit 13 oder 14 Jahren begraben, denn danach gibt es kaum noch Einstiegsmöglichkeiten in eine höhere Bildung. Die zweite Zäsur kommt dann nach dem Gymnasium. Die Tortur ist die Gleiche, und am Ende entscheidet das Ergebnis der Prüfung, ob einer der begehrten Studienplätze erreicht werden konnte oder eben nicht.

Diese Prüfungen sind ein Horror für die ganze Familie und zwar schon lange im Voraus. Der Stress beginnt mindestens ein Jahr vor der Prüfung. In der achten Klasse wird das ganze Jahr über praktisch nur noch für die große Prüfung gebüffelt. Das ist aber nicht auf die Schule beschränkt, sondern alle Kinder gehen in diesem Jahr zusätzlich zur sogenannten Dershane, wo am Wochenende und teilweise auch noch während der Woche am Abend anhand der Fragebögen der vorangegangenen Jahre die möglichen Testfragen rauf- und runtergepaukt werden. Das Kind ist sieben Tage die Woche ohne Pause im Einsatz, etliche halten den Stress psychisch oder auch körperlich nicht durch.

Der große Vorteil der privaten Schulen ist, dass sie die Kinder effektiver auf die beiden entscheidenden Prüfungen vorbereiten. Viele Eltern hoffen, dass ihre Kinder, nachdem sie acht Jahre private Grund- und Mittelschule bezahlt haben, in der Prüfung so gut abschneiden, dass die Punktzahl für ein passables staatliches kostenloses Gymnasium ausreicht. In allen Privatschulen hängen deshalb große Tafeln mit den Konterfeis der Kinder, die einen Wechsel an ein gutes Gymnasium geschafft haben. Wer allerdings für sein Kind die Premiumklasse einer der ausländischen Elitegymnasien anstrebt, muss sowohl eine sehr hohe Punktzahl erzielen als auch tief in die Tasche greifen. Das fängt bei fast 10 000 Euro an der Deutschen Schule an und hört bei dem begehrtesten amerikanischen College bei 16 000 Euro pro Schuljahr auf.

An den Tagen der landesweiten Prüfungen herrscht dann der komplette Ausnahmezustand. Die Kinder müssen zur Absolvierung der Prüfung zu einer anderen, ihnen fremden Schule, oft auch in einen ganz anderen Bezirk. Tage vorher wird diese Schule in Augenschein genommen und der beste Anfahrtsweg einstudiert, damit am großen Tag um 8:00 Uhr morgens nichts schiefgeht. Während die Kinder sich dann durch ihre Fragebögen kämpfen, warten hunderte von hochnervösen Eltern vor den Schultoren auf das Ende der Prüfung. In diesen zwei Stunden entscheidet sich der emotionale und finanzielle Einsatz von Jahren.

Fast jeder will an die Universität

Auch wenn es in der deutschen Debatte um die angebliche Bildungsferne türkischer Migranten nicht so scheint, in der Türkei will möglichst jeder Schüler, und zunehmend auch jede Schülerin, an die Universität. Zu Recht gilt das Studium als einzige echte Chance, später einen der begehrten festen, sozialversicherungspflichtigen Jobs mit Aufstiegschancen zu bekommen, auch wenn ein Studium längst keine Job-Garantie darstellt. Der Platz an der Uni ist hart erkämpft. Für die meisten Studenten und Studentinnen ändert sich nach Beginn des Studiums im Vergleich zu ihrer Zeit am Gymnasium relativ wenig. Die meisten wohnen während des Studiums zu Hause. Diejenigen, die in eine andere Stadt umziehen müssen, wohnen zumeist im Studentenheim. Nur ganz selten ziehen mehrere Studenten gemeinsam in eine Wohngemeinschaft, denn erstens findet man dafür schwer eine Wohnung und außerdem wäre es auch zu teuer. Das Studium ähnelt insgesamt stärker der Schule als in Deutschland. Die Vorgaben sind strikt, die Lehrpläne randvoll – großer eigener Spielraum für die Gestaltung des Studiums existiert zumeist nicht. Das führt dazu, dass auch das Studium eher Vermittlung von Wissen ist als das Lernen, wissenschaftlich zu arbeiten und eigene Standpunkte zu formulieren. Es fehlt oft an kritischer Reflexion, dafür ist das Studium kompakt und dauert maximal vier Jahre.

Die Art der Wissensvermittlung kommt eher den Naturwissenschaften entgegen, weshalb Ingenieure oder auch Mediziner im internationalen Vergleich besser mithalten können als Geisteswissenschafter. Das hat aber seinen Grund in der jüngeren türkischen Geschichte. In den 1960er und 70er Jahren waren die Universitäten, ganz ähnlich wie in Deutschland, Hochburgen des Widerstandes gegen den autoritären, konservativen Staat. Die Linke dominierte die Universitäten – allerdings gab es auch rechte Gruppierungen, mit denen Meinungsverschiedenheiten auch schon mal handfest ausgetragen wurden. Insgesamt waren die Hochschulen zu der Zeit stark politisiert.

Das änderte sich schlagartig mit dem Putsch von 1980. Die Wortführer der studentischen Linken verschwanden zu Tausenden im Gefängnis, linke Professoren und Dozenten verloren ihre Anstellungen. Die Universitäten wurden gründlich gesäubert und durch ein neues Gesetz ihrer Autonomie beraubt. Durch die während der Militärdiktatur verabschiedete neue Verfassung wurde stattdessen ein Hochschulrat (YÖK) eingeführt, der direkt dem Staatspräsidenten unterstellt ist und die Aufsicht über die Hochschulen führt. Mit der damals erfolgten zwangsweisen Entpolitisierung der Hochschulen ging ein Niedergang der Geisteswissenschaften einher, wovon sich die türkische Hochschullandschaft bis heute nicht erholt hat. Da das politische Korsett für die staatlichen Hochschulen so streng ist, hat sich paradoxerweise die kritische Intelligenz eher an einigen privaten Hochschulen entfaltet. Die Bilkent-Universität in Ankara beispielsweise, vor allem aber die Bilge-Universität in Istanbul sind zu Zufluchtsorten für renommierte kritische Professoren geworden, die an den staatlichen Hochschulen nicht mehr unterrichten durften. So kam es nicht, wie ursprünglich geplant, an der renommierten staatlichen Bosporus-Universität zur ersten spektakulären Großveranstaltung über das Armenien-Thema, bei dem auch vehemente Kritiker der offiziellen staatlichen Position auftraten, sondern die Veranstaltung fand nach Interventionen von oben an der privaten Bilgi-Universität statt.

Seit 2007 verändert sich die Hochschullandschaft der Türkei erneut, denn mit der Wahl des früheren AKP-Außenministers Abdullah Gül zum neuen Staatspräsidenten hat nun die AKP auch Zugriff auf den Uni-Aufsichtsrat YÖK. Seit Jahren ist die Herzensangelegenheit der AKP, die Universitäten für Studentinnen mit Kopftuch zu öffnen. In den ersten viereinhalb Jahren der AKP-Regierung verhinderte das der kemalistische Staatspräsident Sezer und der mehrheitlich von strengen Kemalisten besetzte Hochschulrat YÖK. Seit Gül nun im Herbst 2007 Präsident wurde, hat er zielstrebig die Zusammensetzung des Hochschulrates verändert. Inzwischen ist ein ausgewiesener AKP-Mann Vorsitzender, und seitdem ist das Kopftuch das Thema Nummer Eins an den Universitäten. Trotz erster Entscheidungen der Regierungen diesbezüglich werden sich die Auseinandersetzungen darum durch Einsprüche beim Verfassungsgericht vermutlich noch Jahre hinziehen.

Die Auseinandersetzung zwischen einer der Aufklärung dienenden und einer staatstragenden Wissenschaft, die seit dem Putsch 1980 die türkischen Universitäten lähmte, droht nun zu einer Auseinandersetzung um einen säkularen oder religiös beeinflussten Wissenschaftsbetrieb zu werden. Für Zahnmediziner oder Bauingenieure mag das egal sein. Aber schon bei den Biologen und erst recht bei Juristen, Historikern und Politologen könnte es kritisch werden.

Frauen

Es war einer der vielen Diskussionsabende, die man als Auslandskorrespondent im Heimaturlaub absolviert. Vermutlich in den Räumen der Heinrich-Böll-Stiftung in Berlin, es kann aber auch ganz woanders gewesen sein. Nach dem Ende des Vortrags fragte eine Frau, ob die Zahl der Ehrenmorde eigentlich zu- oder abnimmt, und ob es auch unter Journalistinnen so sei, dass sie zwangsweise verheiratet würden, oder ob Intellektuelle bei der Wahl ihres Lebenspartnern mittlerweile auch selbst mitreden dürften. Im Prinzip laufen Diskussionsrunden über die Türkei immer auf dieselbe Frage hinaus: Wie soll ein Land, in dem die Frauen so mies behandelt werden, Mitglied der EU werden können? Seit die Türkei in den europäischen Club drängt, haben selbst gestandene deutsche Konservative die Rechte der Frauen entdeckt, und auch die Katholische Kirche lässt es an kritischen Nachfragen wegen Gleichberechtigung der Geschlechter nicht fehlen; jedenfalls so lange es um die Türkei und die »geknechteten Frauen« in einem islamischen Land geht.

In der Regel versuche ich dann zu erläutern, dass die türkische Gesellschaft im Vergleich zur deutschen oder gar skandinavischen zwar tatsächlich sehr viel patriarchalischer ist und männliches Macho-Gehabe noch weitgehend als normal akzeptiert wird, es aber immerhin auch erstaunliche Gegenbeispiele gibt, die das Bild der allseits unterdrückten Frau in neuen, weit weniger düsteren Farben erscheinen lassen, als es aus der Entfernung gemeinhin wahrgenommen wird: das Wahlrecht für Frauen beispielsweise, in der Türkei schon 1934, noch vor einigen westeuropäischen Ländern eingeführt, die Zahl der Professorinnen an den Hochschulen, weit höher als in Deutschland, eine Frau als Regierungschefin, Tansu Ciller, bereits 1993, mehr als zehn Jahre vor Angela Merkel. Man kann diese Aufzählung noch um etliche Posten erweitern: Jahrelang war eine Frau Vorsitzende des Obersten Gerichts, seit Anfang 2007 ist mit Arzuhan Yalcindag gar eine Frau gewählte Chefin des einflussreichsten Unternehmer-

Oben: *Abschlussfeier an der privaten Kadir-Has-Universität im Istan-buler Stadtteil Balat am Goldenen Horn*
Unten: *religiöse Frauen lernen in einer ehemaligen Medrese die Kunst der Kalligraphie im sehr traditionellen Viertel Eyüp*

verbandes TÜSIAD. Das heißt, der Boss der Bosse ist eine Frau, und das in der vermeintlich so testosterongesteuerten türkischen Gesellschaft.

Doch was heißt das? Ausnahmen bestätigen eben die Regel, wie manche schulterzuckend meinen. Oder aber sind das doch unübersehbare Indizien für eine Entwicklung, die sich der in West- und Nordeuropa langsam, aber sicher annähert. Es heißt paradoxerweise beides. Es gibt keinen anderen Bereich, in dem die türkische Gesellschaft so gespalten ist wie bei den unterschiedlichen Rollen der Frauen. Es gibt den urbanen Teil der Türkei, in dem der Geschlechterkampf sich in ähnlicher Form abspielt wie in Deutschland auch. Grundsätzlich kann Frau alles erreichen, sie hat es aber schwerer als Männer. Hausarbeit und Kinder sind auch in modernen türkischen Familien immer noch eher die Domäne der Frauen, auch wenn sie genauso ihrem Job nachgehen wie der Mann der Familie. Elternauszeit für Männer, Windelnwechseln und Geschirrspülen sind auch für den durchschnittlichen modernen türkischen Mann Tätigkeiten, die einfach nicht in seinen Bereich gehören. Trotzdem ist in diesem Teil der Gesellschaft vieles möglich. So findet es niemand ungewöhnlich, dass die Vorstandsvorsitzende des zweitgrößten Industriekonglomerates, der Sabanci-Holding, eine Frau ist. Güler Sabanci gehört damit zweifellos zu den mächtigsten Menschen der Türkei. Es gibt Gerichtsvorsitzende, Hochschulrektorinnen und bekannte Kolumnistinnen. In Istanbul wurde vor einigen Jahren ein feministischer Buchladen gegründet, im Kunst- und Theaterbereich tummeln sich überdurchschnittlich viele Frauen.

Für einen ausländischen Korrespondenten spielt sich sein eigenes, privates Leben natürlich fast ausschließlich in diesem Teil der Gesellschaft ab. Freunde und Bekannte gehören zur modernen Mittelschicht und die Geschlechterbeziehungen unterscheiden sich in keiner Weise von denen in Berlin oder Frankfurt. Deshalb kommen einem persönlich die Fragen deutscher Freunde oft völlig exotisch vor. Denn aus der Sicht des westlich orientierten Mittelstandes sind Ehrenmorde, Zwangsheiraten, die gesamte Verfügungsgewalt, die Männer in traditionellen Familien über Frauen haben, genauso weit vom eigenen persönlichen Leben entfernt wie von Berlin aus. Es gibt kaum Berührungspunkte zwischen diesen beiden gesellschaftlichen Sphären, es sei denn, die Putzfrau erzählt von Problemen in ihrer Familie.

Natürlich gibt es den stark traditionellen Bereich der Gesellschaft. Er ist zahlenmäßig sogar viel größer, und die Menschen leben auch nicht alle weit weg im Osten des Landes, im ländlichen Anatolien und den Provinzkleinstädten, sondern sie leben durchaus nebenan, in den Vorstädten der Metropolen. Mädchen in diesen Familien sind, völlig unabhängig davon, welche Rechte ihnen auf dem Papier per Gesetz zustehen, einer seit Jahrhunderten kaum veränderten patriarchalischen Werteordnung unterworfen, in denen die Gleichberechtigung der Geschlechter keinen Platz hat. Dass die Trennung in der Türkei so scharf ist, hat damit zu tun, dass die Gesellschaft im Zuge der kemalistischen Revolution in den zwei Jahrzehnten nach Gründung der Republik 1924 einen geradezu eruptiven Sprung gemacht hat, den aber nur ein Teil der Menschen mitvollziehen konnte. Die Modernisierung in den 20er und 30er Jahren des letzten Jahrhunderts entsprach in der Türkei nicht einer ökonomischen Notwendigkeit, sie war, rein soziologisch betrachtet, nicht von unten gewachsen, sondern – wie schon beschrieben – das Ergebnis einer ideologisch begründeten Kulturrevolution von oben.

Die Gründerväter der Republik rund um Mustafa Kemal wollten die Türkei in die europäische Zivilisation integrieren, sie wollten das Agrarland möglichst schnell industrialisieren und aus dem orientalischen Feudalismus herausführen. Zu diesem Programm gehörte die Befreiung der Frau aus Tradition und religiösen Zwängen. Mit der Abschaffung des Islam als Staatsreligion und der Einführung eines modernen Zivilrechts wurde die Mehrehe verboten, die Frau dem Mann im Grundsatz rechtlich gleichgestellt und der Schleier in der Öffentlichkeit verboten. Doch so wie die Modernisierung insgesamt nur teilweise gelang, so kam die Befreiung der Frau auch nur bei einem Teil der Gesellschaft an. Während sich in den Städten, vor allem in der jungen Hauptstadt Ankara, ein neues kemalistisches Bürgertum herausbildete, das sich dann nach und nach auch in den anderen Großstädten entwickelte, blieb die Provinz überwiegend ihren Traditionen verhaftet.

Schon damals war der Kemalismus auch ein Projekt gegen die Rückständigkeit der Religion. Obwohl die Kemalisten sich anders als die benachbarten Kommunisten in der Sowjetunion nicht als Atheisten bezeichneten, wollten sie die Religion doch strikt in die Privatsphäre jedes Einzelnen zurückdrängen. Auch deshalb sollte die moderne Frau in der Öffentlichkeit ihr Haar zeigen, seit damals ist das öffentliche Bild der Frau ein Ausdruck dafür, wer in der Gesellschaft das Sagen hat. Daher ist es für den modernen, kemalistischen Teil der Gesellschaft so schwer erträglich, wenn sich nun die First Lady des Landes im Türban, dem islamischen Kopftuch, präsentiert und damit symbolisch deutlich macht, dass die kemalistische, westliche Modernisierung für sie nicht zählt.

»Die Frau«, sagt die renommierte 65-jährige Politologin Nur Vergin, »wird sowohl von den Kemalisten wie von den Islamisten für ihre Ziele instrumentalisiert. Die Konflikte werden auf dem Rücken der Frauen ausgetragen, dabei geht es beiden Seiten nur um die Macht.«

Die absolute kulturelle Hegemonie der Kemalisten, die notfalls auch mit Gewalt durchgesetzt wurde, hielt sich nur bis in die 1950er Jahre. Der Aufstieg der islamisch orientierten Parteien begann aber erst Mitte der 1980er Jahre. Das hatte mit der islamischen Revolution im Iran zu tun, aber auch mit der Schwäche und Unfähigkeit der bürgerlichen Parteien und der alten republikanischen Partei Atatürks.

Das wichtigste Moment ist aber die Demografie. Die arme, ungebildete, den alten Traditionen verhaftete Bevölkerung auf dem Land wuchs sehr viel schneller als die urbane städtische Bevölkerung. Die kulturelle und soziale Transformation, die normalerweise – so auch in der Türkei bis in die frühen 1980er Jahre – dazu führt, dass die Landflucht die Leute zu Städtern macht, die sich den kulturellen Normen der Stadt anpassen, fand nicht mehr statt, weil die Einwanderung in die Städte so groß war, dass sich die Mehrheitsverhältnisse umdrehten. Die Bevölkerung Istanbuls wuchs von Mitte der 1960er Jahre bis zur Jahrtausendwende von 2 auf 10 Millionen. Innerhalb von 30 Jahren kamen zu den 2 Millionen Städtern 8 Millionen Einwanderer vom Land hinzu.

Die Frauen und Mädchen dieser Einwandererfamilien bleiben in ihren Vorstädten soweit unter sich, dass eine kulturelle Modernisierung nur sehr eingeschränkt stattfindet. An diesem Bevölkerungswachstum scheiterte auch die »Erziehungsoffensive« der Kemalisten. Es gab gar nicht genug Schulen, genug Lehrer und nicht genügend Geld für Bildung, um alle Kinder im Geist der Moderne erziehen zu können. Außerdem erlahmte der Elan der frühen Jahre, als die »Kinder Atatürks« noch mit Begeisterung nach erfolgreicher Ausbildung als Lehrer, Ärzte oder

Verwaltungsspezialisten die Fackel der Aufklärung aufs Land tragen wollten und sich freiwillig zum Dienst in der Provinz meldeten.

Seit die AKP 2002 an die Macht kam, stellt sie nun die Machtfrage im Sinne der Vorstädte. Das Paradoxe ist, dass die AKP eine reaktionäre Forderung, die Bedeckung der Frau, im Namen der Freiheit und der Demokratie vorträgt. Weil der Kemalismus den Fortschritt eben auch immer autoritär von oben und zur Not mit Hilfe des Militärs durchsetzen wollte, kann die AKP nun im Namen der Freiheit fordern, dass Frauen auch mit Kopftuch zur Universität gehen können müssen. Sich ein Kopftuch aufzusetzen kann geradezu als emanzipatorischer Akt gegen den »repressiven Staat« verkauft werden.

Da die AKP zumindest in ihrer ersten Legislaturperiode an der Macht – von 2002 bis 2007 – glaubhaft die Mitgliedschaft in der EU anstrebte und mehr Freiheit und Demokratie in allen gesellschaftlichen Bereichen versprach, wurde sie von den meisten Liberalen, allesamt durch und durch säkulare Intellektuelle, unterstützt. Selbst viele Frauengruppen waren begeistert, dass die AKP im Zuge der Annäherung an die EU-Gesetzgebung bereit war, das Strafrecht zu reformieren und die Position von Frauen – bei Vergewaltigungsprozessen, beim Strafmaß für Ehrenmorde und selbst beim Straftatbestand Vergewaltigung in der Ehe – erheblich zu verbessern.

In dreijähriger harter Lobbyarbeit hat eine nationale Plattform, zu der sich eine ganze Reihe von Frauen-Organisationen zusammengeschlossen haben, entscheidend mit dafür gesorgt, dass das im Herbst 2004 verabschiedete neue Strafgesetzbuch der Türkei erstmals die individuellen Rechte der Frau festschreibt und das Anzeigen von sexuellen Übergriffen bis hin zu Vergewaltigungen nicht mehr als Störung des Familienfriedens definiert, sondern als Verletzung der individuellen Rechte der Frau geahndet werden. Vor allem in den Jahren von 2003 bis 2006 herrschte in der Türkei eine Aufbruchstimmung, die es denkbar erscheinen ließ, dass die AKP, im Rahmen der Verhandlungen zum EU-Beitritt, auch für die Mädchen und Frauen aus den Vorstädten den Weg zu einem moderneren Leben freimachen könnte – durch bessere Bildungsangebote und eine Zivilgesetzgebung, die die Stellung der Frau beispielsweise im Scheidungsrecht oder bei Erbschaftsfragen deutlich verbessert.

Junge Schülerinnen des theologischen Iman-Hatip-Gymnasiums von Istanbul demonstrieren nach dem Freitagsgebet für das Tragen von Kopftüchern in öffentlichen Schulen, Universitäten und staatlichen Einrichtungen

Erste Irritationen gab es, als die AKP-Führung auf Druck des konservativ-islamischen Flügels plötzlich Ehebruch als neuen Straftatbestand in das Strafgesetzbuch aufnehmen wollte. Massive Proteste aus Brüssel und der liberalen Unterstützer der AKP verhinderten das. Noch in die Zeit des Aufbruchs fielen erste Berichte darüber, dass führende AKP-Politiker in ihrem persönlichen Umgang mit Frauen weit von der progressiven Rhetorik ihrer Parteiführung gegenüber der EU entfernt waren. So wurde bekannt, dass die Frau eines Parteivorstandsmitgliedes zur Polizei gegangen war und ihren Mann wegen häuslicher Gewalt angezeigt hatte. Wichtig war der Grund für die Gewaltausübung gegen die Frau. Der Mann hatte sich eine Zweitfrau zugelegt und seine gesetzliche Frau verprügelt, weil die nicht damit einverstanden war. Der Vorfall brachte dann auch noch ans Licht, dass offenbar die nach islamischem Recht mögliche Mehrehe – in der Türkei seit 80 Jahren verboten – innerhalb der AKP häufiger vorkam.

Vor allem ein Foto in der größten Tageszeitung »Hürriyet« war es dann, dass die Ängste der modernen Frauen gegenüber der AKP auf den Punkt brachte. Der Fotograf hielt eine Szene in einem Lokal fest, wo ein AKP-Minister auf einer Reise durch die Provinz die örtlichen Honoratioren zu einem Essen empfing. Während die Männer an einer langen Tafel ausgelassen speisten, saß die Frau des Ministers, mit einem Kopftuch verhüllt, einsam an einem »Katzentisch« in der Ecke. Sieht so die Befreiung der Frau vom Joch der kemalistischen Verbote aus, fragte die Zeitung in Anspielung auf die Freiheitsrhetorik der AKP gegen das Kopftuchverbot.

Wenn in Deutschland über die Misere der türkischen Frauen geredet wird, geht es meistens um häusliche Gewalt, Zwangsehen oder gar Ehrenmorde. Tatsächlich sind die Zahlen über häusliche Gewalt erschreckend – statistisch erlebt jede dritte Frau in der Türkei Gewalt in der Familie –, aber das Hauptproblem der Mehrheit der Frauen ist doch ein anderes. Jenseits der modernen Familien, in denen die Frauen von den kemalistischen Reformen profitiert haben, geht kaum eine Frau arbeiten. So haben wir die merkwürdige Situation, dass in hoch qualifizierten Berufen in Wissenschaft, Kultur und auch in der Wirtschaft im Vergleich zu Deutschland viele Frauen bis hinauf in die Führungsetagen vertreten sind, in der Masse aber die Beschäftigung bei Frauen sehr gering ist. Die Folge davon sind andauernde Abhängigkeit der meisten Frauen von den männlichen Familienmitgliedern und damit die Fortschreibung der patriarchalischen Strukturen.

Vor der Wahl 2007 hat die Frauenrechtsorganisation »Frauen für Frauenrechte – Neue Wege« eine Initiative gestartet, mit der sie die Berufstätigkeit von Frauen unterstützen will. Eine der Aktivistinnen ist Ipek Ilkkaracan, eine Assistenzprofessorin am Fachbereich Wirtschaft der Technischen Universität in Istanbul und eine klassische Vertreterin der modernen türkischen Frauen aus der kemalistischen Tradition der Gesellschaft. Sie hat die offiziellen Beschäftigungszahlen von Frauen untersucht und dabei festgestellt, dass unter den angeblich 26 Prozent arbeitender Frauen rund 10 Prozent sind, die in der Landwirtschaft auf einem Hof der Familie mitarbeiten und dafür gar nicht bezahlt werden. Von den verbleibenden 16 Prozent berufstätiger Frauen sind danach noch ein großer Anteil immer wieder arbeitslos, so dass am Ende vielleicht 10 Prozent der türkischen Frauen in einem festen sozialversicherungspflichtigen Job beschäftigt sind. Dieser dramatische Befund – die EU strebt an, dass mindestens 60 Prozent aller Frauen eines Landes einer bezahlten Beschäftigung nachgehen sollen – geht nach Auffassung der Fraueninitiative nicht nur auf die schwierige Situation am Arbeitsmarkt zurück, sondern ist vor allem Tradition und Mentalität geschuldet.

Das beginnt bei der Schulbildung, wo Mädchen in traditionellen Familien von ihren Eltern oft immer noch weniger unterstützt werden als Jungen. Das Problem setzt sich fort, wenn Männer für gleiche Arbeit mehr verdienen als Frauen und in armen Familien dann natürlich Männer arbeiten gehen statt Frauen. Frau Ilkkaracan erzählt von einer typischen Erfahrung, die sie mit der AKP gemacht hat und die wenig Hoffnung für die Frauenbeschäftigung in der Zukunft gibt. Bei einem UNO-Symposium 2005 präsentierte ein Minister der AKP einen Regierungsbericht, wie man gegen die Diskriminierung von Frauen vorzugehen beabsichtige. Als er jedoch gefragt wurde, wie viel Kindergarten- und Vorschulplätze es in der Türkei gäbe, verstand er gar nicht, was das mit dem Thema zu hätte. Denn natürlich habe jede Frau ihre familiären Verpflichtungen. Gegenüber der UN-Kommission sagte der Minister: »Was haben Kindergartenplätze mit Diskriminierung zu tun? Wir haben nichts dagegen, wenn Frauen arbeiten gehen, aber zuerst müssen sie natürlich ihre Familienpflichten gegenüber den Kindern, ihren

*Güzide Duran (GUZI), ein international bekanntes Elite-Model,
auf der Abdi Ipekci Cadessi, der teuersten Einkaufsmeile der Türkei*

Männern und ihren Eltern oder Schwiegereltern erfüllen. Wenn
sie dann noch Zeit haben, können sie arbeiten gehen.«

Frauendiskriminierung besteht für die AKP hauptsächlich darin, dass es »ihren« Frauen bislang nicht erlaubt war, mit einem
Kopftuch zu studieren oder gar mit Türban als Lehrerin zu unterrichten oder als Staatsanwältin zu arbeiten.

Symbolisiert durch das Kopftuch, steht derzeit in der Tür-
kei tatsächlich die Frage auf dem Prüfstand, ob die einstmals
von den Kemalisten durchgesetzte Trennung von Religion und
Staat bestehen bleibt, ob der moderne, nichtreligiöse Teil der
Gesellschaft stark genug ist, sich den Forderungen, die die Reli-
gion angeblich stellt, zu widersetzen. Ganz schlicht formuliert:
Wird aus der Freiheit für das Kopftuch über kurz oder lang ein
Kopftuchzwang, kommt nach dem Kopftuchverbot dann das
Kopftuchgebot? Viele Frauen zweifeln am Bekenntnis der AKP

zu Toleranz und gesellschaftlicher Vielfalt. Als es um die Wahl von Abdullah Gül, dem zweiten Mann in der islamischen AKP, zum Präsidenten ging, protestierten Hunderttausende Frauen in verschiedenen Städten gegen die drohende Re-Islamisierung der Gesellschaft. Viele fürchten, dass die unter Atatürk durchgesetzte, weltweit einzigartige Säkularisierung eines mehrheitlich islamischen Landes jetzt wieder rückgängig gemacht werden könnte.

In dieser Auseinandersetzung fühlen sich viele moderne Frauen in der Türkei von ihren Geschlechtsgenossinnen in Europa alleingelassen. Denn rein zahlenmäßig sind sie in der Minderheit. Die größte Sicherheit gegen eine schleichende Islamisierung des Landes, davon sind alle überzeugt, wäre ein Beitritt der Türkei zur EU. Stattdessen wird in Deutschland und im übrigen Westeuropa durch den Diskurs über Ehrenmorde und Frauenunterdrückung eine weitere Annäherung an die EU eher erschwert, jedenfalls wenn das als Beleg für die EU-Untauglichkeit des Landes benutzt wird. Dabei ist das Wissen um die schwierige Situation vieler Frauen bereits ein Erfolg der Annäherung. Das Interesse an der Situation von Frauen ist größer, Ehrenmorde geschehen nicht mehr völlig unbeachtet, weit hinten im Osten der Türkei, sondern werden in den großen Zeitungen thematisiert. In einem Report im September 2007 begrüßt die Frauenhilfsorganisation KAMER aus dem kurdischen Diyarbakir die wachsende öffentliche Aufmerksamkeit gegenüber Ehrenmorden. In dem Report mit dem Titel »Wir können es stoppen« berichten sie, dass sich in den letzten vier Jahren insgesamt 158 von ihrer Familie bedrohte Frauen an sie gewandt hätten. Ob diese Zahl auf eine Zunahme von Ehrenmorden hinweist, ist schwer zu sagen, weil vor Gründung von KAMER 2003 niemand die Fälle gezählt hat. In der Polizeistatistik werden sie nicht gesondert aufgeführt (wie übrigens in Deutschland auch nicht), und erst in den letzten Jahren rückten NGOs das Phänomen überhaupt in den Fokus überregionaler Aufmerksamkeit. Unter dem Druck von Frauenorganisationen und der EU hat eben auch die Regierung sich erst in den letzten Jahren zu einer neuen strafrechtlichen Beurteilung von Ehrenmorden durchgerungen. Deshalb wäre es gerade für viele Frauen fatal, wenn der Zwang zur Anpassung an die Werte der EU zukünftig stark abnimmt oder gar ganz entfällt.

Doch gerade Frau Merkel scheint sich für das Schicksal von

Friedhof von Budakli in der Nähe von Bitlis im Kurdengebiet, wo Guldunya Toren begraben liegt, die im Februar 2004 von ihren Brüdern zur »Rettung der Familienehre« ermordet wurde.

Frauen in der Türkei nicht besonders zu interessieren. Mit der CDU-Parole von der »privilegierten Partnerschaft« sorgt sie jedenfalls mit dafür, dass der Einfluss der EU in der Türkei schwindet. Die Mehrheit der AKP-Mitglieder ist fest in traditionellen, patriarchalischen Wertvorstellungen verankert. Fehlt die Beitrittsperspektive, gibt es auch für die AKP-Führung keinen Grund mehr, ihre Leute mit den Wertvorstellungen der europäischen Gesellschaften zu konfrontieren.

Für die westlich orientierten, modernen türkischen Frauen bleibt dann nur die Hoffnung, dass sich ein Wertewandel im traditionellen Teil der Gesellschaft mit steigendem Wohlstand irgendwann sozusagen von selbst einstellt. Doch das kann sehr lange dauern, wie die reichen Staaten am Persischen Golf zeigen.

Ehrenmorde

Als am 8. März 2008, wie in jedem Jahr in allen Großstädten der Türkei zum internationalen Frauentag, Tausende Frauen für ihre Rechte demonstrierten, fand in Batman eine stille Beerdigung statt. Wenige Leute gaben der 17 Jahre alten Lalihan ihr letztes Geleit. Das Mädchen, deren Geburt nie registriert worden war, die offiziell gar nicht existierte, bekam erst im Tod ein öffentliches Gesicht. Lalihan war zwei Tage zuvor ermordet worden. Ermordet von ihrem Cousin Abdurrahman, der mit dem Mord an seiner Cousine die Ehre seiner wie die der Familie von Lalihan wieder herstellen wollte.

Der Tod von Lalihan war eine dieser Tragödien, wie sie vor allem im armen Südosten der Türkei immer wieder vorkommen. Zwei Bauernfamilien, die beiden männlichen Familienoberhäupter sind Brüder, hatten bereits wenige Jahre nach der Geburt ihrer Kinder beschlossen, dass jeweils ein Sohn der einen Familie die Tochter der anderen Familie heiraten solle. So würde das Land in der Familie bleiben, und es gäbe keine unerwünschten Eindringlinge von außen. Während Lalihans älterer Bruder seine Cousine heiratete, weigerte sich Lalihan, den Sohn ihres Onkels, ihren Cousin Abdurrahman zu heiraten. Es erschien ihr nicht richtig, den Jungen, mit dem sie Seite an Seite wie mit einem Bruder aufgewachsen war, auch noch zu heiraten.

Wie häufig in solchen Familien, gab es für Lalihan niemanden, mit dem sie über ihre Probleme hätte reden können, niemanden, der den absehbaren Konflikt hätte moderieren oder entschärfen können. Erst kurz bevor die Heirat stattfinden sollte, ging Lalihan zu ihrem Vater und sagte ihm, sie könne Abdurrahman nicht heiraten. Der Vater war blamiert, sein Bruder hatte seine Tochter seinem Sohn zur Frau gegeben und nun weigerte sich seine Tochter, den Sohn seines Bruders zu heiraten. Eine weitere Tochter hatte er nicht, es gab für ihn nur einen Ausweg, die Schmach zu tilgen und sein Gesicht zu wahren. Abdurrahman, der verschmähte Ehemann, wurde als Vollstrecker der Tat ausgewählt. Beide Familien sahen zu, wie er Lalihan mit einem Messer ermordete.

Erst als es zu spät war, tauchte der Staat in Form der Gendarmerie auf. Solange Lalihan gelebt hatte, existierte sie für die Behörden gar nicht. Abdurrahman wird für den Mord wahrscheinlich zu lebenslangem Gefängnis verurteilt. Seit das Strafrecht 2004 reformiert worden ist, gibt es für sogenannte Ehrenmorde keine mildernden Umstände mehr. Es ist fraglich, ob Abdurrahman davon wusste. Doch selbst wenn, hätte es ihn wahrscheinlich kaum von der Tat abgehalten. In seinem Lebensumfeld, in seiner Familie und in seinem Dorf wäre er zu einem Aussätzigen geworden, wenn er sich geweigert hätte, Lalihan zu töten.

Eine Studie der Dicle Universität in Diyarbakir kam noch 2008, also vier Jahre nachdem das neue Strafrecht in Kraft getreten ist und damit auch Anstiftung zum Ehrenmord ahndet, zu dem Ergebnis, dass die Ehrenmorde nicht zuletzt auf Druck der Nachbarschaft im Dorf erfolgten. Eine Studiengruppe um Professor Mazhar Bagli interviewte 170 Männer, die wegen Ehrenmorden im Gefängnis saßen, über Motive und nähere Umstände der Tat. Diejenigen, die sich äußerten, schilderten alle, welchen Druck ihre Umgebung ausgeübt hatte, damit sie ihre »Ehre verteidigten«. Ein Mann, der seine Tochter getötet hatte, sagte im Interview: »Ich habe es getan, nachdem ich feststellen musste, dass meine Nachbarn und Freunde mich nicht mehr grüßten und sich weigerten, mir die Hand zu geben.«

Die gesamte Studie ist erschütternd und zeigt, dass es von einer Änderung der Gesetze bis zu einer Änderung des Bewusstseins noch ein langer Weg ist. 2006 hatte eine vom türkischen Parlament eingesetzte Untersuchungskommission erstmals auf breiter Basis Ehrenmorde untersucht. Sie hat für den Zeitraum von 2000 bis 2005 insgesamt 1091 Fälle versuchter oder begangener Ehrenmorde registriert. Die Mitglieder der Kommission zeigten sich völlig erschüttert über die Abgründe, die sie bei ihren Untersuchungen festgestellt hatten. Die UNO schickte 2006 eine Sonderberichterstatterin in die Türkei, um sich über die Situation zu informieren.

Dabei wurde sie darauf aufmerksam gemacht, dass es neben den Ehrenmorden in einigen Städten im Südosten auch eine beunruhigend hohe Rate von Selbstmorden bei jungen Frauen gibt. Möglich Ursache: Um die härteren Strafen zu vermeiden, würden junge Frauen jetzt von ihren Angehörigen in den Selbstmord gedrängt.

Bereits 2003 war ein Psychiater der Dicle Universität auf die hohe Selbstmordraten aufmerksam geworden und hatte begonnen, einzelne Fälle zu untersuchen. Sein Fazit: Die meisten Selbstmorde waren verdeckte Morde. Vor allem in einer Provinzstadt im Südosten, in Batman, rund 50 Kilometer von Diyarbakir entfernt, häuften sich die Selbstmorde. Die Stadt, in der auch Lalihan ermordet wurde, hat es mittlerweile zur traurigen Berühmtheit als »Selbstmord-Stadt« gebracht. Batman ist unter den tristen, völlig verarmten Städten in der kurdischen Region der Türkei die deprimierendste. Sie liegt inmitten einiger kleiner Ölfelder, der einzigen Region der Türkei, wo etwas Öl gefördert wird, ohne selbst davon zu profitieren. Die Bohrtürme und eine Ölraffinerie verschmutzen die gesamte Umgebung, zum Abbau der Arbeitslosigkeit tragen sie jedoch nicht bei. Dazu kommt, dass Batman das kurdische Zentrum des islamischen Fundamentalismus ist. Von hier stammt die Hizbullah, die nichts mit ihren Namensvettern im Libanon zu tun hat, sondern als Organisation einen kurdischen Gottesstaat anstrebt. Die Hizbullah ist extrem gewalttätig – aus ihrem Umfeld stammen die Selbstmordattentäter, die in Istanbul 2003 zwei Synagogen, das britische Konsulat und die HSBC-Bank angegriffen haben und dabei etliche Menschen töteten.

Die UN-Sonderberichterstatterin Yakin Ertürk sagte auf einer Pressekonferenz im Mai 2006, allein in den ersten vier Monaten des Jahres hätte es 36 Selbstmorde junger Frauen in Batman gegeben. Da es in solchen Fällen sehr schwierig sei, eindeutig nachzuweisen, dass der »Selbstmord« durch die Familie erzwungen worden sei, könne man dagegen nur schwer strafrechtlich vorgehen.

Dass Ehrenmorde in den türkischen Medien in den letzten Jahren immer stärker als gesellschaftlicher Skandal kritisiert werden, ist vor allem diversen Fraueninitiativen zu verdanken, die versuchen, den betroffenen Mädchen zu helfen. Die bekannteste ist KAMER, eine Frauengruppe, die Ende der 1990er Jahre in Diyarbakir entstanden ist und seitdem sehr erfolgreich etlichen Frauen geholfen hat, die von ihrer Familie bedroht wurden. KAMER hat Zufluchtsorte geschaffen, wo Frauen unterkommen können, sie gehen aber auch in die Familien und versuchen dort, um Verständnis für die betroffenen Frauen zu werben und die Männer von den Mordplänen abzubringen. Wenn das nichts nutzt, schalten sie gegebenenfalls die Polizei ein. Um auf das Problem aufmerksam zu machen, hat KAMER mehrfach Begräbnisse für ermordete Frauen organisiert, die dann zu großen Manifestationen gegen Ehrenmorde wurden.

Obwohl die Initiatorinnen von KAMER immer wieder bedroht und als Verräterinnen beschuldigt wurden, weil sie auf den Skandal von Ehrenmorden innerhalb der kurdischen Dörfer der Türkei hinweisen, haben sie mittlerweile in mehreren anderen Städten Büros eröffnet und zu Anlauf- und Beratungsstellen für Frauen gemacht.

Arbeit, Gesundheit, Rente

Arbeitsbedingungen wie im Frühkapitalismus

Der Anblick ist überwältigend. Schon von der Stadtautobahn, die unweit des Marmarameeres aus Istanbul nach Osten hinausführt, sieht man Kran an Kran; dazu riesige Schiffsrümpfe, die die Mauern und Gerüste der Werften überragen. Kilometer um Kilometer zieht sich hier in Tuzla, dem östlichsten Vorort der Stadt, das mit Abstand größte Schiffbauareal der Türkei hin. In den letzten fünf Jahren sind die Schiffstonnagen, die hier zusammengeschweißt werden, von 150 000 im Jahr auf eine Million gesteigert worden. Kein Industriezweig in der Türkei hat solche Wachstumsraten, und nirgendwo sonst in türkischen Großbetrieben wird unter derart frühkapitalistischen Bedingungen gearbeitet wie auf den Werften in Tuzla.

Mit dem Wachstum wuchs parallel die Todesrate unter den Arbeitern, sagt die Gewerkschaft für Schiffbau. Verunglückten 2001 zwei Arbeiter auf einer der Werften, waren es Ende 2007 und Anfang 2008 in nur acht Monaten 18 Männer. Sie starben entweder unter herabstürzenden Stahlplatten oder stürzten aus großer Höhe ab, verbrannten bei Explosionen oder verätzten sich die Lungen durch giftige Ausdünstungen. Die Möglichkeiten, sich zu verletzen, sind so zahlreich, dass man gar nicht weiß, wo man zuerst hinschauen soll, sagte ein Arbeiter der Tageszeitung »Zaman« in einem Interview. »Du weißt nie, aus welcher Richtung der Tod gerade kommt.«

Die Hauptgründe für die vielen Verletzungen und Todesfälle sind nach Einschätzung der Gewerkschaft die enorme Arbeitshetze und die mangelnde Ausbildung der Beschäftigten. Die Globalisierung der Weltwirtschaft hat die Nachfrage etwa nach Containerschiffen in den letzten zehn Jahren enorm angeheizt. Die Werfteigner, so die Gewerkschaften, sind nur am schnellen Profit interessiert. Sicherheit am Arbeitsplatz ist da kein Thema. Doch die Gewerkschaften machten Druck. Als die tödlichen Unfälle Ende 2007 stark zunahmen, organisierten sie erste kurze Ausstände. Doch die Patrons ignorierten sie. Denn willige Arbeitskräfte gibt es genug. Oft werden Aufträge für bestimmte Bauabschnitte an Subunternehmer vergeben, die dann mit Leiharbeitskräften auf die Werft kommen. Diese Leiharbeiter sind in der Regel nicht aus Istanbul, sondern kommen aus Anatolien, um in Tuzla möglichst schnell möglichst viel zu verdienen und dann wieder zu ihren Familien zurückzukehren. Diese Leute sind nicht ausgebildet, arbeiten sieben Tage am Stück – und das rund zehn Stunden am Tag – für einen Hungerlohn. Sie sind nicht krankenversichert, und sie gehen in keine Gewerkschaft. Sie werden geheuert und gefeuert, je nach Auftragslage. Die Leute kommen und verschwinden wieder, ganz wie sie gebraucht werden.

Als an einem Tag im Januar 2008 wieder zwei Arbeiter tödlich verunglückten und die Medien sich der Situation der Werftarbeiter verstärkt annahmen, reagierte dann auch endlich die Politik. Das Parlament setzte einen Untersuchungsausschuss ein, und der zuständige Arbeitsminister musste aktiv werden. Das Ganze, so sagt die Gewerkschaft, hatte auch deshalb so lange gedauert, weil zwei der größten Werftbesitzer als Abgeordnete im Parlament sitzen. Einer gehört der regierenden AKP an und ist gleichzeitig Vorsitzender des Verteidigungsausschusses, der andere ist eine führende Figur der rechtsradikalen Oppositionspartei MHP. Beide sorgten offenbar dafür, dass die skandalösen Verhältnisse in der Werftindustrie solange als möglich unter der Decke blieben.

Hauptursache für diese Verhältnisse aber ist das schnelle Wachstum der Branche. Noch Ende der 1990er Jahre spielte der Schiffbau in der Türkei kaum eine Rolle. Die Nachfrage war gering, und bald fehlte der Nachwuchs. Dabei ist Istanbul eine der ältesten Schiffbaustädte der Welt. Schon zu byzantinischen Zeiten waren die Werften am Goldenen Horn berühmt. Die Osmanen wetteiferten mit den Werften in Venedig um den größten Ausstoß in Europa. Wer das Mittelmeer beherrschen wollte, musste Schiffe bauen. Bis 1983 blieben die historischen Werften mitten im Zentrum Istanbuls in Betrieb. Dann verlegte erst die Marine ihren Stützpunkt nach Tuzla, und die wenigen kommerziellen Werften, die es noch gab, folgten. Doch das Geschäft dümpelte vor sich hin und die Schiffbautradition drohte verlorenzugehen. Nur an drei Universitäten, zwei in Istanbul, eine am Schwarzen Meer, werden noch Schiffbauingenieure ausgebildet. Viel zu wenige für den heutigen Bedarf. Jetzt entsteht in Tuzla fast jeden Monat eine neue Werft. Auch auf der gegenüberliegenden Seite des Marmarameeres bei Yalova werden schon die ersten Obstplantagen gerodet, um Platz für neue Werften zu schaffen.

Gebaut wird mittlerweile fast alles. Von Frachtern und Containerschiffen über anspruchsvolle Forschungsschiffe bis hin zu Luxusyachten für den internationalen Jet-Set. So hat sich beispielsweise Formel-1-Papst Bernie Eccelstone in Tuzla eine Luxusyacht bauen lassen, weil die Qualität stimmt und es trotzdem wesentlich preiswerter ist als in Westeuropa oder in den USA. Das liegt nicht zuletzt an den Dumpinglöhnen, die die türkischen Arbeiter im Vergleich zu ihren deutschen oder italienischen Kollegen erhalten. Ein gewerkschaftlich organisierter Facharbeiter bekommt rund 1200 Lira im Monat, das sind rund 800 Euro. Die nicht organisierten Leiharbeiter freuen sich, wenn sie 900 Lira, also knapp 600 Euro, nach Hause bringen. Es gibt aber genug Leute, die als Tagelöhner selbst für weniger als 30 Lira am Tag schuften. Ein Ingenieur rechnete »Zaman« vor, wie die Verdienstspannen in Tuzla kalkuliert werden. In seiner Werft wurde ein Forschungsschiff für Norwegen gebaut, das 42 Millionen Euro kostete. Wenn alle Material- und Arbeitskosten abgezogen werden, bleiben den Eignern fast zehn Millionen Euro. Ein einträgliches Geschäft, von dem die Arbeiter endlich ein größeres Stück abhaben wollen. Im Februar 2008 kam es deshalb zu ersten längeren Streiks, am Ende blockierte die Gewerkschaft mit Sit-ins den Zugang zu verschiedenen Werften. Die Polizei schritt ein, es kam zu wüsten Knüppeleien und etlichen Festnahmen.

Zwei Wochen später unterschrieb der Verband der Werftbesitzer dann aber mit der Gewerkschaft und dem Arbeitsministerium einen Vertrag, der genau festlegt, wie die Sicherheit an den Arbeitsplätzen verbessert werden muss. Die übrigen Ziele, die die Beschäftigten im boomenden Werftsektor demnächst durchsetzen wollen, sind der 8-Stunden-Tag, bezahlter Urlaub, Krankenversicherung und gewerkschaftliche Organisation für alle. Und natürlich eine bessere Bezahlung.

Die türkische Gewerkschaftsbewegung

Die Gewerkschaften haben es aber nicht nur unter den besonderen Bedingungen auf den Werften, sondern generell in der Türkei sehr schwer. Das war aber nicht immer so. Als ich als junger

Der Schiffsbau ist die am schnellsten wachsende Branche der Türkei –
Wartungsarbeiten an einer Fähre auf der Werft im Goldenen Horn

Journalist 1979 das erste Mal in die Türkei fuhr, war die Gewerkschaft eine Macht. DISK, der revolutionäre Gewerkschaftsdachverband, hatte rund 600000 aktive Mitglieder und ging keinem
Streit aus dem Weg, wenn es darum ging, die Bedingungen für
seine Mitglieder zu verbessern. Etliche Fabriken im Land wurden
damals bestreikt, das Marmara-Hotel am Taksim-Platz im Zentrum von Istanbul, eines der wenigen Luxushotels, die es damals in
der Türkei gab, wurde gar seit über einem halben Jahr bestreikt.
Wo heute fast jeden Tag hochkarätige Manager-Konferenzen
stattfinden, fegte einst der Wind durch zerbrochene Fensterschei-
ben ins leere Foyer, und man konnte meinen, dass Haus stünde
kurz vor dem Abriss. Doch nicht nur DISK war damals stark.
Die Linke insgesamt spielte eine ganz andere Rolle als heute. Im
Parlament war die republikanische CHP noch traditionell sozial-
demokratisch ausgerichtet und unterstützte die Gewerkschaften.
Eine starke außerparlamentarische Linke versuchte, das Land im
Straßenkampf zu erobern, und lieferte sich erbitterte, gewaltsame
Auseinandersetzungen mit den Grauen Wölfen, der militanten
Organisation der Rechten. Jeden Tag gab es mehrere Tote auf den
Straßen, bestimmte Viertel oder gar ganze Städte waren No-Go-
Areas für die eine oder andere Seite.

Vor allem der Straßenkampf war es, der dann dem Militär den Vorwand für den dritten Putsch innerhalb von 30 Jahren lieferte und ihr Einschreiten bei der breiten Bevölkerungsmehrheit legitimierte. Am 12. September 1980 rollten die Panzer. Als die Menschen erwachten, waren bereits alle wichtigen Kreuzungen in Istanbul besetzt, der Rundfunk vom Militär übernommen, die Regierung abgesetzt und die Chefs der Parteien verhaftet. Wenn auch der konkrete Zeitpunkt eine Überraschung war, ganz unerwartet kam der Putsch nicht. Es hatte zuvor eindeutige Drohungen an die Politik gegeben, in manchen Medien war gar offen ein Putsch gefordert worden. Doch die Linke fühlte sich stark genug, den Generälen zu widerstehen. Auf einem Kongress der DISK wenige Wochen zuvor hatte es noch geheißen, man werde einen Putsch mit einem Generalstreik beantworten und das Militär so ins Leere laufen lassen. Doch als es dann soweit war, blieb von den starken Sprüchen nichts übrig. Die führenden Köpfe der Linken waren noch in der ersten Nacht verhaftet worden, Kriegsrecht und Ausgangssperre sorgten dafür, dass sich erst gar kein Widerstand formieren konnte. In der Zeit vor Handy und Internet war die Kommunikation leichter zu kontrollieren und es entsprechend viel schwieriger, die eigenen Anhänger zu mobilisieren. Zudem sorgte die damalige Junta mit Massenverhaftungen dafür, dass die Angst vor den Folterkellern so groß war, dass jeder mehr daran dachte unterzutauchen, als Streiks zu organisieren. Leute, die Tage zuvor noch täglich in den linken Medien präsent waren, verschwanden spurlos, alle kritischen Zeitungen waren dicht.

Mit am härtesten von dem Putsch betroffen war der Gewerkschaftsdachverband DISK. Süleyman Celebi, der heutige Vorsitzende von DISK, war damals ein junger Funktionär der Textilgewerkschaft. Er ist bis heute davon überzeugt, dass der Putsch vor allem die Gewerkschaften treffen sollte. Im Gegensatz zu den Parteien, die nach drei Jahren wieder zugelassen wurden, blieb DISK zwölf Jahre verboten. Celebi selbst wurde wie Hunderte andere Gewerkschaftsmitglieder unmittelbar nach dem Putsch verhaftet und blieb bis 1985 im Gefängnis. Auch danach schleppten sich die Prozesse gegen Gewerkschaftsfunktionäre noch jahrelang hin, er selbst stand bis 1992 vor Gericht. In dieser Zeit, so erzählt Celebi, hatten die Arbeiter entweder überhaupt keine Vertretung, oder sie wurden in den regierungsfreundlichen, sogenannten gelben Gewerkschaftsdachverband Türk-Is gedrängt.

Zwar ist DISK seit nunmehr 16 Jahren wieder aktiv, aber die Gewerkschaftsbewegung ist völlig zersplittert. Die gelbe Türk-Is blieb nach dem Putsch der zahlenmäßig größte Dachverband, neben der linken DISK gibt es noch den islamisch beeinflussten Gewerkschaftsverband Hak-Is. Zu jedem dieser Verbände gehören zahlreiche Einzelgewerkschaften, allein zu DISK 26. Außerdem gibt es noch zwei Organisationen für die Beschäftigten im Öffentlichen Dienst, die linke KESK und der konservative, dem deutschen Beamtenbund vergleichbare KAMUSEN. Der größte Teil der nach dem Putsch neu eingeführten Gesetze, die die Arbeit der Gewerkschaften erheblich erschweren, ist bis heute in Kraft. Um beispielsweise Mitglied der Gewerkschaft werden zu können, reicht es nicht, eine Beitrittserklärung zu unterschreiben, sondern man muss diese Erklärung notariell beglaubigen lassen. Das kostet, ist umständlich und wird gleich offiziell dem Arbeitgeber gemeldet. Damit eine Gewerkschaft Tarifverhandlungen führen kann, muss sie mindestens 10 Prozent aller Arbeitnehmer einer Branche und 50 Prozent einer Fabrik organisiert haben.

Um DISK als Tarifpartner zu verhindern, achten die Arbeitgeber deshalb darauf, dass in ihrem Betrieb nicht zu viele Arbeiter bei DISK organisiert sind. Dabei, erzählt Celebi, gingen jene völlig brachial vor. Oft würden Arbeiter vor die Alternative gestellt, entweder von DISK zu Türk-Is zu wechseln oder gekündigt zu werden. Manchmal würden auch gleich DISK-Gewerkschafter rausgeschmissen und nur noch solche Leute eingestellt, die sich zuvor verpflichten, Türk-Is-Mitglied zu werden.

Diese Praktiken sind übrigens nicht auf türkische Unternehmer beschränkt, sondern werden auch von deutschen Konzernen benutzt. So berichtet Celebi von einem besonders brutalen Arbeitskampf bei dem Autozulieferer Grammer. Dort seien DISK-Mitglieder nicht nur rausgeschmissen, sondern auch von Schlägertrupps bedroht worden. Allerdings konnte DISK dort mit Hilfe der IG-Metall letztlich doch einen Erfolg erzielen. Das ist aber leider immer noch ein Einzelfall. Obwohl fast alle großen deutschen Konzerne in der Türkei vertreten sind, angefangen von Siemens über Daimler, Bosch, Bayer und so weiter, ist die Zusammenarbeit der Gewerkschaften über den nationalen Rahmen hinaus nach wie vor sehr schwierig. Einmal können die Gewerkschaften bei der Geschwindigkeit, in der Konzerne heute über Ländergrenzen hinweg agieren, nicht mithalten. Und zum Zweiten gelingt es großen

Konzernen ja oft, Belegschaften in dem einen Land gegen die in einem anderen Land auszuspielen. Daimler baut bereits heute einen großen Teil seiner Autobusse in der Türkei. Weil die Produktion von Bussen sehr arbeitsintensiv ist und nicht so leicht durch Roboter oder andere Maschinen erledigt werden kann, wurde intern wohl schon diskutiert, die gesamte Busproduktion nach Istanbul zu verlagern. Angesichts solcher Perspektiven ist die Bereitschaft der IG-Metall, sich für die türkischen Kollegen zu engagieren, verständlicherweise nicht besonders ausgeprägt.

Die türkischen Gewerkschaften klagen jedenfalls, dass sie als Gewerkschafter, deren Land über einen EU-Beitritt verhandelt, weder vom europäischen Gewerkschaftsdachverband noch von der EU-Kommission viel Unterstützung bekommen. Die EU-Kommission, so Celebi, »interessiert sich für Meinungsfreiheit, Religionsfreiheit, den Schutz von Minderheiten und den Schutz ausländischer Investoren. Für die Rechte der Gewerkschaften interessiert sie sich nicht.«

Soziale Absicherung

Es ist nicht erstaunlich, dass in der Türkei die Familie immer noch die erste Adresse für die soziale Absicherung ist, wenn man erfährt, wie viel Rente nach jahrzehntelanger Arbeit selbst ehemalige staatliche Angestellte in besten Positionen bekommen. Ein früherer Kapitän der türkischen Handelsmarine oder ein Professor an einer staatlichen Universität erhält im Ruhestand umgerechnet etwa 300 bis 400 Euro.

Allerdings gibt es für die niedrigen Renten eine Art Kompensation, die viele Türken und Türkinnen in Anspruch nehmen. Man kann sich bereits nach 25 Beitragsjahren seine Rente auszahlen lassen. Also wer mit 18 Jahren begonnen hat einzuzahlen, kann mit 43 Jahren in Rente gehen. Diese Rente ist dann zwar entsprechend niedrig, wird aber bis zum Lebensende gezahlt und dient den Betroffenen als eine Art Grundeinkommen. Mittlerweile ist das Rentenalter zwar drastisch heraufgesetzt worden und entspricht schon fast den deutschen Regeln, doch das gilt erst für die Generation, die jetzt einzuzahlen beginnt. Für die Älteren bietet ihre Rente im noch jungen Alter die Möglichkeit, sich selbständig zu machen oder sonst im weiten Feld der grauen Ökonomie tätig zu werden. So kommt man mit einem weniger stressigen Job und dem Grundgehalt von der Rentenkasse dann ganz gut über die Runden beziehungsweise kann zum Gesamteinkommen der Familie etwas beitragen.

Seit die AKP an der Regierung ist, sind allerdings unter dem Druck des Internationalen Währungsfonds (IWF) immer mehr Sozialleistungen abgebaut worden, um das Land in Zeiten der Globalisierung für Investoren attraktiv zu machen. Genau wie in Deutschland ging und geht es um den Abbau der Lohnnebenkosten, die die meisten Unternehmen aber sowieso schon immer dadurch gedrückt haben, dass sie einen Teil ihrer Angestellten »schwarz« beschäftigten oder über Subunternehmen aus der Sozialversicherungspflicht heraushalten. So kommt es, dass nach Angaben in der türkischen Wirtschaftspresse bei einer Bevölkerung von rund 75 Millionen zwar rund 10 Millionen Jobs in Industrie und Gewerbe gab, davon aber nur die Hälfte der Arbeitnehmer eine Sozialversicherung genossen. Die meiste Arbeit in der Türkei findet nach wie vor ganz auf dem Schwarzen Markt statt, weswegen der Staat seine Steuern auch überwiegend nicht über Lohn- und Einkommenssteuern erzielt, sondern über Konsum und Mehrwertsteuer.

Angesichts der hohen Geburtenrate und der insgesamt sehr jungen Bevölkerung ist nicht damit zu rechnen, dass die Anzahl sozialversicherter Jobs demnächst erheblich zunehmen wird. Jedes Jahr verlässt eine halbe Million junger Menschen die Schule oder die Universität und drängt zusätzlich auf den Arbeitsmarkt. Selbst eine Wirtschaft, die wie die türkische in den Jahren von 2002 bis 2006 um rund 7 Prozent im Jahr gewachsen ist, schafft nicht so viele neue Jobs. Prekäre Arbeitsverhältnisse bleiben deshalb die Regel und die Familie für das Gros der Bevölkerung die wichtigste soziale Absicherung.

Krank sein in der Türkei

Die türkische Gesundheitsversorgung unterliegt nicht nur einem Zwei-Klassen-, sondern einem Drei- oder Vier-Klassen-System. An der Spitze der Pyramide befinden sich gut versorgte Privatpatienten, die eine High-Tech-Medizin genießen können wie deutsche Privatpatienten auch. Hier ist in der Türkei schon ein kommerziell erfolgreicher Wirtschaftszweig entstanden, in dem Privatpatienten aus aller Welt versorgt werden, teilweise in Verbindung mit einem Urlaubsaufenthalt in einer teuren Klinik am Mittelmeer. Dann gibt es die Gruppe derjenigen, die die staatliche Krankenversicherung (SSK) um eine Privatversicherung für medizinische Teilbereiche ergänzen und damit auch immer noch gut versorgt werden. Bei denjenigen, die gänzlich auf die staatliche Krankenversicherung angewiesen sind, wird es dagegen schon kritisch.

Während bestimmte Gruppen staatlicher Angestellter, Berufsmilitärs, höhere Beamte oder ehemalige Abgeordnete sehr gute medizinische Einrichtungen nützen können, steht für die Masse der SSK-Versicherten im Ernstfall ein schwerer Kampf um knappe medizinische Ressourcen an. Hoffnungslos überfüllte Wartezimmer, stundenlanges Anstehen für die Ausgabe von Medikamenten und im schlimmsten Fall noch das Organisieren eines Krankenhausplatzes, das sind alles Aufgaben, an denen die Familie mitwirken muss.

In Deutschland wundert man sich ja immer darüber, wenn türkische Patienten im Krankenhaus von ihrer Großfamilie geradezu belagert werden, in der Türkei sind in den meisten Krankenhäusern dagegen bei Pflege und Versorgung der Patienten die Familien fest eingeplant. Statt teurer Nachtschwestern wacht ein Familienmitglied am Bett, gutes Essen wird ebenfalls von der Familie herangeschafft, und für die psychische Aufmunterung ist erst recht die Familie zuständig. Steht womöglich eine Operation bevor, wird nichts dem Zufall oder gar dem System überlassen. Jede Familie konsultiert vor einem operativen Eingriff mindestens einmal den zuständigen Arzt. Dabei geht es nicht nur um medizinische Informationen, sondern um vertrauensbildende Maßnahmen für beide Seiten. Man will den Menschen kennenlernen, in dessen Händen womöglich das Schicksal des nächsten Angehörigen liegen wird. Der Arzt soll nicht einen anonymen Patienten vor sich haben, sondern dessen Familie kennen. Und last but not least versucht jede Familie, die es sich irgendwie leisten kann, dem Operateur eine finanzielle Gratifikation, eine Anerkennung und Aufbesserung seines Klinikgehaltes zukommen zu lassen. Einfach, damit er wirklich sein Bestes tut. Das ist zwar keine Pflicht, wird aber mehr oder weniger erwartet.

Zudem gibt es noch eine sehr große Gruppe der türkischen Bevölkerung, die weder privat versichert noch selbst oder über ein

Krankenwagen beim Einsatz nach dem Erdbeben in Gölcük im west-
türkischen Marmara-Gebiet im August 1999

Familienmitglied bei der staatlichen SSK registriert ist. Alle diejenigen, die schwarzarbeiten, die sich mit Gelegenheitsjobs durch-
schlagen oder in der Landwirtschaft tätig sind, haben in der Regel
keinerlei Krankenversicherung. Erstaunlicherweise gewährleistet der türkische Staat mit erheblichem finanziellen Aufwand für
diese Armen eine weitgehende medizinische Grundversorgung.

Grundsätzlich kann jeder Bedürftige, der nachweist, dass er
selbst für eine medizinische Versorgung nicht aufkommen kann,
bei seinem Muhtar, also seinem Bezirksvertreter, eine sogenannte
Yesil-Kart (also eine Grüne Karte) beantragen, mit der er dann
auf Staatskosten einen Arzt aufsuchen oder ins Krankenhaus gehen kann. Selbst teure Herzoperationen oder andere langwierige
Behandlungen können über eine Yesil-Kart abgerechnet werden.
Niemand bleibt also auf der Straße, man muss sich nur darum
kümmern. Vor allem seit die AKP an die Regierung gekommen
ist, hat die Zahl der Yesil-Kart-Benutzer erheblich zugenommen.
War die Vergabe dieser Gesundheitskarte in der Vergangenheit
noch sehr restriktiv, wird sie unter der Regie der AKP ziemlich
freigiebig verteilt, was sich bei den Wahlen für die AKP natürlich
positiv bemerkbar macht.

Durch dieses Sicherungsnetz fallen am ehesten wiederum
Frauen in ganz armen Familien, zumeist auf dem Land. Die Frau

bekommt eine Yesil-Kart nur über ihren Ehemann oder ihren Vater. Als vor einigen Jahren im Osten der Türkei die Vogelgrippe ausbrach und drei Kinder daran starben, fiel auf, dass etliche Frauen und Kinder in den Familien deshalb nicht zum Arzt gingen, weil sie keine Yesil-Kart hatten. Das sind dann Kinder, oft Mädchen, die der Vater nie offiziell in das Geburtsregister hat eintragen lassen, oder Frauen, mit denen er nicht gesetzlich, sondern nur über eine Imam-Ehe (also von einem Geistlichen vollzogen, nicht über das Standesamt) verheiratet ist. Das kommt vor allem dann vor, wenn in traditionellen ländlichen Familien der Mann sich neben seiner gesetzlichen Ehefrau noch eine Zweitfrau nimmt. Da solche Beziehungen offiziell gar nicht existieren, kann die Frau auch keine Grüne Karte bekommen.

Grundsätzlich aber gilt: Jeder kann im Notfall auf Staatskosten zum Arzt oder auch ins Krankenhaus gehen. Das ist für ein relativ armes Land wie die Türkei schon eine enorme Leistung.

Türkische Freizeitvergnügen

Picknick und Geselligkeit

Man kennt es aus den Parks deutscher Großstädte. Türkische Familien lieben den Grillnachmittag in der freien Natur. So wie die Deutschen es mit der Einwanderung aus Südeuropa nach und nach auch schätzen gelernt hat, einen größeren Teil ihres Lebens im Freien zu verbringen, ist es in der Türkei schon immer Sitte und Tradition, Tisch und Stühle vor die Tür zu stellen und seinen Kaffee vor dem Haus statt im Wohnzimmer zu trinken. Was auf dem Land noch ganz einfach zu bewerkstelligen war, ist für moderne türkische Familien heute allerdings zu einer echten logistischen Herausforderung geworden, der sie sich jedoch mit Begeisterung stellen.

Das Picknick im Grünen ist eine der liebsten Wochenendbeschäftigungen türkischer Familien. Dafür reichen aber bei weitem nicht der transportable Grill und ein paar zuvor vorbereitete Bouletten, die in der Türkei Köfte heißen, sondern richtig schön wird es erst, wenn das auf dem Rasen ausgebreitete Tischtuch wirklich reichlich gedeckt ist. Während die Hausfrau also schon am Vortag verschiedene Speisen zubereitet, die dann sorgsam verpackt werden, um sie gefahrlos im Auto transportieren zu können, schaffen die Männer vom Metzger diverse Fleischportionen für den Grill heran. Am beliebtesten und wohlschmeckendsten sind Pirzola, kleine zarte Koteletts vom Lamm, die aber leider auch zu den teuersten Leckereien gehören und für viele Familien kaum noch erschwinglich sind. Da Fleisch insgesamt in der Türkei sehr teuer ist, kommt eben oft auch Fisch auf den Grill, eine Abwechslung, die sich besonders in Istanbul und den vielen anderen türkischen Städten an der Küste anbietet.

Sind die Speisen vorbereitet und die Portionen für den Grill eingekauft, muss das Essen inklusive des Geschirrs, Grills, der Kohle und vielem anderen im Auto verstaut werden. Bei einer fünfköpfigen Familie können es mit Onkel und Tanten leicht 15 Leute werden, und da kommt dann schon einiges zusammen. Die entscheidende Frage ist aber, wo das Picknick stattfinden soll.

Im Grünen natürlich, aber man muss auch mit dem Auto hinfahren können, da man die gesamten Picknick-Utensilien ja nicht erst kilometerweit durch die Natur schleppen will. Angesichts seiner 15 Millionen Einwohner hat Istanbul einen eklatanten Mangel an Plätzen, die für einen solchen Picknick-Ausflug geeignet sind. Große, ausgedehnte Parks in der Innenstadt gibt es nur wenige, wenn man weit rausfährt, steht man abends stundenlang im Stau, und am liebsten soll der Platz auch noch am Wasser sein. Die begehrtesten Picknick-Plätze sind deshalb die Grünstreifen entlang des Bosporus. Das ist nicht so weit, und der Bosporus ist für jeden Istanbuler sowieso am schönsten.

Im Sommer weht einem deshalb am Wochenende entlang der berühmten Wasserstraße an jedem grünen Flecken der Duft der brutzelnden Grills entgegen. Dicht an dicht lagern die Familien an den begehrten Uferplätzen, ähnlich wie die Deutschen am Sandstrand in Antalya. Wer es sich leisten kann, chartert mit Freunden oder der gesamten Verwandtschaft ein kleines Lüfer-Boot, das sind Ausflugsboote, die den ganzen Tag über den Bosporus hoch und runter fahren und am Heck einen großen Grill vorweisen, wo auch für 30 oder mehr Personen ausreichend gesorgt werden kann. Die Boote haben natürlich nicht nur einen Grill, sondern auch einen großen Kühlschrank für die Getränke und eine phonstarke Musikanlage, mit der freigiebig die Ufer beschallt werden, während man selbst fröhlich singend an den berühmten Yalis, den Ufervillen der Reichen und Superreichen, entlangschippert.

Freizeit in der Türkei bedeutet Geselligkeit. Innerhalb der Familie sowieso, aber auch sonst ist niemand gern allein. Nach wie vor ist es auch in Istanbul möglich, bei den Nachbarn oder Freunden mal eben reinzuschauen, ohne lange vorher telefonisch ein Treffen verabredet zu haben. Meistens hat man auch Glück, und es ist jemand zu Hause. Türken sind generell sehr häuslich. Im Haus oder in der eigenen Wohnung werkeln ist denn auch eine beliebte Feierabendbeschäftigung. Viele, auch ärmere Familien, wohnen in ihrer eigenen Wohnung oder in ihrem eigenen Haus. Es ist in der Türkei eher unüblich, zur Miete zu wohnen. Wer immer kann, kauft per Ratenzahlung eine Wohnung, wenn er nicht schon das Glück hat, in einer Wohnung leben zu können, die bereits seit Generationen der Familie gehört. Da Eigentum natürlich in Schuss gehalten werden muss, wird in den eigenen vier Wänden eifrig geputzt und geschraubt. Deutsche Baumärkte

*Picknick im Grünen gehört zu den beliebtesten Freizeitbeschäftigun-
gen, hier in Cirali an der Lykischen Küste des Mittelmeers*

schießen entlang der Stadtautobahn in Istanbul wie Pilze aus dem Boden und erfreuen sich größter Beliebtheit. Auch die zwei riesigen IKEA-Filialen, die es seit ein paar Jahren gibt, üben eine geradezu magnetische Anziehungskraft auf das Istanbuler Publikum aus.

Vom Basar zum Shoppingcenter

Überhaupt, was im Sommer das Picknick im Grünen, ist im Winter der Ausflug ins Shoppingcenter. Ganze Familien schieben sich am Wochenende gut gelaunt durch das Gedränge. Es geht weniger darum, etwas einkaufen zu müssen, als vielmehr zu flanieren, so wie man in Italien auf dem Corso entlangschlendert. Ein viel zitierter Witz trifft diese Leidenschaft vor allem des weiblichen Teils der Familie ganz gut. Auf die Frage, wo er beerdigt werden möchte, sagt ein Mann ganz spontan: »Im Shoppingcenter. Da kommt meine Familie mich dann wenigstens besuchen.« Das Shoppingcenter kommt den Türken auch deshalb so entgegen, weil es die moderne Entsprechung des traditionellen Basars ist.

Der riesige, hunderte Jahre alte überdachte Basar Kapali Carsi ist heute in Istanbul vor allem eine Touristenattraktion. Kaum ein normaler Türke geht dort mehr einkaufen. Aber das Prinzip des Basars hat die Vorstellung von Handel und Einkauf geprägt. Der Basar ist eine große Ansammlung kleiner Läden. Dabei sind in traditionellen Basaren immer bestimmte Branchen in einer Gasse versammelt. Alle Goldschmiede in einer Basarstraße, alle Schuster in der nächsten, und auch die Lederjacken sind alle vor den Läden in einer eigenen Reihe aufgehängt. Das diente dem Preisvergleich, aber natürlich auch der Preisabsprache der Handwerker und Händler untereinander.

Bevor die Shoppingcenter in Mode kamen, sah man in Istanbul auch außerhalb des Basars dasselbe Prinzip teilweise verwirklicht. So gibt es in Beyoglu, im historischen europäischen Zentrum der Stadt, immer noch ein Viertel, wo sich Lampenladen an Lampenladen reiht und dazwischen sich höchstens noch ein Elektriker niedergelassen hat. Ein paar Straßen weiter sind dann alle Geschäfte für Musikinstrumente versammelt. Was es in der Türkei dagegen nie gab, waren Kaufhäuser wie Karstadt oder Kaufhof, die als Gemischtwarenlager möglichst viel unter einem Dach

Oben: Straßenrestaurants in der Nevizade-Sokak-Seitenstraße des Istanbuler Viertels Beyoglu
Unten: Cevahir Shopping Mall im Istanbuler Stadtteil Sisli

anbieten. Unter einem Dach soll es schon sein, aber dann doch lieber wie früher im Basar oder heute im Shoppingcenter: Ganz unterschiedliche Läden, Cafés und Kinos unter einem Dach.

Sowohl das beliebte Picknick im Sommer wie auch der Ausflug ins Shoppingcenter im Winter kommen der türkischen Mentalität noch in einem anderen Punkt entgegen. Man kann beides ohne große körperliche Anstrengung haben. Laufen, das habe ich eingangs ja schon erwähnt, tut nur jemand, der sich ein Auto nicht leisten kann. Wandern als Freizeitbeschäftigung gilt deshalb bei den meisten Türken nach wie vor als Spleen von Deutschen und anderen Nordeuropäern. Beim Picknick kann man dagegen ganz praktisch mit dem Auto bis zur Rasenkante vorfahren und dann direkt vor der Kühlerhaube seine Decke ausbreiten. Denselben Vorzug bietet die Tiefgarage im Shoppingcenter.

Leben für den Fußball

Entsprechend ausgeprägt ist bei den meisten Türken die eigene sportliche Betätigung. Leichtathletik ist eine Randerscheinung, es gibt eine einzige Läuferin, die international einen Namen hat. Die traditionellen türkischen Sportarten wie Ringen oder Gewichtheben sind heute mehr oder weniger Folklore, jedenfalls kein Volkssport mehr. Obwohl die Türkei Tausende Kilometer Küste hat, sind die meisten Türken Nichtschwimmer. Segeln ist zwar langsam im Kommen, aber immer noch ist es so, dass Leute, die Geld haben, sich lieber ein Motorboot als ein Segelboot zulegen, weil das doch viel bequemer ist. Es gibt allerdings die eine ganz große Ausnahme – und das ist der Fußball. Fußball ist nicht nur der Volkssport Nummer eins, Fußball ist eine der wahren Leidenschaften der Türken.

Gekickt wird an jeder Ecke, und Fußballclubs gibt es wie Sand am Meer. Der Bolzplatz im Viertel, von dem heute deutsche Fußballfunktionäre nostalgisch schwärmen, wenn sie über den Mangel an Nachwuchs klagen, findet sich in der Türkei in jeder Mahalle.

Fußball spielen auf der Straße kostet ja auch nichts, weswegen auch und gerade die Armen massenweise hinter dem Ball her jagen. Fußball ist deshalb für Kinder aus armen Familien eine der wenigen Möglichkeiten, zu Ruhm und Reichtum zu kommen.

Oben: Am Istanbuler Taksim-Platz feiern die Galatasaray-Fans die Meisterschaft ihres Fußballvereins
Unten: Autokorso junger Türkinnen und Türken in Berlin nach einem Sieg ihrer Mannschaft bei der Fußball-Europameisterschaft 2008

Profifußballer bei einem der großen Vereine zu werden, dürfte einer der häufigsten Jungenträume in den Vorstädten Istanbuls, Ankaras oder Izmirs sein. Noch einmal ist auch hierfür Ministerpräsident Tayyip Erdogan ein Beispiel. Der junge Erdogan war begeisterter Straßenkicker und ging dann in den Fußballclub seines Armenviertels, zu Kasimpasa Spor. Dort war er so erfolgreich, dass er einem Talentscout von Fenerbahce, einem der drei großen türkischen Vereine, auffiel. Er bekam das Angebot, in der Jugendmannschaft von Fenerbahce zu spielen und dort auf eine Profikarriere vorbereitet zu werden. »Hätte sein Vater damals zugestimmt und ihn zu Fenerbahce statt in die religiöse Imam-Hatip-Schule geschickt, wäre uns viel erspart geblieben«, sagen heute noch seine politischen Gegner wehmütig über Tayyips verpasste Fußballerkarriere.

Fußball ist, speziell in Istanbul, nach Politik und Religion, das dritte identitätsstiftende Moment im Leben vieler Türken. Vor allem die berühmten großen Drei haben Fangemeinden, die ein Leben lang mit ihrem Verein durch alle Höhen und Tiefen gehen. Wer einmal zum Fan von Fenerbahce, Galatasaray oder Besiktas wurde, bleibt meist immer Fan dieses Vereins. Am ehesten ist Besiktas noch so etwas wie ein Verein des gleichnamigen Istanbuler Stadtteils. Die schwarz-weißen Adler von Besiktas gelten noch am ehesten als Proletenclub, auch wenn das mit der Realität kaum noch etwas zu tun hat und Besiktas genauso kommerziell ist wie die beiden anderen Großen auch. Trotzdem sind Fenerbahce und Galatasaray die beiden größeren und finanziell besser ausgestatteten Clubs und entsprechend häufiger auch türkischer Meister.

Fan eines Vereins zu sein heißt immer auch Teil einer Gemeinschaft zu sein, innerhalb der die sonst wichtigen gesellschaftlichen Unterschiede nivelliert werden. Wie weit diese Fansolidarität gehen kann, ist erstaunlich. So hat beispielsweise Erdogan seine ersten Kontakte in die Welt der oberen Militärs auf der Zuschauertribüne von Fenerbahce geknüpft. Er wurde dort einem Ex-General vorgestellt, der eingewilligt hatte, sich sozusagen von Fan zu Fan zu treffen, obwohl beide aus völlig verfeindeten politischen Lagern stammen. Doch die gemeinsame Begeisterung für einen bestimmten Verein ist nicht nur in der hohen Politik und im Geschäftsleben nützlich, sondern kann auch im tristen Alltag sehr hilfreich sein. Ein Freund von mir, Mehmet, ist mit einer Ukrainerin verheiratet. Weil Russinnen, Ukrainerinnen und Frauen aus Moldawien in der Türkei automatisch unterstellt wird, sie seien »Nataschas«, also Prostituierte, die nur in die Türkei kämen, um dort etwas Geld zu verdienen, werden Ehen mit Frauen aus diesen Ländern besonders misstrauisch beäugt. Konkret unterstellt die Ausländerpolizei erst einmal, dass es sich um eine Scheinehe handelt.

Als Mehmet für seine Frau eine Aufenthaltsgenehmigung beantragte, wurde ihm deshalb mitgeteilt, die gäbe es erst, nachdem sich ein Beamter der Behörde in der gemeinsamen Wohnung der beiden davon überzeugt habe, dass es sich nicht um eine vorgetäuschte Verbindung handelt. Er solle auf den Besuch warten. Eine Voranmeldung gibt es nicht, man könnte ja sonst die Wohnung entsprechend arrangieren. Nun sind beide berufstätig und in der Woche tagsüber nicht zu Hause. Bei zwei Anläufen stand deshalb der Kontrolleur der Ausländerpolizei vor einer verschlossenen Wohnungstür. Normalerweise ist das das Aus für den Antrag bei der Ausländerpolizei. Die betreffende Frau kommt auf eine Schwarze Liste, der Beweis für eine Scheinehe gilt praktisch als erbracht. Völlig aufgelöst startete Mehmet einen letzten Versuch bei der Polizei.

Sein Vater kickte vor Jahrzehnten einmal bei Besiktas und hatte noch losen Kontakt zu seinem damaligen Trainer. Nach einem Telefonat sagte dieser Ex-Trainer Mehmet, er könne sich bei der Polizei auf ihn berufen. Allein die Erwähnung dieses ehemals prominenten Trainers, erzählte Mehmet später, habe bereits Wunder bewirkt. Der völlig abweisende Beamte sei ganz plötzlich höflich und zuvorkommend geworden. Tatsächlich bekam Mehmet einen Termin bei dem stellvertretenden Leiter der Ausländerpolizei. Und, oh Wunder, der Mann ist fanatischer Besiktas-Fan. Du glaubst es nicht, erzählte Mehmet noch Wochen später, in zehn Minuten hatte ich die Aufenthaltsgenehmigung für meine Frau. Mittlerweile kicken beide gemeinsam einmal in der Woche in einer Freizeitmannschaft, und Mehmet bietet allen seinen Freunden großzügig an, ihnen bei Schwierigkeiten mit der Polizei Beistand leisten zu können.

Autoliebe

In unserer Straße, drei Häuser weiter, ist ein beliebtes Friseurstudio. Einer der dort angestellten noch jungen Haarkünstler kam kürzlich erstmals mit einem eigenen Auto zur Arbeit. Weil er sein Gefährt fast immer gegenüber unserem Haus parkte und ich aus meinem Büro fast zwangsläufig mitbekam, wenn er zu seinem Auto ging, wurde ich mehr oder weniger unfreiwillig Zeuge einer großen Liebe. Wenn er ausstieg, streichelte er liebevoll das Dach des Wagens und drehte sich auf dem Weg zum Friseursalon noch dreimal zu seinem Auto um. Während der Arbeit kam er immer mal wieder gucken, ab und zu drehte er eine Runde um den Block. Dabei handelte es sich nicht etwa um einen Sportwagen oder wenigstens einen schönen alten Mercedes, sondern um einen ganz banalen, ziemlich abgetakelten Broadway-Renault.

Doch das machte nichts, Hauptsache es fuhr. In der Liebe zum Auto sind sich Deutsche und Türken, speziell die Männer, ziemlich ähnlich. Nur, dass in der Türkei noch eher die Mentalität der 60er und 70er Jahre vorherrscht. Das Auto gilt am Bosporus nicht als Verursacher des Waldsterbens, als Feinstaubabsonderer oder CO_2-Schleuder, nein, es ist noch gänzlich ungebrochen ein Statussymbol, das Sinnbild der individuellen Freiheit.

Autos gehören zu den begehrtesten Konsumgütern. Sie sind für türkische Verhältnisse recht teuer und – gemessen an der Bevölkerungszahl – immer noch eher selten, auch wenn Istanbul schon seit Jahren im Stau erstickt. Verlässt man jedoch die Ballungszentren, zeigt sich auf den Autobahnen und Überlandstraßen, dass immer noch viel mehr Menschen im Bus als mit dem eigenen PKW reisen. Diejenigen, die es zu einem Auto gebracht haben, sind dann aber auch die Könige der Straße. Egal welche Farbe die Ampel zeigt, grundsätzlich haben Autos im Bewusstsein ihrer Fahrer eigentlich immer Vorfahrt. Es gibt natürlich Geschwindigkeitsbegrenzungen, doch tatsächlich regelt sich die Geschwindigkeit nach dem Verkehrsaufkommen. Wenn die Straße frei ist, wird Gas gegeben.

Ein amerikanischer Bekannter, von Hause aus strenge Geschwindigkeitslimits gewohnt, war nahe am Herzinfarkt, als er aus dem Taxi ausstieg, das ihn vom Flughafen zum Hotel gebracht hatte. Bis 130 km/h habe der Tacho auf der großen Uferstraße vom Flughafen in die Stadt angezeigt, erlaubt seien 70 km/h

Autos direkt am Picknick-Platz, Küste bei Cirali

gewesen, erzählte er völlig konsterniert. Selbst Busfahrer entdecken prompt den Rennfahrer in sich, sobald die Straße vor ihnen frei ist, und geben Gas, dass einem als Fahrgast Hören und Sehen vergehen kann. Doch die Türken nehmen das gelassen. Kaum jemand regt sich auf, und kaum ein Fußgänger rechnet am Zebrastreifen oder an der Ampel damit, dass ein Auto wirklich anhält. Andererseits käme auch kein Fußgänger auf die Idee, an der Ampel auf Grün zu warten, wenn die Straße frei ist. Allerdings steigt jedes Jahr die Zahl der Verkehrstoten, besonders gefürchtet sind die Unfälle mit Reisebussen, bei denen beinahe jedes Wochenende Menschen sterben. Wer es sich leisten kann, bucht deshalb einen Platz bei den teuren Linien, weil die garantieren, dass die Fahrer ihre Zeitlimits einhalten und tatsächlich die Geschwindigkeitsvorschriften respektieren.

Doch wer im Verkehr in Istanbul die Nerven behält und auf dem Land die nötige Vorsicht walten lässt, kann mit dem Auto immer noch Reisen unternehmen, die in Deutschland so längst nicht mehr möglich sind. Die Landstraßen haben sich in den letzten Jahren erheblich verbessert, und in den wenig befahrenen Gegenden, von denen es in der Türkei einfach immer noch sehr viele gibt, lässt es sich deshalb angenehm durch eine wunderbare Landschaft fahren. Man muss sich nur Zeit nehmen.

Die Meyhane – Wo Politik und Essen zusammenfallen

Eine klassische Meyhane besteht in der Regel aus einem großen, holzgetäfelten Raum, vielen Tischen und einer kleinen Theke, hinter der die Kellner in der Küche verschwinden. In den bekannten Meyhanes in Istanbul hängen die Wände voller Zeitungsausschnitte und sind mit Porträts berühmter Gäste gepflastert. Meyhanes sind eine türkeitypische Mischung aus Wiener Kaffeehaus, Berliner Kneipe und Pariser Restaurant. Die meisten Türken gehen leidenschaftlich gern in die Meyhane – nur kann man es sich in der Regel nicht so häufig leisten. In der Meyhane wird diskutiert und rezitiert, getrunken und gegessen. Man kann zwar auch zu zweit hingehen, doch in aller Regel sitzen größere Gruppen um den Tisch. Das Wichtigste in der Meyhan ist der Raki. Was in Frankreich der Pastis, in Griechenland der Ouzu ist, ist in der Türkei der Raki. Es gibt zwar auch Wein, es gibt gute Biere, aber Raki ist eigentlich das Synonym für Alkohol. Wer Alkohol trinkt, trinkt Raki. Weil zu einer gepflegten Trinkkultur eine gute Grundlage im Magen gehört, gibt es in der Meyhane die sogenannte Raki-Tafel. Das ist eine Vielzahl von Vorspeisen, die zum Raki gereicht werden.

Entweder auf einem kleinen Wagen oder auf einem riesigen Tablett schleppen die Kellner die Meze, die Vorspeisen, an jeden Tisch, und die Gäste wählen aus, was sie haben wollen. Kalte Vorspeisen von Auberginensalat bis zu kleinen Krabben, gefüllte Muscheln, mit Käse gefüllter Blätterteig oder gebackenen Tintenfisch, die Raki-Tafel ist die eigentliche Krönung der türkischen Küche. Zu den Vorspeisen fließt der Anis-Schnaps meist reichlich, und die Debatten werden immer lebhafter. Ein Abend in der Meyhane ist ein Abend unter Freunden, zumeist jenseits der Familie. Auch wenn Männer rein zahlenmäßig die Meyhanes dominieren, sind sie doch kein reines Männerrevier. Frauen sind genausogern gesehen und halten auch beim Raki in der Regel ordentlich mit. Die Meyhane ist der Ort, wo die Welt gerettet wird und keine Theorie zu abwegig ist, um nicht ausführlich erörtert zu werden. Dabei weiß der erfahrene Meyhane-Besucher seinen Raki-Genuss so zu dosieren, dass die Schwelle zur offenen Betrunkenheit nicht überschritten wird. Deshalb muss eben auch immer reichlich gutes Essen auf dem Tisch stehen. In der Tradition der Meyhane kommt nach den Vorspeisen der Fisch. Ein gebratener Fisch, nicht

*Zweimal Meyhane in Istanbul: die klassische Variante im berühmten
Restaurant »Refik« und die Touristen-Variante in der Cicek-Passage
von Beyoglu*

zur Unkenntlichkeit filetiert, sondern am Stück, so dass auch der Kopf noch dran ist, landet im Laufe des Abends vor jedem Diskutanten und wird mit Genuss ganz nebenbei verzehrt.

Ein Abend in der Meyhane ist nicht ganz billig, weshalb die Meyhane auch kein Ort ist, an dem man, wie in einer Berliner Kneipe, jeden Abend auftauchen kann. Raki-Abende sind etwas Besonderes, sie werden zelebriert und genossen. Hier werden Leib und Seele gestärkt. Ein Kollege aus New York, der sich auch mit Berliner Kneipen gut auskennt, erzählte, dass er immer, wenn ihn die Verzweiflung über die politische Situation in der Türkei zu packen drohte, in die Meyhane ging. Ein Abend dort gebe ihm immer die Hoffnung auf eine gute Zukunft für die Türkei zurück. Ein Land mit dem Esprit der Meyhanes kann nicht scheitern.

Geheimnisse der türkischen Küche

Das Geheimnis der türkischen Küche ist ihr Variantenreichtum. Das liegt daran, dass in Anatolien fast alles wächst, das Meer fast überall nicht sehr weit ist und die türkische Küche sich aus kulinarischen Genüssen von Zentralasien über Persien, Mesopotamien bis zum Balkan bedient hat. Aus Zentralasien brachten die Viehzüchter ihre Milchprodukte, von den Byzantinern stammen viele Fisch- und Geflügelgerichte und aus den arabischen Ländern raffinierte Süßspeisen. Der Balkan steuerte die Teigwaren bei, und das Mittelmeerklima bietet viel frisches Obst und Gemüse, dazu die unverzichtbaren Oliven und frische Kräuter.

Ein typisch türkisches Frühstück besteht aus Weißbrot, Oliven, Schafskäse und Honig. Dazu wird in der Regel Tee getrunken. Auf dem Land gibt es fast immer auch eine heiße Suppe zum Tagesauftakt. Türkeibesucher müssen allerdings auf ihre Gewohnheiten in aller Regel nicht verzichten. Die Hotels am Mittelmeer und in Istanbul haben sich längst den Essgewohnheiten ihrer Gäste angepasst und bieten reichhaltige Frühstücksbüffets, bei denen der sonst in der Türkei verpönte gebratene Speck vom Schwein so wenig fehlt wie die alternative Müslimischung.

Beim Essengehen unterscheiden die Türken grundsätzlich zwischen dem Lokanta und dem Restaurant. Lokantas besucht man, um satt zu werden. Sie sind keine Orte der Geselligkeit und auch nicht als Ausgehlokale für den Abend gedacht. Sie bieten vor allem einen Mittagstisch an und haben den großen Vorteil, dass alle Gerichte in einer Vitrine ausgestellt sind und man sich als sprachunkundiger Gast nicht durch eine Speisekarte quälen muss, sondern einfach auf das gewünschte Gericht zeigen kann. Zu Hackfleischbällchen und verschiedenen Gemüsesorten gibt es dann gesondert Reis (Pilav) oder Weizengrütze (Bulgur). Kartoffeln werden entweder als Pommes Frites oder Püree angeboten. Deutsche Salzkartoffeln sind selten. Frischen Salat gibt es immer extra. In Lokantas gibt es keinen Alkohol.

Das Restaurant wählen die Türken aus, wenn sie das Ausgehvergnügen suchen. Die Speisekarten sind opulent, ein Essen besteht aus fünf Gängen. Kalte Vorspeisen, warme Vorspeisen, Hauptgericht, süßer Nachtisch, Obst und Kaffee. Dazu gibt es Wein oder Bier. Die Türkei hat ein gutes einheimisches Bier (Efes Pilsen) sowie diverse Weinsorten. Die bekanntesten sind Doluca, Yakut und Papazkarasi. Kalte Vorspeisen sind Patlican Salata (Auberginenpüree), Humus (aus Kichererbsen), Ahtapot Salatasi (Tintenfischsalat), Ezme (Tomatenmus mit Paprika) oder Sarma (gefüllte Weinblätter). Als warme Vorspeisen gibt es Sigara Böregi (mit Schafskäse gefüllte Teigrollen),Midye oder Kalamar (Muscheln oder Tintenfischringe). Als Hauptgericht wird zwischen Fleisch oder Fisch gewählt. Das Fleisch ist entweder vom Rind oder vom Lamm – Ziege ist ganz selten, und Schwein gibt es nie. In Istanbul und an der Ägäis oder Mittelmeerküste gibt es in der Regel eine große Auswahl an Fisch. Lüfer (Blaubarsch) wird gegrillt, genauso wie Palamut (Thunfischart) oder Sardalya (Sardinen). Der begehrte Kalkan (Steinbutt aus dem Schwarzen Meer) oder die Barbunya (Meerbarbe) kommt dagegen aus der Pfanne. Sehr gut ist auch ein Levrek (Seebarsch) im Sud.

Süße Nachspeisen gibt es in etlichen Variationen, man kann aber auch einfach zum frischen Obst übergehen. Zum Abschluss empfiehlt sich ein türkischer Mokka, entweder sade, das heißt ohne Zucker, orta (wenig Zucker), oder sekerli, also süß.

Wer die Möglichkeit hat, selbst zu kochen, sollte unbedingt vorher über einen Wochenmarkt schlendern. Das Angebot an Obst, Gemüse, Kräutern, verschiedenen Käsesorten und anderen regionalen Spezialitäten ist fast zu jeder Jahreszeit beeindruckend.

Kultur im Alltag

Das mit Abstand wichtigste Medium der Türkei ist das Fernsehen. Das mag banal, weil selbstverständlich erscheinen – schließlich gilt das in Deutschland und allen anderen europäischen Ländern genauso –, doch das Fernsehen hat in der Türkei trotzdem noch einmal eine andere, weit wichtigere Bedeutung. Es ist das Medium, das Stadt und Land verbindet. Einen Fernseher findet man noch in der letzten Hütte. Es mag kein fließendes Wasser und einen Lokus nur weit außerhalb des Hauses geben, einen Fernseher gibt es bestimmt. Das Fernsehprogramm ist deshalb das einzige, was für alle Türken gleichermaßen stattfindet. Fernsehen überwindet nicht nur die Unterschiede zwischen Stadt und Land und das enorme Gefälle zwischen dem Westen und dem Osten des Landes, das Fernsehen ermöglicht auch den Analphabeten und den vielen Fast-Analphabeten, die niemals ein Buch in die Hand nehmen würden und nur in den seltensten Fällen eine Zeitung lesen, an der nationalen Kommunikation teilzuhaben. (Eine Ausnahme ist der Teil der kurdischen Minderheit, der kein Türkisch versteht. Allerdings nutzt diese Menschen das kurdische Programm aus dem Ausland.)

Vielleicht deshalb übt das Fernsehen auf die türkischen Bürger eine geradezu magische Anziehungskraft aus. So wie in Deutschland das Radio häufig mehr als Hintergrundgeräusch genutzt wird, auf das man nur gelegentlich wirklich achtet, läuft in türkischen Haushalten fast permanent der Fernseher. Egal ob jemand zuschaut, die Stimme aus dem Fernseher ist so etwas wie ein weiterer Bewohner des Hauses.

Der Siegeszug des Fernsehers begann in den 1980er Jahren. Zwar gab es auch in der Türkei seit den 1960er Jahren Fernsehen, doch das einzig verfügbare staatliche Programm TRT war zumeist so staatstragend und langweilig, dass es trotz der Faszination des Mediums die Herzen des Publikums kaum erreichen konnte. Für die großen Gefühle war deshalb in dieser Zeit noch das Kino zuständig. In den 1960er Jahren erreichte die türkische Filmindustrie nach Japan, Indien und Hongkong den weltweit vierthöchsten Ausstoß. Yesilcam, das türkische Hollywood in Istanbul, produzierte einen Herz-Schmerz-Streifen nach dem anderen und ließ zumeist die aktuellen Gesangsidole auch die Hauptrolle spielen. Neben den großen Kinosälen gab es unzählige Freilichtkinos für die ganze Familie, in denen sich abends das Viertel zum gemeinsamen Film traf. Auf dem Land reisten mobile Kinovorführer durch die Dörfer und gastierten in den dortigen provisorischen Freilichtkinos.

Es gibt einen wunderbaren Film, »Vizontele«, aus dem Jahr 2001 von Yilmaz Erdogan und Faruk Sorak, der den Siegeszug des Fernsehens und die Verdrängung der Freilichtkinos auf dem Land thematisiert. Er zeigt, wie der erste Fernseher in einem anatolischen Dorf Einzug hält, wie der Besitzer des Freilichtkinos vergeblich dagegen opponiert und wie plötzlich mit dem Fernseher die weltweite Realität ins Dorf kommt. Der Film spielt 1974 während des türkischen Einmarsches auf Zypern und gipfelt in einer Szene, als das Dorf gebannt im Teehaus auf dem Bildschirm verfolgt, wie einer der Söhne des Dorfes plötzlich als Gefallener präsentiert wird. Nach langen, erregten Debatten beerdigen die Dörfler dann den Fernseher auf dem örtlichen Friedhof, schließlich war der gefallene Sohn für alle sichtbar in diesem Kasten aufgebahrt.

Das türkische Fernsehen in seiner heutigen Gestalt entwickelte sich in der zweiten Hälfte der 1980er Jahre. Damals wurden unter dem wirtschaftsliberalen Ministerpräsident Turgut Özal die ersten Privatkanäle zugelassen. Was in der Bundesrepublik vor allem als Einbruch des Kommerzes in die heile ARD/ZDF-Fernsehwelt diskutiert wurde, war in der Türkei eine Kulturrevolution. Denn das bis dahin einzig verfügbare TRT war und ist, anders als die Öffentlich-Rechtlichen in Deutschland, nicht nur mittelbar über den Einfluss der Parteien in den Rundfunkräten staatlich gelenkt, sondern ganz direkt ein von der gerade amtierenden Regierung verordnetes Programm. Die Privaten wirkten da wie eine Befreiung. Binnen weniger Jahre entwickelte sich eine Vielfalt, von der die türkischen Fernsehkonsumenten bis dahin nur hatten träumen können. Von den dümmsten Shows bis zu den besten Nachrichtenkanälen war bald alles im Äther vertreten.

Weil die meisten Sender eher finanzschwach waren und die Besitzer darüber hinaus eine möglichst hohe Rendite erwirtschaften wollten, entwickelten sich zwei Formate, deren Produktion wenig Geld kostet, von denen aber eins wiederum für die gesellschaftliche Entwicklung, entscheidend wurde. Das eine Format sind die Musikshows, ein endloses Geträller sogenannter Volksmusik, die sich in der Türkei mindestens so großer Beliebtheit erfreut wie in Deutschland. Das zweite aber sind Diskussionsrunden. Da man eben nicht genug Geld hatte, um die plötzlich massenhaft vorhandene Sendezeit mit teuren Produktionen zu füllen, gab es jede Menge Diskussionsrunden, die oft stundenlang gesendet wurden. Diese Talk-Shows wurden zu Tabubrechern, die zur Veränderung des politischen Diskurses mehr beitrugen als alle Zeitungen und Bücher zuvor. Plötzlich wurde im Fernsehen über die Kurdenfrage diskutiert, zu einem Zeitpunkt, als das staatliche TRT sich noch mit der bloßen Erwähnung von Kurden schwertat. Frauen mischten sich ein und drängten auf eine stärkere Präsenz in der Öffentlichkeit, die Islamisten gründeten einen eigenen Sender, und so konnte man innerhalb weniger Jahre nun von ernsthaften Politdebatten, über Quizshows mit leicht bekleideten Frauen direkt zu bärtigen Koranlesern umschalten. Die schöne bunte Fernsehwelt war mit Macht in den türkischen Alltag eingebrochen und hat diesen nachhaltiger verändert als alle übrigen Kulturträger zusammen.

Zwar gibt es bis heute eine staatlich eingesetzte Kommission, die die Inhalte der Sender auf Gesetzeskonformität, Sitte und Anstand und die Respektierung der Heiligen Kühe der Republik überwacht. Doch obwohl diese Kommission teils drakonische Strafen verhängte (von hohen Geldstrafen bis zu mehrwöchigen Sendeverboten), konnte sie die einmal entstandene Vielfalt nicht mehr wirklich einhegen. Dabei ist Fernsehen in der Türkei genauso wenig ein natürlicher Verbündeter von Fortschritt und Vernunft wie in Deutschland auch. Die Kanäle dienen entweder streng den kommerziellen Interessen ihrer Besitzer oder sind klare Sprachrohre bestimmter politischer Richtungen.

Darüber hinaus ist das Fernsehen natürlich Teil eines gigantischen Kommunikationsnetzes, durch das sich die gesellschaftliche Stimmungen verstärken. So wie das Fernsehen in den 1990er Jahren zur Enttabuisierung vieler Themen beigetragen hat, so nimmt es heute die nationalistische Stimmung auf und verstärkt sie wiederum. Dazu gehört die Berichterstattung über die kurdische Separatistenorganisation PKK, deren Anschlägen breitester

Raum gegeben wird, bei gleichzeitiger Glorifizierung der Armee ohne die geringste kritische Distanz. Beerdigungen von Soldaten, die bei der Bekämpfung der PKK gefallen sind, geraten regelmäßig zu großen Fernsehereignissen, bei denen die Volksseele hochkocht, wenn um die Sehit, also die Märtyrer, getrauert wird. Noch verheerender als diese Art Berichterstattung über gesellschaftliche Großkonflikte sind manche fiktionale Leistungen. Die erfolgreichste Serie des türkischen Fernsehens, »Kurtlar Vadisi«, also »Tal der Wölfe«, die auch in Deutschland in der Kinofassung »Irak – Tal der Wölfe« großes Aufsehen erregte, ist ein übles nationalistisches Gebräu, in dem der Held sein türkisches Vaterland gegen eine Mafia von Kryptojuden, Christen und anderen üblen Ausländern verteidigt und alle Stereotypen nationalistischer Verschwörungstheorien bedient. Der Kinofilm präsentiert eine Heldenfigur, die zu einer nationalistisch-islamistischen Synthese mutiert, und damit zu den schlimmsten Befürchtungen Anlass gibt.

Zeitungen

Anders als in Deutschland, wo das Kartellamt die Übernahme von SAT1/Pro7 durch Springer verbot, gehören die großen Fernsehkanäle in der Türkei alle zu Medienimperien, die gleichzeitig auch den Printsektor beherrschen. Das größte dieser Medienimperien ist die Dogan-Holding, der neben vielen anderen Zeitungen die auch in Deutschland bekannte »Hürriyet« gehört und die den Fernsehkanal D betreibt. In die Dogan-Holding hat sich übrigens der Springer-Verlag eingekauft, und niemand anderes als »Bild«-Chefredakteur Kai Diekmann sitzt seit Jahren im Vorstand der Dogan-Holding. Deshalb ist die »Bild«-Zeitung übrigens auch das einzige Blatt im Springer-Konzern, das eine Mitgliedschaft der Türkei in der EU befürwortet, und deshalb erscheinen auch in »Bild« und »Hürriyet« immer mal wieder gemeinsame Artikel der beiden Chefredakteure Kai Diekmann und Ertugrul Özök, in denen sie zum wechselseitigen Verständnis zwischen beiden Völkern aufrufen. Das ist grundsätzlich natürlich nichts Schlechtes, hat aber eine klare kommerzielle Grundlage.

Kommerzielle Interessen und unmittelbare politische Einflussnahme sind in der türkischen Medienlandschaft insgesamt noch

Aydin Dogan – der türkische Zeitungszar

direkter und unverblümter als in Deutschland. Bis in die 1980er Jahre gehörten die großen, traditionsreichen Zeitungen wie »Hürriyet«, »Milliyet«, »Sabah« oder »Cumhuriyet« noch klassischen Verlegerfamilien. Von allen diesen Zeitungen ist nur »Cumhuriyet« als unabhängiges Blatt übriggeblieben. Alle anderen wurden von größeren Industrieholdings aufgekauft und nicht zuletzt auch in den Dienst dieser Holdings gestellt. Dabei ging es zumeist darum, in den Blättern Stimmung zu machen, um für den eigenen Konzern Staatsaufträge zu ergattern oder preiswert an ehemalige Staatsunternehmen heranzukommen, die in den 1980er und 90er Jahren privatisiert wurden. Beispielhaft dafür ist gerade das Dogan-Imperium. Der alte Aydin Dogan hat es, nicht zuletzt mit Hilfe der von ihm in den 1980er Jahren gekauften »Hürriyet« in knapp 40 Jahren von einem armen Gebrauchtwagenhändler in Kastamonu, einem Provinznest in der Nähe des Schwarzen Meeres, zum drittgrößten Unternehmen des Landes gebracht. Mit politischem Druck, den er über »Hürriyet« auf diverse Regierungen ausüben ließ, sicherte er sich in den Privatisierungsrunden Filetstücke wie eine landesweite Tankstellenkette und diverse Staatsaufträge, die ihn zu einem der reichsten Männer des Landes machten.

Diese direkte Instrumentalisierung der Presse ist dem türkischen Journalismus schlecht bekommen. Viele gute Leute wurden gefeuert oder sind von selbst gegangen. Immer wieder hat es Versuche gegeben, neue unabhängige Zeitungen zu gründen, die aber mangels Kapital meistens wieder eingingen, bevor sie sich einen größeren Leserstamm erarbeiten konnten. Trotzdem gibt es immer wieder neue Versuche. Seit mehreren Jahren hält sich nun die linke Birgün, und mit Taraf ist 2007 ein weiteres Blatt gestartet, das zu keinem großen Konglomerat gehört. Es gibt darüber hinaus in der Türkei auch zwei ganz ordentliche englischsprachige Tageszeitungen, die »Turkish Daily News« und »Today's Zaman«, die jedem politisch interessierten Türkeibesucher die Orientierung enorm erleichtern.

Bücher

Ganz anders sieht die Situation auf dem Buchmarkt aus. Da die Gründung eines Verlages weit weniger kapitalintensiv ist als die Gründung einer Zeitung, präsentiert sich die Türkei mit einer überaus vielfältigen und bunten Verlagslandschaft. Wenn die meisten Bücher auch keine riesigen Auflagen erreichen und die wenigsten Autoren von ihren Büchern leben können, kommen doch jedes Jahr mehr Neuerscheinungen auf den Markt. Neben der Belletristik boomt vor allem der Markt für Sachbücher. Fast alle Bücher, die in Europa oder den USA für Furore gesorgt haben, werden auch ins Türkische übersetzt. Auf dem Buchmarkt ist das gesamte politische Spektrum vertreten. Angefangen von rechtsradikalen, krude antisemitischen Verschwörungstheorien (auch »Mein Kampf« erzielte in der türkischen Übersetzung im Zuge der nationalistischen Welle hohe Auflagen) über linke, sozialistische Theorie bis hin zu den Tabuthemen der Türkei wie die Armenierfrage und der kurdische Befreiungskampf ist im Buchladen alles zu finden. Eine Vorzensur findet nicht statt.

Ob gegen ein Buch nach Erscheinen ein Strafverfahren eingeleitet wird, ist für den Verleger oft schwer zu kalkulieren. Ragip Zarakolu, einer der Veteranen unter den linken Verlegern, der sowohl mit seinen Büchern, die er zu allen schwierigen Themen publizierte, wie auch im Schriftstellerverband seit Jahrzehnten gegen die juristische Nachzensur kämpft, weiß bis heute nicht, ob er wegen eines Buches Schwierigkeiten bekommt oder nicht. Er hat Bücher über die Armenierfrage verlegt, von denen er nie gedacht hätte, dass sie unbeanstandet geblieben wären, und sich andererseits Verfahren eingehandelt für Publikationen, die alle Beteiligten als politisch unproblematisch eingestuft hatten. Ragip druckt deshalb, was er für wichtig hält, ohne sich im Vorfeld noch Gedanken darüber zu machen, was der Staatsanwalt davon halten könnte.

Mit der Ausnahme von Elif Shafak, die eine der Figuren in ihrem Roman »Der Bastard von Istanbul« über den Völkermord an den Armeniern erzählen lässt und deshalb wegen »Beleidigung des Türkentums« angeklagt, aber freigesprochen wurde, sind die übrigen Verfahren gegen Schriftsteller in den letzten Jahren nicht wegen ihrer Bücher, sondern wegen politischer Äußerungen in Artikeln oder Interviews angestrengt worden. (Das berüchtigte Verfahren gegen Orhan Pamuk geht auf ein Interview im »Zürcher Tagesanzeiger« zurück.) Am übelsten ging die Justiz gegen den armenischen Menschenrechtler und Journalisten Hrant Dink vor, der als Einziger wegen Beleidigung des Türkentums auch wirklich verurteilt wurde.

Oben: Literaturnobelpreisträger Orhan Pamuk
Unten: der im Januar 2007 ermordete armenische Publizist
Hrant Dink

Hrant Dink wurde im Januar 2007 vor seiner Redaktion auf offener Straße von einem jugendlichen Nationalisten erschossen. Eine Sammlung seiner Artikel erscheint 2008 auch auf Deutsch.

Leider sind in der Vergangenheit nur von den ganz Großen der türkischen Literatur – also Yasar Kemal, Orhan Pamuk, Nazim Hikmet und Aziz Nesin – deutsche Übersetzungen erfolgreich verlegt worden. In letzter Zeit sind allerdings auch Bücher von Elif Shafak, Zülfü Livaneli, Nedim Gürsel und anderen, jüngeren Autoren, dazugekommen. Mit der Türkei als Gastland der Buchmesse 2008 hat sich dieser Trend noch verstärkt. Eine sehr verdienstvolle Initiative gibt es bereits: Der Zürcher Unionsverlag bringt mit finanzieller Unterstützung der Bosch-Stiftung eine »Türkische Bibliothek« heraus. In dieser Reihe werden Romane türkischer Autoren übersetzt, die für eine bestimmte Epoche exemplarisch sind. Die Reihe beginnt mit Halid Ziya Usakligil und dessen Roman im ausgehenden Osmanischen Reich um die Jahrhundertwende und reicht bis zu jungen Autoren wie Murat Uyurkulak und Murathan Mungan, die in ihren Büchern die aktuelle Situation des Landes literarisch verarbeiten (www.tuerkische-bibliothek.de).

Türkeibesucher, vor allem diejenigen, die nach Istanbul kommen, finden allerdings auch ein reiches Sortiment deutscher, englischer und französischsprachiger Literatur vor Ort, so dass niemand auf Lektüre verzichten muss, auch wenn er des Türkischen nicht mächtig ist. In Istanbul gibt es sogar eine deutsche Buchhandlung, und jeder bessere Buchladen der Stadt hat zumindest auch englische Bücher im Angebot. Besonders interessant sind diverse Antiquariate in Beyoglu oder Kadiköy, wo man etliche überraschende Entdeckungen von Büchern in deutscher Sprache machen kann. Für Bücherfreunde lohnt sich auch ein Besuch des Büchermarktes am Rande des Großen Basars in der Altstadt. Der offene Büchermarkt liegt gegenüber dem Haupteingang der Istanbuler Universität am Beyazit-Platz.

Film

Der türkische Film, der mich persönlich bis heute am meisten beeindruckt hat, ist »Yol«, zu Deutsch »Der Weg«. Er handelt von fünf Gefangenen, die für eine Woche Hafturlaub erhalten, und fokussiert gleichzeitig die Geschichte der türkischen Gesellschaft Ende der 1970er Jahre. Die Schicksale der fünf Häftlinge bündeln die Probleme des Landes so eindrucksvoll, dass man sich zum damaligen Zeitpunkt viele Bücher und Analysen sparen konnte, wenn man stattdessen den Film anschaute. Völlig zu Recht erhielt »Yol« 1982 in Cannes die Goldene Palme. Dazu beigetragen haben mögen aber auch die Entstehungsgeschichte des Films, die dramatische Flucht des Regisseurs Yilmaz Güney aus dem Gefängnis und die damalige politische Situation der Türkei nach dem Militärputsch 1980. Yilmaz Güney schrieb das Drehbuch zu »Yol« im Gefängnis anhand der Geschichten, die ihm Mitgefangene erzählten. Gedreht wurde der Film dann von seinem früheren Regieassistenten Serif Gören, der die Geschichte nach Güneys Anweisungen heimlich vor Ort drehte. Wieder in Freiheit konnte Güney dann das von Serif Gören produzierte Material selbst schneiden und den Film zusammenstellen.

Nach seiner Flucht über Griechenland nach Frankreich drehte Yilmaz Güney in Paris nur noch einen, ziemlich düsteren Film über die politischen Gefangenen der Türkei nach dem Putsch (»Die Mauer«), bevor er mit nur 47 Jahren an Krebs starb. Trotzdem hat Yilmaz Güney mit der Handvoll Filmen, die er in seinem Leben realisieren konnte, das türkische Kino revolutioniert. Statt der Herz-Schmerz-Geschichten des türkischen Hollywood Yesilcam, in denen er als Schauspieler viele Male selbst auftrat, entwickelte er ein realistisches, politisches Autorenkino. Yilmaz Güney war Kurde, aber das spielte damals noch kaum eine Rolle. Er definierte sich nicht über seine ethnische Zugehörigkeit, sondern über seinen politischen Standpunkt als Kommunist. Weil er als Schauspieler so beliebt war – in der Boulevardpresse firmiert er bis heute als der »hässliche König« –, konnte er es wagen, politische Filme zu drehen, für die andere damals gleich in den Knast gegangen wären. Trotzdem erwischte es nach nur wenigen Jahren produktiver Arbeit auch ihn. Nachdem er so bahnbrechende Filme wie »Sürü« (Die Herde) oder »Umut« (Die Hoffnung) und »Düsman« (Der Feind) produziert hatte, alles sozialkritische und gleichzeitig spannende Filme von hoher Qualität, wurde er 1974 ins Gefängnis gesteckt.

Er soll im Streit in einem Restaurant einen Richter erschossen haben – doch schon damals gingen die meisten Beobachter davon aus, dass ihm ein inszenierter Mord in die Schuhe geschoben wurde, um den exponierten linken Filmemacher und Schauspieler aus dem Verkehr zu ziehen.

Der Einfluss von Yilmaz Güney war jedoch nicht damit zu stoppen, dass man ihn ins Gefängnis warf. Etliche Filmemacher, wie Erdal Kiral oder Zülfü Livaneli, wurden von ihm inspiriert. Sie entwickelten den politischen Autorenfilm in den 1980er Jahren weiter, wenn auch zunächst meistens im Exil. Erdal Kiral war nach dem Militärputsch nach Deutschland geflohen. Dort drehte er nach der Romanvorlage »Ein Winter in Hakkari« von Ferid Edgü den Film »Eine Saison in Hakkari«. Dieser Film über einen Lehrer, der für ein Schuljahr in ein abgelegenes kurdisches Dorf strafversetzt wird, ist ein eindringliches Porträt über den Alltag unter nahezu analphabetischen Kurden, wie er bis dahin im türkischen Kino nicht zu sehen war. Einen weiteren Film über einen in die Verbannung geschickten Intellektuellen drehte Erdal Kiral dann in Bodrum, der westlichsten Ecke des Landes. Er handelt von dem Schriftsteller Cevat Sahir, der 1925 wegen eines kritischen Artikels für einige Zeit nach Bodrum verbannt wurde. Das heute mondänste türkische Urlaubsparadies war damals noch ein völlig entlegenes Fischerdorf, fernab allen politischen Betriebs. Cevat Sahir empfand jedoch schon bald seine Verbannung nicht mehr als Strafe, sondern als Segen, und begann, über die Ägäis, die dort lebenden Menschen, ihre Kultur und ihre Geschichte zu schreiben. Sahir unternahm mit den Fischern von Bodrum Bootsreisen die Küste entlang und schrieb darüber. Diese von ihm literarisch verarbeiteten »Blauen Reisen« sind der historische Ursprung für die heute von etlichen Reiseveranstaltern angebotenen »Blauen Reisen« auf einer der traditionellen Holzyachten aus Bodrum.

Zülfü Livaneli drehte ebenfalls in den Jahren, als er nach dem Putsch vorübergehend in Deutschland lebte, gemeinsam mit Wim Wenders »Eisenerde Kupferhimmel«, die erste Literaturverfilmung eines Romans von Yasar Kemal.

Ende der 1980er, Anfang der 90er Jahre kehrten dann die meisten nach Westeuropa geflüchteten Journalisten, Schriftsteller und Filmemacher wieder in die Türkei zurück. In den 1990er Jahren »normalisierte« sich der türkische Film in gewisser Weise, das heißt, er passte sich den europäischen und amerikanischen Mustern an. Es gibt große kommerzielle Produktionen, die teilweise sehr erfolgreich sind und auch im Ausland laufen,

Das Kino von Enez an der nordägäischen Küste war lange Zeit ein Kulturzentrum in dem abgesperrten Grenzgebiet zu Griechenland; inzwischen musste es dem Fernsehen weichen und ist geschlossen

und einen entwickelten Autorenfilm, der heute weit weniger mit Zensur und politischen Vorbehalten zu kämpfen hat als in den 1970er und 80er Jahren. Dabei werden weiterhin, zum Teil in sehr anspruchsvoller Form, die wichtigsten gesellschaftlichen Probleme behandelt. In »Hejar – Großer Mann kleine Liebe« geht Handan Ipekci beispielsweise in sehr origineller Weise auf den Kurdenkonflikt ein. Ein pensionierter Richter wird durch eine Polizeirazzia in seinem Mietshaus aufgeschreckt. Als er sich umschaut, findet er in einer Wohnung, die die Polizei heimgesucht hatte, ein allein gelassenes, kleines, verängstigtes Mädchen und nimmt sich ihrer an. Zu seiner Verblüffung muss er bald feststellen, dass sie ihn nicht versteht, weil sie nur kurdisch spricht. Trotzdem entwickelt sich zwischen beiden eine Art Liebesbeziehung, die letztlich die kulturelle und sprachliche Kluft überwindet. Der Film erregte einiges Aufsehen und erreichte Millionen von Zuschauern.

Es gab in den letzten Jahren auch mehrere Filme, die das Trauma des Putsches aufarbeiteten, aber neben den klassischen Konfliktthemen werden mittlerweile auch Spielfilme in Altenheimen oder witzige Großstadtkomödien gedreht.

Jedes Frühjahr präsentiert sich der türkische Film zum Vergleich mit internationalen Produktionen auf dem Istanbuler Filmfestival, ein Ereignis, das seinen lokalen Charakter längst überwunden hat und im Konzert der europäischen Filmfestivals als Scharnier zwischen westlichen und asiatischen Filmproduktionen funktioniert.

Wie sehr der Schwerpunkt des türkischen Autorenfilms sich seit Yilmaz Güney verändert hat, zeigt der Gewinner der Goldenen Palme in Cannes von 2003. »Uzak« von Nuri Bilge Ceylan ist ein Film über die innere Zerrissenheit eines Istanbuler Intellektuellen, der weder mit seinen wechselnden Frauen noch mit einem Besucher aus seinem anatolischen Heimatdorf klarkommt. Es ist ein existenzialistischer Film über die Entfremdung des Individuums von seiner Umgebung, ein Film, der ein Boheme-Leben reflektiert, das es so in Istanbul vor 20 Jahren noch gar nicht gab. Auch der letzte Autorenfilm, der international Furore machte, Takva, behandelt ein Thema, das erst vor wenigen Jahren, seit die islamisch geprägte AKP 2002 die Regierung übernommen hat, aktuell geworden ist. Er zeigt die Verlogenheit der Frommen, die unter der AKP-Regierung zu Macht, Geld und Einfluss gekommen sind. Der von Fatih Akin produzierte Film wurde für den ausländischen Oskar in Hollywood nominiert, ging aber letztlich leer aus.

Trotzdem ist Fatih Akin der Name, der international am Filmhimmel derzeit am hellsten strahlt. Dabei ist es unwichtig, ob der Hamburger Fatih Akin nun ein deutscher oder ein türkischer Filmemacher ist, seine Filme zeigen deutlich, dass er immer mehr zu beidem wird. Waren seine ersten Filme wie »Kurz und Schmerzlos« oder »Solino« noch klar Filme aus dem Migrantenmilieu in Deutschland, die mit der Türkei nichts zu tun hatten, so verlagerten sich seine Filme mit der Zeit mehr und mehr von Deutschland in die Türkei. Das begann fröhlich-spielerisch mit dem Roadmovie »Im Juli«, einer Liebesgeschichte, die in Hamburg beginnt und in Istanbul endet, und entfaltete sich dann zu seiner ganzen existenziellen Wucht in »Gegen die Wand«, dem Streifen, für den Fatih Akin 2004 den Goldenen Bären in Berlin bekam. Der Film spielt in Deutschland und der Türkei, zeigt die Zerrissenheit der Türken in Deutschland aber auch, wie man in beiden Welten leben kann. Auch der zweite Teil einer geplanten Trilogie, der 2007 fertiggestellte Film »Auf der anderen Seite«

Fatih Akin – berühmtester deutsch-türkischer Filmemacher

beginnt wiederum in Deutschland und endet in der Türkei. Der Film zeigt jedoch mehr als Migranten-Schicksale. Er ist ein Beleg dafür, wie sehr die beiden vermeintlich fremden Kulturen bereits miteinander verwoben sind, wie viele Menschen aus beiden Ländern bereits in beiden Kulturen leben.

Zwischen diese beiden Großproduktionen hat Fatih Akin noch einen Dokumentarfilm geschoben, der einer Hommage an Istanbul und den Sound der Stadt gleichkommt. Der Film zeigt die Vielfalt türkischer Musik und der Musiker, die im Schmelztiegel Istanbul leben.

Musik

Akins »Crossing the Bridge – der Sound of Istanbul« ist ein guter Einstieg für alle, die sich in die türkische Musik etwas hereinhören wollen. Das Schöne dabei ist, dass die Musik mittlerweile die Vielfalt des Landes eindrucksvoll widerspiegelt und für fast jeden Musikgeschmack etwas dabei ist. Wer vor 20 Jahren im Überlandbus noch von dem Einheitsbrei des damaligen Türk-Pop gequält wurde, kann heute zwischen so unterschiedlichen Musikstilen wählen wie Ibrahim Tatlesis, dem populärsten Vertreter des heutigen Türk-Pop, oder Tarkan, der diese Musik aus der Türkei international hoffähig machte, oder Sezen Aksu, der Diva des türkischen Pop, die als Erste auch die Stile der ethnischen Minderheiten in ihren Liedern populär machte. Zu den Königinnen des Pop gehört noch Sertap Erener, die neben Tarkan damit begonnen hat, Englisch als Sprache in die türkische Musik einzuführen, und prompt mit ihrem Lied »Everything That I Can« 2005 den Grand Prix Eurovision gewann.

Interessanter für Türkeibesucher als der Pop für die breite Masse dürften die in den letzten Jahren entwickelten Ansätze einer World-Musik sein, der es gelungen ist, die Ost-West-Synthese speziell in Istanbul musikalisch auszudrücken. Keimzelle dieser Musik, die Fatih Akin in seinem Film mit dem Auftritt der Folk-Band »Baba Zula« verewigte, ist der mittlerweile schon legendäre Musikclub »Babylon«. Im »Babylon« treten nicht nur die bekanntesten Interpreten von Jazz, Folk und Rockmusik aus Ost und West auf, das Beste am Club ist, dass sie alle zusammen auftreten. Aus solchen zuerst spontan entstandenen Sessions

Der Musiker, Schriftsteller und Filmregisseur Zülfü Livaneli als Kandidat für das Amt des Istanbuler Oberbürgermeisters Anfang der 1990er Jahre

wurden später geplante Auftritte, die von dem mit »Babylon« assoziierten Plattenlabel »Doublemoon« zu begehrten CDs verarbeitet werden. Der international bekannteste Protagonist dieser Weltmusik aus Istanbul ist Mercan Dede, der Sufi-Klänge mit moderner elektronischer Musik mischt und so zu erstaunlichen Resultaten kommt.

In der Türkei immer noch wesentlich populärer, für deutsche Ohren aber schwerer zugänglich, ist die sogenannte Arabesk-Musik. Diese spezifische türkische Musikrichtung, in der Pop, alte osmanische Kunstmusik und arabische Stilelemente miteinander vermischt werden, ist eine urbane Musikrichtung, die viele Anhänger hat. Der bekannteste Arabesk-Musiker, Orhan Gencebay, gilt sogar als der große alte Mann der türkischen Musik überhaupt.

Den Kontrast dazu bildet die politische Folklore von Zülfü Livaneli und anderen. Livaneli, der auch als Schriftsteller und Filmemacher bekannt ist, hat schon in den 1970er Jahren aus traditioneller Volksmusik Songs entwickelt, die an die politischen Protestsongs eines Bob Dylan oder Hannes Wader erinnern. Livaneli ist bis heute der bekannteste Name für politische Folklore – seine größten Verdienste erwarb er sich bei der Wiederannäherung der verfeindeten griechischen und türkischen Brüder. Gemeinsam mit Mikis Theodorakis veranstaltete er in den 1980er Jahren große Konzerte in der Türkei und in Griechenland, zu einem Zeitpunkt, als zwischen beiden Ländern noch der schlimmste Kalte Krieg herrschte.

Neben Pop, Rock und Folkmusik gibt es in der Türkei natürlich auch Bach, Mozart und Schostakowitsch. Die klassische Musik westlicher Prägung ist ein Element der in der Atatürk-Zeit durchgeführten Modernisierung. Damals wurden gezielt türkische Musiker auf Konservatorien in Westeuropa geschickt, heute können sie klassische Musik auch zu Hause studieren. Allerdings betrachten viele konservative, religiöse Türken die klassische Musik nach wie vor als einen Fremdkörper. Das wurde bei einem Eklat 2007 noch einmal deutlich. Im Zuge der Auseinandersetzungen zwischen dem säkularen, westlich orientierten Teil der Gesellschaft und den Religiösen geriet der bekannteste türkische Pianist Fazil Say zwischen die Fronten. In einem Interview mit der »Süddeutschen Zeitung« erwähnte er, vielleicht zukünftig im Ausland zu bleiben, weil die Unterstützung für klassische Musik in der Türkei stark rückläufig sei. Was von der einen Seite als weiteres Indiz für die zunehmende Islamisierung auch in der Kunst gewertet wurde, wies ein Minister der regierenden AKP mit der Bemerkung zurück: Das Volk interessiert sich eben nicht für diese westliche Musik.

Malerei, Museen, Galerien

Wer den für mich schönsten Roman Orhan Pamuks »Mein Name ist Rot« gelesen hat, kennt bereits das Dilemma der türkischen Malerei. Malen als künstlerische Ausdrucksform war im Osmanischen Reich durch das Bilderverbot im Islam auf eine eng begrenzte, ornamentale Kunst beschränkt. Man kann diese Kunst auf höchstem Niveau in den Sultansmoscheen in Istanbul bewundern, wo, auf Fayencen gebrannt, stilisierte Blumen ganze Wände beherrschen. Ein anderer Ausdruck dieser Kunst ist die Kalligrafie, bei der aus den arabischen Schriftzeichen des Korans fast schon Gemälde entwickelt wurden. Die am weitesten der gegenständlichen Kunst des Westens entgegenkommende Kunstform der islamischen Welt ist die Miniaturmalerei, die die Osmanen

Das Museum für zeitgenössische Kunst »Istanbul Modern«

aus Persien importierten. Auf diesen Bildern sind zwar Figuren zu sehen, doch die sind so stilisiert, dass sie keinen persönlichen Ausdruck aufweisen, sondern nur Zitate der Gattung sind. Stilisierte Pferde oder Löwen und eben auch Menschen, aber Menschen ohne persönliches Gesicht. Pamuk erzählt in seinem Roman über den Konflikt der Miniaturmaler des osmanischen Hofes, als der Padischah einen der Hofmaler beauftragt, ein echtes Porträt von ihm zu erstellen. Es gab immer wieder Sultane, die sich über das Bilderverbot hinwegsetzten und Porträts von sich anfertigen ließen – aber dazu holten sie in der Regel eben ausländische Künstler. Das berühmteste ist das Porträt des italienischen Malers Bellini, der im 15. Jahrhundert den Eroberer von Konstantinopel, Sultan Mehmet II., malte.

Es dauerte aber bis ins 19. Jahrhundert, dass sich das Osmanische Reich und der Hof so weit säkularisiert hatten, dass eine an westeuropäischen Traditionen angelehnte Malerei in größerem Umfang im Lande entstehen konnte. Für die Entwicklung einer eigenständigen türkischen Malerei steht vor allem ein Name: Osman Hamdi Bey. Der 1842 geborene Sohn eines hohen Palastbeamten bewirkte einen regelrechten Kulturschub im Osmanischen Reich. Mit 18 Jahren ging er nach Paris, weil er dort Rechtswissenschaften studieren sollte. Er tat seiner Familie auch diesen Gefallen, seine eigentliche Liebe aber galt der Malerei. In seinen Jahren in Paris verbrachte er mehr Zeit in diversen Ateliers als an der Universität. Trotzdem war er auf beiden Gebieten erfolgreich. Er lernte nicht nur malen, sondern brachte auch sein Rechtsstudium zu einem erfolgreichen Abschluss. Nach seiner Rückkehr wurde er zunächst auf verschiedenen hohen Verwaltungsposten eingesetzt, bis ihm dann 1881 die Leitung des Palast-Museums (Imparatorluk Müzesi) anvertraut wurde. Damit war Osman Hamdi Bey endlich an einer Position angelangt, von wo aus er die Dinge in Bewegung setzen konnte, von denen er schon lange geträumt hatte.

Nur zwei Jahre nach seiner Berufung an die Spitze des Palast-Museums gründete er zuerst die Akademie für Schöne Künste und wenig später das Archäologische Museum. Beide Institutionen spielen bis heute in der Türkei eine wichtige Rolle. Die Istanbuler Kunstakademie ist die führende Kunstschule des Landes, nicht nur Maler und Bildhauer, sondern auch Architekten werden hier ausgebildet. Das Archäologische Museum ist heute zu einem ganzen Museumskomplex geworden, das eine bedeutende Antiken-Sammlung, einschließlich wertvoller Troja-Funde, beherbergt, die byzantinische Geschichte zeigt und ein eigenes Haus für die Geschichte Mesopotamiens aufweist. Obwohl die Europäer im 19. Jahrhundert viele wertvolle Stücke aus dem damaligen Osmanischen Reich abtransportiert haben, die heute auf der Berliner Museumsinsel, im Louvre oder im Britischen Museum zu sehen sind, gibt es dank Osman Hamdi Bey doch auch im Istanbuler Archäologischen Museum eine ansehnliche Sammlung aus allen Gebieten des früheren Osmanischen Reiches.

Hamdi Bey wurde aber nicht nur zum entscheidenden Kulturmanager des 19. Jahrhunderts, er hat auch Zeit seines Lebens selbst gemalt. Das bis heute berühmteste Bild der türkischen Malerei (Kaplumbaga Terbiyecisi – Die Belehrung der Schildkröten) stammt von ihm. Die reichste Industriellen-Dynastie der Türkei, die Koc-Familie, hat das Bild vor wenigen Jahren für mehr als 4 Millionen Dollar für ihr neues Pera-Museum in Beyoglu gekauft.

Die Koc-Familie ist jedoch nicht die einzige Industriellen-Dynastie, die sich in Istanbul mit einem Museum selbst ein Denkmal gesetzt hat. Auch zwei weitere Schwergewichte unter den türkischen Superreichen sind im Kunstbereich ganz vorn mit dabei. 2004 eröffnete direkt am Bosporus das »Istanbul Modern«, das erste Museum für zeitgenössische türkische Malerei überhaupt. Es entstand in einem ehemaligen Hafenspeicher, den die Besitzer des größten türkischen Pharmakonzerns, die Familie Eczacibasi, damals Ministerpräsident Tayyip Erdogan abschwatzten, damit die Türkei rechtzeitig zur Eröffnung der Beitrittsverhandlungen mit der EU auch zu einem repräsentativen Museum für moderne Kunst kam. Jahrelang hatte sich die Eczacibasi-Familie gemeinsam mit einem Förderverein zuvor vergeblich für ein Kunstmuseum eingesetzt, doch den Oberbürgermeistern Istanbuls, die seit 1994 alle aus der islamisch geprägten AKP beziehungsweise deren Vorläuferparteien stammen, war moderne Kunst kein Anliegen. Heute zeigt das Museum einen repräsentativen Querschnitt der türkischen Malerei des 20. Jahrhunderts.

In der Sammlung kann man gut nachvollziehen, wie sich die Malerei mehr und mehr von der französischen Prägung loslöst und zu einer eigenen Sprache findet. Seit den 1950er Jahren hatte sich in der Türkei ein eigener Markt für moderne Kunst entwi-

ckelt, der heute regelrecht explodiert ist. Die Istanbuler Stadt-
teile Beyoglu, das Nobelviertel Nishantasi, aber auch Kadiköy
auf dem asiatischen Ufer sind voll von Galerien, die überwiegend
Arbeiten junger einheimischer Künstler verkaufen. Seit ab Anfang
der 1990er Jahre regelmäßig die »Biennale Istanbul« stattfindet,
ist die türkische Kunstszene auch international besser vernetzt
und erfreut sich wachsender Aufmerksamkeit im Ausland.

Wie man moderne Kunst massenwirksam inszenieren kann,
zeigt seit ein paar Jahren das Sabanci-Museum, der dritte Kunst-
ort Istanbuls, der von einer Industriellen-Dynastie, den Sabancis
eben, gebaut und finanziert wurde. Direkt am Bosporus gelegen,
ist hier eine Kunsthalle entstanden, die von ihrer Ästhetik und
Funktionalität jedem internationalen Vergleich standhält.

Das Kuratorenteam schafft es bisher mit wechselnden spektakulären Ausstellungen, die Istanbuler in großen Scharen in ihre
Kunsthalle zu locken. Geschickt wechseln sie zwischen internationalen Highlights wie einer großen Picasso-Schau und inter-
essanten einheimischen Künstlern. Bei der Picasso-Ausstellung
erlebte die Türkei erstmals eine Besucherschlange wie Berlin mit
der MoMa-Schau. Dass Leute stundenlang für eine Kunstausstel-
lung anstanden, hatte das Land zuvor noch nie gesehen.

Deutsche Archäologen und das kulturelle Erbe

Nur wenige Länder weltweit verfügen über ein vergleichbar reiches kulturelles Erbe wie die Türkei. Die Spuren menschlichen
Lebens führen hier bis in die Steinzeit zurück. Viele Archäologen
halten die Obermesopotamische Tiefebene für einen der Plätze,
an denen der Mensch erstmals sesshaft wurde und überwiegend
vom Getreideanbau lebte. Mit den Hethitern findet sich in Anatolien eine der frühesten antiken Hochkulturen – sie gehörten zu
den Ersten, denen es gelang, nach Bronze auch Eisen herzustellen.
Die Ägäisküste ist voll von Zeugnissen hellenistischer Kultur, und
unter Konstantin dem Großen entstand am Bosporus die einzige
antike europäische Weltstadt neben Rom.

Deutsche Archäologen sind bis heute die wichtigsten Partner
der türkischen Archäologie. Schon früh waren deutsche Alter-
tumsforscher in der Türkei engagiert. Der bekannteste ist Hein-
rich Schliemann. Schliemann gehört zu den Pionieren der Archäo-

Apollo-Tempel in Side, Provinz Antalya; Side (1500 v. Chr. gegründet) war in der Antike eine bedeutende Hafenstadt in der Region Pamphylien

logie überhaupt. Er hatte sich in der Mitte des 19. Jahrhunderts in den Kopf gesetzt, die von Homer beschriebenen Orte der griechischen Geschichte wiederzuentdecken. Anhand der Ilias begann er deshalb, nach Troja zu suchen. Mehr durch Zufall und durch vorangegangene Recherchen eines Engländers, Frank Calvert, entschied er sich 1868 dafür, dass der Hisarlik-Hügel in der Nähe des Ausgangs der Dardanellen, der Burghügel des antiken Troja sein müsste. Bekanntermaßen hatte Schliemann unglaubliches Glück. Er fand trotz seiner aus heutiger Sicht geradezu zerstörerischen Methoden nicht nur verschiedene Siedlungsschichten, von denen er eine als die aus der Zeit des Trojanischen Krieges definierte, sondern er stieß auch auf einen spektakulären Goldfund. Der von ihm so benannte Schatz des Priamos war zwar, wie sich später herausstellte, 1000 Jahre älter als der Krieg um Troja, machte Schliemann aber trotzdem zu einem weltweit bekannten Helden der Archäologie.

Die Grabungsstätte von Troja blieb auch nach Schliemann eine deutsche Herzensangelegenheit. Zunächst setzte sein Mitarbeiter Wilhelm Dörpfeld die Arbeit in Troja fort. Die Ergebnisse wurden in Berlin prominent ausgestellt und weckten eine geradezu romantische Troja-Begeisterung im deutschen Bürgertum. Davon ist bis heute noch etwas zu spüren. Während es an der Ausgrabungsstelle zunächst ruhig wurde, setzte in den 30er Jahren des 20. Jahrhunderts der US-Amerikaner Carl Blegen die Ausgrabungen fort. Neuen Auftrieb um Troja gab es in Deutschland aber erst so richtig, als sich Manfred Korfmann, bekannter Archäologe der Universität Tübingen, 1988 des Hisarlik-Hügels erneut annahm. Mit einem großen Projekt, das bis heute andauert, stellte Korfmann die Troja-Forschung vom Kopf auf die Füße. Er konnte nachweisen, dass in Troja keine Griechen gelebt haben, sondern der Ort ein Vorposten der Hethiter war. Außerdem gelang ihm der Nachweis, dass es um den von Schliemann ausgegrabenen Burghügel eine weitläufige Unterstadt gab, die die Annahme rechtfertigt, dass Troja in der Antike eine Großstadt war. Damit gibt es erstmals eine materielle Grundlage für die homerische Geschichte vom Krieg um Troja, denn nach den Ausgrabungen von Korfmann darf man davon ausgehen, dass es in der Antike dort wirklich eine große Siedlung gab, die die Dardanellen und damit den Zugang zum Schwarzen Meer kontrollierte und um die zu kämpfen es sich durchaus gelohnt haben dürfte.

Doch auch wenn Troja das berühmteste Projekt deutscher Archäologen in der Türkei ist, gibt es noch eine ganze Reihe weiterer, die wissenschaftlich gesehen ebenso interessant sind. Das bereits 1929 gegründete Deutsche Archäologische Institut in Istanbul hat sich mit der Stadtgeschichte eingehend beschäftigt und von Istanbul aus etliche weitere große Ausgrabungsprojekte gesteuert. Die wichtigsten davon sind in Hattusha, der ehemaligen Hauptstadt des Hethiter-Reiches, in Pergamon, der griechich-römischen Metropole an der Ägäis, aus der der berühmte Pergamon-Fries stammt, der heute in Berlin im Pergamon-Museum zu besichtigen ist, und seit wenigen Jahren in Göbekli-Tepe, einem Ort in Obermesopotamien in der Nähe der syrischen Grenze, wo Mitarbeiter des Instituts ein frühneolithisches Bergheiligtum erforschen, das erbaut worden sein soll, noch bevor Menschen sich erstmals in Siedlungen niederließen.

An allen Orten sind deutsche Forscher mit türkischen Kollegen gemeinsam beschäftigt. Die Beziehungen werden von beiden Seiten hoch gelobt, auch wenn es in periodischen Abständen immer mal wieder Knatsch um die Rückgabe archäologischer Artefakte, beispielsweise des Pergamon-Frieses, gibt. Während der Fries jedoch zumindest mit der Erlaubnis der damaligen osmanischen Behörden abtransportiert worden war, hat Schliemann den Schatz des Priamos ganz eindeutig illegal außer Landes gebracht. Nur sind die Deutschen beim Priamos-Schatz ja aus dem Schneider, weil das Geschmeide seit Ende des Zweiten Weltkrieges in Moskauer Museumskellern liegt.

Korfmann hat vor seinem überraschenden Tod 2005 versucht, als deutsch-türkisches Projekt in Cannakale, der Troja am nächsten liegenden Stadt an den Dardanellen, ein Troja-Museum zu bauen, das dann als Leihgaben auch mit den Troja-Funden, die nun in Europa verstreut sind, bestückt werden könnte. Da die derzeitige türkische Regierung versichert, sie hält an diesem Projekt fest, könnte das Troja-Museum ein Highlight der deutsch-türkischen archäologischen Zusammenarbeit werden.

Deutsche in der Türkei

Istanbuler Parallelgesellschaft

Thomas Mühlbauer macht trotz seiner lichten Haare einen fast jugendlichen Eindruck. Lebhaft gestikuliert der 41-Jährige am Kaffeetisch, eine rheinische Frohnatur eben. Er hat einige Jahre seines Lebens am Niederrhein verbracht, von Geburt und Selbstverständnis her ist er aber viel eher ein Istanbuler. Mit deutschem Pass in der Tasche ist er mit der Stadt am Bosporus aufs Tiefste verbunden. Unter den Istanbuler Deutschen gilt Thomas Mühlbauer als eine Institution. Er leitet die deutsch-türkische Buchhandlung und kennt deshalb einen großen Teil der Deutschen in der Stadt, »jedenfalls die, die ab und zu ein Buch kaufen«, wie er lachend erzählt.

Sein Geschäft liegt direkt am unteren Ende der Istiklal Caddesi, der prominentesten Fußgängerzone der Stadt. Im 19. Jahrhundert lebte hier die europäische Upperclass von Istanbul, zwischen den Botschaften ihrer Länder. Heute sind die Botschaften nur noch Konsulate, aber die Istiklal ist immer noch das europäische Schaufenster der Stadt. Cafés, Kinos, Kneipen und Buchläden machen die Promeniermeile zur meistfrequentierten Straße Istanbuls. So stolpert auch fast jeder deutsche Besucher automatisch über den mühlbauerschen Laden. Im Schaufenster liegen Sachbücher über die Türkei und die Romane von der Spiegel-Bestseller-Liste. »Wir können jedoch weder von der Belletristik noch von den Sachbüchern leben«, erzählt Thomas Mühlbauer, »unser Geschäft machen wir mit Schulbüchern.« Ganz in der Nähe des Ladens ist das Deutsche Gymnasium, und auch das Österreichische Lyzeum ist nicht weit.

Der Buchladen existiert bereits in der zweiten Generation, der Vater von Thomas hat ihn Anfang der 1950er Jahre gegründet. »Es gab dort schon einen Buchladen«, erzählt Thomas, »mein Vater hat ihn damals einer alten Griechin abgekauft.« Nach Krieg und Gefangenschaft war der alte Mühlbauer mit einem Zirkus nach Istanbul gekommen. »Eigentlich wollte er weiter in den Iran, doch dann ist er hier hängengeblieben.« Seit damals ist Thomas

Thomas Mühlbauer – deutscher Buchhändler in Istanbul

mit der deutschen Community in Istanbul groß geworden. »Der Buchladen war immer auch ein Treffpunkt und eine Nachrichtenbörse für die Deutschen in der Stadt.« Das ist er bis heute geblieben. Im Foyer hängt eine Zetteltafel, an der Inga eine Wohnung sucht oder Ahmet Türkischkurse für Deutsche anbietet.

Drinnen sieht es aus wie im guten alten Bücherladen vor 30 Jahren. Kein Entertainment wie in den modernen Kulturkaufhäusern, dafür lange Regale, auf denen man auch noch verstaubte Schätze aus den 70ern finden kann. »Etliche Suhrkamp-Bände von damals«, lacht Thomas, »hab ich bis heute nicht verkauft.«

Ein Teil der Besucher will aber häufig gar kein Buch. »Oft kommt jemand, der einen Job sucht und mich fragt, ob ich ihm einen Tipp geben könnte oder Leute, die eine kurzfristige Unterkunft für den Anfang suchen. Leider melden die meisten sich später nicht mehr wieder«, meint Thomas Mühlbauer. Man verliert sich dann schnell aus den Augen. Wie viele Deutsche insgesamt in Istanbul leben, wissen weder Mühlbauer noch das deutsche Konsulat und auch nicht die türkischen Behörden, die sich nicht die Mühe machen, die Deutschen unter den Abertausenden von Ausländern, die in Istanbul täglich eine Aufenthaltserlaubnis –

ein sogenanntes Ikamet – beantragen, herauszufiltern. Zwischen 15 000 und 30 000 schätzt er, eine Zahl, die in der 13-Millionen-Stadt zwar nicht ins Gewicht fällt, die als deutsche Community aber trotzdem deutliche Spuren hinterlassen hat.

Deutsche, die länger in der Türkei leben, finden sich überwiegend in Istanbul oder aber am Mittelmeer zwischen Antalya und Alanya. Natürlich gibt es im ganzen Land verstreut lebende Landsleute, aber wirkliche deutsche Parallelgesellschaften findet man nur in Alanya am Mittelmeer und in bestimmten Teilen Istanbuls. Der Stadtteil Istanbuls, der unter Deutschen als ganz besonders »in« gilt, ist Cihangir.

»In Cihangir triffst du ja an jeder Ecke einen Landsmann«, meint auch Thomas Mühlbauer. Einer der Gründe dafür ist die zentrale Lage, der andere die Ästhetik und die Atmosphäre des Stadtteils. Cihangir ist unter den europäisch geprägten Vierteln Istanbuls das europäischste. Entlang der Siraselviler Caddesi, die sich vom zentralen Taksim-Platz zum Bosporus hinunterschlängelt, tummeln sich Kneipen, Restaurants, Hotels und Supermärkte, die genauso in München oder Berlin stehen könnten. Die Straßenzüge in Cihangir erinnern an manche Viertel im Westberliner Charlottenburg, die meisten Häuser sind Ende des 19., Anfang des 20. Jahrhunderts im europäischen Stil erbaut. Der größte Unterschied zu Berlin ist ihre Lage. Cihangir liegt an einem Hang, der bis zum Bosporus hinunterführt. Fast jede Wohnung in den meist fünfstöckigen Häusern hat ab der dritten Etage einen phantastischen Blick aufs Wasser.

Auf halber Höhe findet man das Alman-Hastanesi, das Deutsche Krankenhaus, das heute zwar einem privaten türkischen Krankenhaus-Konzern gehört, aber immer noch zu den besten Hospitälern der Stadt zählt. Ein paar Meter weiter hat die ARD ihr großes Türkei-Studio mit einem wunderbaren Blick von der Dachterrasse auf die gegenüberliegende Altstadt und den Bosporus, und in einer Seitenstraße der Siraselviler steht die »Villa Zürich«, das beste Hotel im Viertel. Im Stadtteil Cihangir leben die linksliberale Intelligenz Istanbuls und eben viele Deutsche und andere Ausländer, die neben der Atmosphäre auch die zentrale innerstädtische Lage schätzen. Es ist der einzige Stadtteil der gesamten Türkei, in dem die ÖDP – eine Partei, die am ehesten mit den deutschen Grünen vergleichbar ist – zweistellige Wahlergebnisse erzielt.

Für die Deutschen in Cihangir gibt es in einer der Kneipen sogar einmal in der Woche einen deutschen Stammtisch. Während viele »niemals« dahin gehen, ist Thomas Mühlbauer gern dabei. »Wenn ich Zeit habe, schau ich schon mal rein. Ab und zu eine Bratwurst zu essen, die sie dort servieren, ist auch nicht schlecht.« Er bedauert insgesamt, dass der Zusammenhalt der Deutschen nachgelassen hat und von der ehemaligen deutschen Vereinskultur kaum noch etwas existiert. »Es gibt noch den Brücke-Verein, in dem sich hauptsächlich deutsche Frauen, die nach Istanbul gekommen sind, nachdem sie einen türkischen Mann geheiratet hatten, organisieren, aber sonst kennt man sich doch kaum noch.« Je mehr Deutsche gekommen sind, umso mehr haben sie sich in der Millionenstadt Istanbul verstreut. Das war früher anders.

Das Zentrum des Deutschtums stand an der Garip Dede Caddesi, der Straße, die von der Fußgängerzone an der Istiklal Caddesi hinunterführt zum Galata-Turm, dem historischen Genuesen-Zentrum. In der Nähe des Turms steht ein Gebäude aus dem 19. Jahrhundert, eine architektonische Trutzburg mit dem bezeichnenden Namen »Teutonia«. Im Verein »Teutonia«, der das Haus gegen Ende des 19. Jahrhunderts bauen ließ, versammelten sich regelmäßig die in Istanbul ansässigen Deutschen und entfalteten ein reges Vereinsleben. Ein vor zwei Jahren erschienener Fotoband vermittelt einen guten Überblick über die Interna und die Beziehungen der Deutschen zu ihrem Gastland.

Besonders interessant ist die Phase des »Tausendjährigen Reiches«, die auch an der »Teutonia« nicht spurlos vorüberging. Nach anfänglichem Widerstreben setzten sich die Faschisten im Verein durch, was zu Spannungen mit der neutralen Türkei führte, die gerade dabei war, im Vorfeld des Krieges etliche Flüchtlinge aus dem Deutschen Reich nach Ankara einzuladen. Vor allem jüdische Akademiker, Sozialdemokraten und andere Gegner des NS-Regimes wurden von der türkischen Regierung gebeten, sich am Aufbau der Universitäten, Krankenhäuser und Kulturinstitutionen zu beteiligen. So entstand die absurde Situation, dass damals auf dem Gelände der Sommerresidenz der Deutschen Botschaft, einem riesigen Park im Bosporus-Vorort Tarabya, den schon Sultan Abdülhamid Kaiser Wilhelm vermacht hatte, SA-Gruppen marschieren übten, während gleichzeitig deutsche Emigranten in Ankara bei der Entwicklung und dem Aufbau verschiedener Institutionen der jungen türkischen Republik mithalfen.

Heute benutzen das Goethe-Institut und die Deutsche Schule die Räume der »Teutonia«, das frühere Vereinsleben ist nur noch Geschichte. Die Deutsche Schule dagegen, ebenfalls eine altehrwürdige Institution in Istanbul, spielt für die Deutschen in der Stadt nach wie vor eine wichtige, teilweise aber auch sehr ärgerliche Rolle. An der Schule können sowohl deutsche wie auch türkische Kinder ihr Abitur machen. Doch während der Zugang für deutsche Kinder selbstverständlich ist, müssen ihre türkischen Mitschüler erst eine schwere Prüfung absolvieren, bei der aus hunderten Bewerbern die Besten aussortiert werden. Als deutsche Kinder galten bis vor kurzem nur solche, deren Elternteile beide deutsch sind oder deren Vater zumindest. Die Diskriminierung von Kindern aus binationalen Ehen, vor allem eben solcher mit deutscher Mutter und türkischem Vater, war einer der Gründe für den Zusammenschluss deutscher Frauen zu »Brücke e.V.«, die schließlich selbst eine private Schule gründeten, auf der ihre Kinder Deutsch lernen konnten.

Mehr Fortune als die Deutsche Schule hat in Istanbul das Goethe-Institut. Kaum aufzuzählen sind die ganzen Veranstaltungen, die im Austausch zwischen deutschen Städten und Istanbul stattfinden. Selbst die renommiertesten Institutionen, wie die Schaubühne aus Berlin oder das Tanztheater Pina Bausch aus Wuppertal, drängen immer mal wieder an den Bosporus. Ausstellungen von Otto Dix bis zum Düsseldorfer Avantgarde-Künstler Josef Beuys wurden große Publikumserfolge. Mit einer großen Barlach-Ausstellung ging das Goethe-Institut sogar auf Tour durch Anatolien. »Istanbul ist ja kulturell schon völlig übersättigt, deshalb versuchen wir, soviel wie möglich auch in der Provinz zu machen«, erzählt die Leiterin des Goethe-Instituts, Claudia Hahn-Rabe.

Eine Besonderheit der drei Goethe-Institute in Istanbul, Ankara und Izmir gegenüber den deutschen Kulturvertretungen in anderen Ländern ist die große Präsenz von Deutsch-Türken. Türken, die in Deutschland aufgewachsen oder sogar geboren sind, aber über ihre Eltern immer auch noch Kontakt zum Ursprungsland gehalten haben, sind die idealen Vermittler zwischen den beiden Ländern. Eine von ihnen ist Emine Karaca. Sie gibt Deutschkurse für solche Türken und Türkinnen, die wegen der geänderten Zuzugsbedingungen für Ehepartner seit 2007 Deutschkenntnisse nachweisen müssen, bevor sie ein Einreisevisum für Deutschland bekommen. Emine Karaca ist in Mannheim groß geworden und hat dort ihr Abitur gemacht. Anschließend studierte sie in Deutschland Germanistik. Trotz dieser unbezweifelbaren Integrationsleistung fühlte sie sich in Deutschland immer noch als Mensch zweiter Klasse behandelt. »Meine Aussichten auf einen Job waren wesentlich schlechter als bei meinen deutschen Freunden«, berichtet sie.

Deshalb ist für sie die Arbeit am Goethe-Institut in Istanbul der ideale Job. Sie kann ihre besondere Kompetenz einbringen und fühlt sich in der Stadt sehr wohl. Mit dieser Biografie ist Emine Karaca so etwas wie eine Trendsetterin. Für immer mehr Angehörigen der zweiten oder dritten Generation türkischer Einwanderer in Deutschland ist Istanbul in den letzten Jahren sehr populär geworden. Waren Rückkehrer früher vor allem ältere Leute, die nach ihrem Arbeitsleben wieder in ihre alte Heimat gingen, sind es heute viele gut ausgebildete Söhne, Töchter oder Enkel der ersten Generation, die ihr Glück zwischen Berlin und Istanbul versuchen. Wobei Rückkehrer eigentlich nicht das richtige Wort ist. Die meisten pendeln zwischen beiden Ländern und versuchen, aus beiden Erfahrungen das Beste zu machen.

Der prominenteste Deutsch-Türke, der häufig in Istanbul auftaucht, ist derzeit der Filmemacher Fatih Akin aus Hamburg. Seit seinem Riesenerfolg mit »Gegen die Wand« ist Akin nun auch in der Türkei ein Star. Seine Produktionsfirma beteiligt sich zugleich an türkischen Filmen, so dass er aus geschäftlichen Gründen häufig in der Stadt ist. Fatih Akin pflegt in Istanbul im »Büyük Londra«, einem Hotel mit verblichener Empire-Pracht, abzusteigen. Seit ein Teil von »Gegen die Wand« und auch von »Auf der anderen Seite« in dem Hotel gedreht wurde, hat der alte Kasten unter Cineasten sowieso Kultstatus.

Das türkische Mallorca

»Hier sind Sie auf der Sonnenseite des Lebens« ist einer der Slogans, mit dem Alanya für sich wirbt. Tatsächlich hat das Städtchen etwa 80 Kilometer östlich von Antalya die meisten sonnigen Tage in der Türkei, und auch in den Wintermonaten fällt das Thermometer nie unter zehn Grad. Dazu kommen ausgedehnte Strände und ein malerischer Burgberg, auf dem eine Zitadelle thront, die noch auf die Kreuzritter zurückgeht. Als sich die ersten deutschen Urlauber in den 1980er Jahren dazu entschlossen, auf die Sonnenseite des Lebens zu wechseln und sich ganz in Alanya niederzulassen, war der Ort auch vom Tourismus noch fast gänzlich unberührt und deshalb aus deutscher Perspektive spottbillig. Das hat sich mittlerweile erheblich geändert, nicht zuletzt weil aus wenigen Dauergästen eine beachtliche deutsche Kolonie geworden ist, die den Ort nachhaltig verändert hat.

Ähnlich wie bei den Türken, die sich in Deutschland auch gern dort niederließen, wo bereits Landsleute lebten, zog es auch Deutsche, die in die Türkei auswanderten, vorzugsweise dort hin, wo bereits andere Deutsche anzutreffen waren. Das ist übrigens bei anderen Nationen nicht anders. Während es die Deutschen an der türkischen Mittelmeerküste vor allem an die »Riviera«, also die großen Sandstrände zwischen Antalya und Alanya zieht, fahren die Engländer vorzugsweise an die Ägäis. So ist im Laufe der Jahre in Alanya eine deutsche Community gewachsen, die spöttisch auch das »türkische Mallorca« genannt wird. Vorzugsweise Rentnerehepaare haben sich dort Wohnungen und Häuser gekauft und damit dafür gesorgt, dass eine Infrastruktur entstanden ist, die sich von einer deutschen Kleinstadt kaum noch unterscheidet. Neben der »Bild«-Zeitung, die jeden Tag eingeflogen wird, gibt es eine »Alanya Post«, es gibt deutsche Radiosendungen, in allen Kneipen und Restaurants kann man selbstverständlich auf Deutsch bestellen, und niemand wundert sich mehr, wenn bereits um 9.00 Uhr früh die erste Runde Efes-Pilsen geordert wird.

Während die meisten Deutschen, die in Istanbul leben, dort zumeist arbeiten und deshalb mindestens etwas Türkisch sprechen und sich im Land einigermaßen auskennen, sind viele Deutsche in Alanya echte Einwanderer in eine Parallelgesellschaft. Man kommt, um seinen Lebensabend in wärmeren Gefilden als in Deutschland zu verbringen. Die Deutschen in Alanya gehören auch nicht unbedingt zum Jet-Set, sondern viele sind in die Türkei gekommen, weil es dort bis vor kurzem noch wesentlich preiswerter war, eine Wohnung zu kaufen als in Spanien. Heute gibt es fast an jeder Ecke ein Maklerbüro, und die Immobilienpreise sind so gestiegen, dass sich viele Türken in Alanya keine Wohnung mehr leisten können. Das ist auch einer der Gründe, warum das Zusammenleben im »türkischen Mallorca« nicht immer ganz konfliktfrei verläuft.

Oben: Flaniermeile der Touristenhochburg Side an der Türkischen Riviera
Unten: Hotelsport für ausländische Touristen in einer Clubanlage bei Antalya

Unter den Türken in Alanya gibt es klare Gewinner und Verlierer durch die Einwanderungswelle aus Deutschland. Alle, die am Handel mit den Zugezogenen beteiligt sind, profitieren. Diejenigen, die keinen Nutzen aus dem Tourismusgeschäft ziehen, müssen sich dagegen mit den hohen Preisen herumschlagen, die die Tourismushochburg mittlerweile auszeichnen.

Ein Kulminationspunkt, an dem der untergründige Konflikt zwischen Deutschen und einem Teil der Türken plötzlich aufbrach, war der Wunsch der deutschen Community, man möge doch in Alanya eine Kirche bauen. Während der Bürgermeister den Wunsch unterstützte, weil seine Stadt vom Tourismus und den deutschen Dauergästen profitiert, machte sich der Kaimakam (das ist der vom Staat entsandte Verwaltungschef) zum Sprecher der Gegner der Einwanderer.

Es gibt bis heute noch keine Kirche in Alanya, das liegt aber weniger an den bürokratischen Einwänden türkischer Stellen als vielmehr am Geldmangel und den unrealistischen Vorstellungen auf deutscher Seite. Zunächst hatte sich die deutsche Community eine frühere griechisch-orthodoxe Kirche ausgesucht, die schon lange nicht mehr genutzt worden war und deren Instandsetzung sehr teuer gewesen wäre. Niemand hatte das Geld dafür. Doch selbst für einen preiswerten Zweckbau hat es bislang nicht gereicht. Die Beteiligten vor Ort haben selbst nicht genug Mittel, und weder die protestantische EKD noch die deutschen Katholiken wollen sich in Alanya finanziell engagieren. Da die katholische Kirche bereits einen Pfarrer in Antalya bezahlt, müsste die Evangelische Kirche für Alanya aufkommen. Doch die Protestanten aus Deutschland schicken lediglich immer mal wieder einen Pfarrer im Ruhestand an die türkische Mittelmeerküste, der dann für einige Monate seelsorgerliche Aufgaben übernimmt. Denn es gibt etliche deutsche Rentner, die sich auf die Dauer dort einsam fühlen und nach Beistand suchen. »Seelsorge ist hier auch viel Sozialarbeit«, erzählt der katholische Pfarrer Korten in Antalya, »denn hinter der sonnigen Fassade sieht es bei manchen doch ganz schön finster aus«.

Viele Ratgeber weisen die potenziellen Auswanderer denn auch darauf hin, dass sie sich nicht spontan, aus reiner Urlaubsbegeisterung, zu einer Umsiedlung in den sonnigen Süden entscheiden sollen. Besser wäre es, sich mit dem Land erst einmal vertraut zu machen, die Sprache zumindest so weit zu lernen, dass man sich etwas verständigen und vielleicht eine Zeitung lesen kann. Sonst drohen bald Isolation, Einsamkeit und Heimweh.

Ein Koffer in Istanbul

Überhaupt, die Sprache. Viele schreckt die Türkei nicht zuletzt wegen der Sprache ab. Tatsächlich ist Türkisch nicht ganz einfach zu lernen und hat vom Vokabular und der Grammatik wenige Gemeinsamkeiten mit dem Deutschen. Die ursprüngliche Turksprache aus Zentralasien ist mit westeuropäischen Sprachen nicht verwandt, die Lehnwörter im Türkischen stammen entweder aus dem Persischen oder Arabischen und stellen auch keine Brücke zu deutschen Vokabeln her. Dazu kommt, dass die Grammatik zwar vom Aufbau logisch und transparent ist, der Satzaufbau sich vom deutschen jedoch erheblich unterscheidet. Dennoch, man soll sich Türkisch nicht als unüberwindliche Hürde vorstellen. Das Alphabet ist weitgehend dasselbe, und die Grundbegriffe sind schnell gelernt. Nach einem Sprachkurs von einem Monat, sei es an der Volkshochschule zu Hause oder bei einem der vielen Kursangebote in der Türkei, hat man bereits genug Kenntnisse, um eine einfache Konversation zu führen.

Das Schöne daran ist, dass diese Bemühungen jedem Ausländer in der Türkei begeistert gedankt werden. Anders als in England, den USA oder gar in Frankreich, wo jeder erwartet, dass der Besucher die Sprache beherrscht, freut sich in der Türkei fast jeder, wenn der Fremde einige Brocken Türkisch vorweisen kann. Damit sind die Kontakte gleich geknüpft, die weitere Verständigung erfolgt dann zumeist in einem Gemisch aus Türkisch, Deutsch und Englisch.

Auch bei längeren Türkeiaufenthalten bleiben die Erfahrungen, die man im Urlaub gemacht hat, im Prinzip gleich. Es ist relativ einfach, mit Nachbarn und Arbeitskollegen in Kontakt zu kommen und Bekanntschaften zu etablieren, zumal die eigene Sprachkompetenz ja mit der Zeit zunimmt. Die Türken sind zwar ausgesprochene Familienmenschen, aber die Familie ist keine geschlossene Gesellschaft. Die meisten sind stolz auf ihr Land, ihre Stadt und ihre Familie und durchaus bereit, dies alles dem Fremden zu zeigen.

Trotz einer wachsenden Zahl deutscher Einwanderer in die Türkei ist es doch immer noch so, dass Deutsche, die ihr Glück am Bosporus oder an der türkischen Mittelmeerküste suchen, als etwas Besonderes betrachtet werden und deshalb eher positive Aufmerksamkeit finden. Vom großen Zusammenprall der Kulturen ist jedenfalls auch nach jahrelangem Aufenthalt in der Türkei wenig zu spüren. Einen Anpassungsdruck an eine türkische Leitkultur gibt es nur begrenzt, denn der Konflikt zwischen einer säkularen oder eher islamisch geprägten Lebensweise spielt sich am Bosporus ja nicht zwischen den Türken und den Ausländern ab, sondern der Kulturkampf geht mitten durch die Gesellschaft. Als westlicher Ausländer steht man da eher staunend daneben. Doch auch wenn es dabei manchmal mit harten Bandagen zugeht, zeichnet sich doch ab, dass sich gerade in der Türkei eine neue Synthese entwickelt, die einen Vorbildcharakter auch für das Leben von Muslimen in Westeuropa bekommen kann. Dieser »Sowohl-als-auch«-Lebensstil gilt langfristig für die meisten Deutschen auch im Umgang mit der Türkei. Wie viele türkische Einwanderer in Deutschland, die jedes Jahr eine längere Zeit in der Türkei verbringen, pendeln auch viele Deutsche zwischen beiden Ländern. Denn wer erst einmal ein paar Jahre am Bosporus verbracht hat, will meistens nie mehr ganz darauf verzichten. Fast jeder, der aus den unterschiedlichsten Gründen wieder nach Deutschland zurückgeht, behält einen Koffer in Istanbul.

Basisdaten	Türkei	Deutschland	EU
Fläche (km²)	780 580	357 021	4 324 782
Bevölkerung (Mio.)	71 892 807	82 400 996	490 426 060
Wachstumsrate der Bevölkerung (%)	1,013	-0,03	0,16
Geburten je 1000 Einwohner	16,15	8,2	10,0
Sterbefälle je 1000 Einwohner	6,02	10,71	10,0
Kindersterblichkeit je 1000 Lebendgeburten	36,98	4,08	4,8
Lebenserwartung (Jahre) gesamt	73,14	78,95	78,8
Männer	70,67	75,96	75,6
Frauen	75,73	82,11	82,0
Bruttoinlandsprodukt (BIP in Mrd. $):	482	287,5	1374
BIP-Wachstumsrate (%)	5,1	2,8	3,2
Wachstum der Industrieproduktion (%)	4,5	4,4	2,6
BIP/pro Kopf ($)	9400	31 900	29 900
Arbeitslosigkeit (%)	9,7	7,1	8,5
Bevölkerung unterhalb der Armutsgrenze (%)	20	11,0	keine Ang.
Importländer: Russland (12,8 %), Deutschland (10,6 %), China (6,2 %), Frankreich (5,2 %), USA (4,5 %), Iran (4 %)			
Exportländer: Deutschland (11,3 %), Großbritannien (8 %), Italien (7,9 %), USA (6 %), Frankreich (5,4 %), Spanien (4,4 %)			

(Quelle: The World Factbook, Washington 2007)

Anhang

Nützliche Informationen

Aufenthaltserlaubnis

Wer sich motiviert fühlt, für einige Zeit in die Türkei zu gehen, sollte auf ein paar Formalitäten achten, die sich von einem EU-Land unterscheiden. Es wäre es sinnvoll, sich vorher mit einigen Aufenthalts- und arbeitsrechtlichen Bestimmungen vertraut zu machen, bevor es wirklich losgehen kann.

Am einfachsten ist es für Leute, die bis maximal drei Monate in die Türkei wollen – vielleicht um einen Sprachkurs zu machen. Für einen solchen Zeitraum ist für Deutsche kein Visum erforderlich, man braucht noch nicht einmal einen Pass, der Personalausweis genügt. (Achtung: Österreicher müssen sich am Flughafen ein Visum ausstellen lassen.)

Falls man einen längeren Aufenthalt nicht einfach dadurch erreicht, dass man kurz aus- und dann wieder einreist (an der Ägäisküste oft durch einen Wochenendtrip auf eine griechische Insel leicht möglich), muss man sich bei der Ausländerpolizei um eine längere Aufenthaltsgenehmigung bemühen. Dazu braucht man einen Aufenthaltsgrund, man muss nachweisen können, dass man seinen Aufenthalt finanzieren kann, also der Lebensunterhalt gesichert ist, und man braucht eine Wohnbescheinigung vom Muhtar des Bezirks, wo man sich aufhält, seinen Pass, Geld (ungefähr 200 Euro für eine einjährige Aufenthaltsgenehmigung) sowie viel Geduld. Zumindest bei der Zentralen Ausländerpolizei in Istanbul herrscht regelmäßig ein großer Andrang, und die Beamten sind genauso unfreundlich wie bei der Ausländerpolizei in Deutschland.

Wer mit einem Türken oder einer Türkin verheiratet ist, bekommt auf Antrag sofort eine Aufenthaltsgenehmigung für drei Jahre, später dann für fünf Jahre. Unbefristete Aufenthaltsgenehmigungen gibt es dagegen gar nicht.

Arbeitserlaubnis

Oft ist es jedoch so, dass Aufenthalts- und Arbeitserlaubnis zusammenhängen, wenn man beispielsweise als Angestellter für eine deutsche Firma in die Türkei geht. Eine Arbeitserlaubnis muss in der Regel bei der türkischen Botschaft in Deutschland beantragt werden, auf Grundlage der Arbeitsverträge mit der Firma. Diese Arbeitserlaubnis wird in den Pass eingetragen, und damit geht man dann zur Ausländerpolizei in der Türkei und beantragt eine einjährige Aufenthaltserlaubnis. Eine Aufenthaltserlaubnis ist im Türkischen ein sogenanntes Ikamet – man bekommt ein kleines blaues Büchlein, in das die Daten eingetragen werden. Dieses Ikamet muss man bei Kontrollen vorzeigen und am Flughafen parat haben, wenn man länger als drei Monate im Land war.

Wer in der Türkei arbeiten will, ohne bei einer Firma einen Job zu haben, sich z. B. dort selbständig machen will, kann das tun, muss aber etlichen Papierkram erledigen. Nützliche Informationen dazu liefert die Deutsch-türkische Industrie- und Handelskammer (www.dtr-ihk.de).

Viel einfacher ist es für Studenten, die einen Teil ihres Studiums in der Türkei absolvieren wollen. Seit die Türkei im Erasmus-Austausch-Programm mit eingebunden ist, nimmt die Zahl ausländischer Studenten stetig zu.

Wer eine Aufenthalts- und Arbeitserlaubnis hat, darf innerhalb der ersten sechs Monate, nachdem er seinen Job in der Türkei angetreten hat, ein Auto zollfrei einführen. Dieses Auto darf er dann allerdings nur selbst fahren und auch nicht verkaufen. Ansonsten ist es sehr teuer, ein gebrauchtes Auto einzuführen, und es lohnt sich praktisch nicht.

Wohnen, mieten, kaufen

Wer nur vorübergehend in die Türkei will und für einige Monate eine Unterkunft sucht, kann sich übers Internet ein Zimmer in einer Wohngemeinschaft oder eine möblierte Ferienwohnung/Appartement suchen.

Nützliche Internetadressen sind neben den generell üblichen wie: www.Ferienwohnung.de beispielsweise www.istanbulpost.net und www.mymerhaba.com.

Im deutschen Buchladen auf der Istiklal Caddesi, Nähe Tünel-Platz, werden auch immer Wohnungen und Zimmer angeboten, so, wie man es symbolisch auch im Film »Auf der anderen Seite« sehen kann.

Wer regulär eine Wohnung mieten will, sollte dagegen nicht zu einem auf Ausländer spezialisierten Makler gehen (dort zahlt man Höchstpreise), sondern sich die Beilagen der türkischen Zeitungen vornehmen und die Angebote für Mietwohnungen studieren. Zahlung einer Kaution ist bei Abschluss des Mietvertrages üblich, wer bereit ist, seine Miete in Euro zu zahlen, ist bei jedem Vermieter im Vorteil.

Grundsätzlich ist es in der Türkei auch für Ausländer möglich, Immobilien zu erwerben, also eine Wohnung oder ein Haus zu kaufen. Allerdings streitet sich die nationalistische/kemalistische Opposition seit Jahren mit der Regierung darüber, in welchem Umfang Immobilienerwerb für Ausländer erlaubt werden soll.

Bis zum Amtsantritt der AKP und dem Beginn der Beitrittsverhandlungen mit der EU war es so, dass Ausländer nur in der Stadt Wohnungen oder Häuser kaufen durften. Außerhalb der Städte war Landerwerb nicht erlaubt, ausländische Tourismuskonzerne konnten Land nur pachten.

Die AKP wollte und will den Landerwerb für Ausländer liberalisieren, stößt damit aber auf den erbitterten Widerstand der Nationalisten, die gegen jede Liberalisierung seit 2003 vor dem Verfassungsgericht geklagt haben und damit eine ziemliche Rechtsunsicherheit geschaffen haben.

So war das erste Gesetz, mit dem die AKP den Kauf von Land (mit Ausnahme einiger militärischer Sperrgebiete) für Ausländer freigab, nur wenige Monate in Kraft, bis die Opposition vor dem Verfassungsgericht dagegen klagte. Nachdem die Klage akzeptiert worden war, nahmen die Liegenschaftsämter vorübergehend keine Grundbucheintragungen für Ausländer mehr vor, sondern vertrösteten auf kommende Entscheidungen. Die erste kam dann im Februar 2005, als das Verfassungsgericht die Regierung aufforderte, das Gesetz zu modifizieren und die Hektargröße für Landverkäufe an Ausländer einzuschränken.

Das nächste Gesetz dazu trat dann 2006 in Kraft, wurde aber im Jahr 2007 von der Opposition nochmals vor das Verfassungsgericht gebracht, was den Verkauf von Immobilien an Ausländer ab Frühjahr 2008 erneut völlig zum Erliegen brachte, weil die Regierung es versäumte, eine vom Gericht angemahnte neuerliche Änderung des Gesetzes fristgerecht zu verabschieden. Man rechnet nun damit, dass mindestens ein Jahr vergehen wird, bis eine neue Regelung in Kraft ist.

Der Streit zwischen Nationalisten und AKP geht im Wesentlichen darum, die Obergrenze für den Erwerb von Land durch Ausländer festzulegen. Während die AKP das Gesetz möglichst investorenfreundlich gestalten will, strebt die Opposition an, den Landverkauf an Ausländer auf ein Minimum zu beschränken. Obwohl es dabei im Wesentlichen um Großinvestoren geht, werden durch den Dauerstreit auch alle diejenigen, die nur eine Wohnung oder ein Ferienhaus kaufen wollen, in Mitleidenschaft gezogen. Normalerweise ist ein Wohnungs- oder Hauskauf in der Türkei ansonsten relativ unbürokratisch. Der entscheidende Punkt ist die Eintragung ins Grundbuch und somit der entsprechende Grundbuchauszug, der für den neuen Besitzer erstellt wird (im Türkischen Tapu genannt).

Jeder, der eine Immobilie kaufen will, sollte nicht nur auf den Makler vertrauen, sondern sich vorher immer im Tapu-Amt erkundigen, ob das Grundstück womöglich belastet ist und der Verkäufer tatsächlich auch als Besitzer dort eingetragen ist. Der Kauf erfolgt dann auch nicht beim Makler oder bei einem Notar, sondern auf dem Tapu-Amt. Erst wenn die Eintragung dort erfolgt ist, wird das Geld überreicht, beziehungsweise das Konto, auf dem der Kaufpreis vorher eingezahlt wurde, freigegeben. Makler- oder Notarverträge sind Schall und Rauch, in der Türkei zählt nur das Tapu, also der Eintrag im Grundbuch. Makler, die Grundstücke ohne Eintragung im Grundbuch verkaufen wollen, sind in der Regel unseriös.

Sprachkurse

Sprachkurse werden sowohl für Anfänger wie für Fortgeschrittene an Universitäten als auch bei privaten Anbietern überall in der Türkei angeboten.

Wichtige Adressen

Deutsche Botschaft
Atatürk Bul. 114, Ankara
Tel. 0090-312-455 51 00
www.ankara.diplo.de

Deutsches Generalkonsulat Istanbul
Inönü Caddesi 16-18, Istanbul
Tel. 0090-212-334 61 00
www.istanbul.diplo.de

Türkische Botschaft in Berlin
Rungestraße 9, 10179 Berlin
Tel. 030-27 58 50
www.tcberlinbe.de

Touristenauskunft in Istanbul
Flughafen Atatürk: Tel. 0090-212-663 07 04
Sultanahmet: Divanyolu Caddesi 3, Tel. 0090-212-518 18 02
Beyoglu: Taksim im Hilton Eingangsbereich, Tel. 0090-212-233 05 92

Deutsch-türkische Industrie- und Handelskammer
Yeniköy Caddesi 88, 34457 Tarabya-Istanbul
(auf dem Gelände der Sommerresidenz des Deutschen Botschafters)
Tel. 0090-212-363 05 00, deutscher Direktor Marc Landau
www.dtr-ihk.de

www.istanbulpost.net
(allgemeine Infos plus Kleinanzeigen, Wohnungen, Jobs etc.)

www.ibb.gov.tr/en-US
(offizielle Webseite von Istanbul auf Englisch)

www.mymerhaba.com
(Portal für Tipps und Veranstaltungshinweise)

www.timeout.com.tr
(Istanbul-Stadtmagazin auf Englisch)

Englischsprachige Tageszeitungen
Turkish Daily News: www.turkishdailynews.com.tr
Today's Zaman: www.todayszaman.com

Verwendete und empfohlene Literatur

Sachbücher

Ataöv, Türkkaya: The Armeniens in the Late Ottoman Period, Turkish Historical Society Ankara 2001.

Babinger, Franz: Mehmed der Eroberer und seine Zeit, F. Bruckmann Verlag, München 1953.

Berktay, Fatmagül (u. a.): The Position of Woman in Turkey, Achievements, Problems and Prospects, Ka-Der Publications, Istanbul 2004.

Cağlar, Gazi: Die Türkei zwischen Orient und Okzident, Unrast-Verlag, Münster 2003.

Carkoglu, Ali / Toprak, Binnaz: Religion Society and Politics in a Changing Turkey, TESEV Publications, Istanbul 2007.

Gottschlich, Jürgen: Die Türkei auf dem Weg nach Europa, Ch. Links Verlag, Berlin 2004.

Gust, Wolfgang: Der Völkermord an den Armeniern, Hanser Verlag, München 1993.

Kreiser, Klaus / Neumann, Christoph K.: Kleine Geschichte der Türkei, Reclam-Verlag, Stuttgart 2003.

Majoros, Ferenc / Rill, Bernd: Das Osmanische Reich, Bechtermünz Verlag, Himberg 2002.

Neulen, Hans Werner: Feldgrau in Jerusalem, Das Levantekorps des kaiserlichen Deutschland, Universitas Verlag, München 1991.

Prell, Bianka: Leben und Arbeiten in der Türkei, Gentleman Digest, Berlin 2006.

Runciman, Steven: Die Eroberung Konstantinopels 1453, C.H. Beck, München 1990.

Sauter, Dieter: Türkisches Roulette, Herbig Verlag, München 2007.

Seufert, Günter / Kubasek, Christopher: Die Türkei, Geschichte Politik und Kultur, C.H. Beck Verlag, München 2006.

Verein aktives Museum (Hg.): Haymatloz, Exil in der Türkei 1933–1945, Berlin 2000.

Zaptcioglu, Dilek / Gottschlich, Jürgen: Das Kreuz mit den Werten, Edition Körber Stiftung, Hamburg 2005.

Zaptcioglu, Dilek: Die Geschichte des Islam, Campus Verlag, Frankfurt/Main 2002.

Belletristik

Die Bücher des derzeit bekanntesten türkischen Schriftstellers und Nobelpreisträgers Orhan Pamuk sind in Deutschland im Hanser Verlag erschienen. Die bekanntesten sind: Die weiße Festung, Das schwarze Buch, Rot ist mein Name, Schnee und Istanbul.

Die Werke des großen türkischen Erzählers Yasar Kemal erscheinen in deutscher Sprache beim Zürcher Unionsverlag, darunter sein Hauptwerk, Memed der Falke.

Der größte Lyriker ist Nazim Hikmet. Von ihm sind auf Deutsch erschienen: Menschenlandschaften, (4 Bände) Germinal/Buntbuch, Berlin 1981.
Eine Reise ohne Rückkehr und Das schönste Meer ist das noch nicht befahrene, Dagyeli Verlag, Berlin 2001.

Weitere Romane auf Deutsch:
Gürsel, Nedim: Der Eroberer, Goldmann, München 2000.
Livaneli, Zülfü: Der Eunuch von Konstantinopel, Unionsverlag, Zürich 2000.
Shafak, Elif: Der Bastard von Istanbul, Eichborn, Frankfurt/Main 2007.